Artemis & Winkler

Jochen Klauß

Charlotte von Stein

Die Frau in Goethes Nähe

Artemis & Winkler

Die Deutsche Bibliothek – CIP-Einheitsaufnahme

Klauß, Jochen:
Charlotte von Stein : die Frau in Goethes Nähe /
Jochen Klauß. - Zürich : Artemis und Winkler, 1995
ISBN 3-7608-1121-3

Artemis & Winkler Verlag
© 1995 Artemis Verlags-AG Zürich
Printed in Germany
ISBN 3-7608-1121-3

Inhalt

Legende

«… leuchten wir hinein / In die Affäre Frau von Stein»

EUGEN ROTH

ALLE bedeutenden Frauen der Weltgeschichte haben ihre Legende. Xanthippe, das Eheweib des Philosophen Sokrates, soll ihren Gatten schier unglaublich schikaniert haben; fast 2000 Jahre konnten an diesem üblen Leumund nichts verändern, obgleich «ein historisches Faktum sich nicht fassen läßt». Vielmehr diente sie wohl schon in der Antike als «finstere Folie», um die unerschütterliche Weisheit des Sokrates um so heller erstrahlen zu lassen[1], und in der Renaissance setzte dann die eigentliche Legendenbildung ein.

Vergleichbare Beispiele lassen sich unschwer finden, ohne daß dem realen Kern hier weiter nachgegangen werden soll: Kleopatra, die letzte ägyptische Königin aus der Ptolemäerdynastie, Geliebte Caesars und des Antonius, gilt bis heute als Inkarnation weiblicher Schönheit und Verführungskunst. Die heilige Elisabeth, volkstümliche und mildtätige Landgräfin von Thüringen, steht seit Jahrhunderten als leuchtende Lichtgestalt für christliche Barmherzigkeit, Jeanne d'Arc, das sendungsbewußte Bauernmädchen, als Inbegriff weiblichen Mutes und die verschwendungssüchtige Pompadour als *die* feudale Mätresse schlechthin. Der ihr in den Mund gelegte Ausspruch: «Après nous le déluge!» erlangte geradezu den Charakter eines Sprichwortes.

Frauen im «klassischen» Weimar
Gehört auch Charlotte von Stein zu solchen Frauen der Weltgeschichte? Wohl nicht, möchte man im ersten Augenblick antworten. Doch Goethe zählt zweifellos zu den Männern der Weltgeschichte, und Charlottes Schicksal war eine wesentliche Zeit lang mit dem seinen verflochten und verwoben. Mit Egon Friedell möchte man

die Erklärung wagen: «Groß ist ein Mensch in dem Augenblick, wo er ein Begriff geworden ist.»[2]

Denn das ist unbestreitbar: Auch die Stein hat «ihre» Legende, auch sie ist ein Begriff. Zehn Jahre lang war sie die Freundin Goethes, seine engste Vertraute – was immer man darunter verstehen mag. Doch wo steht sie nach dem heutigen allgemeinen Urteil unter den Frauen im «klassischen Weimar»? Hier fällt die Antwort leicht, jeder Stadtführer wird es bestätigen: Charlotte von Stein ist *die Frau* in Goethes Weimar.

Herzogin Anna Amalia, Herzogin Louise, Großfürstin Maria Paulowna, später Großherzogin Sophie – sie alle haben, jede für sich und auf ihre Weise, am Zustandekommen des Phänomens «Weimarer Klassik» und dessen Pflege großen Anteil. Doch: Sind ihre Namen allgemein bekannt, sind sie ein Begriff? Sie sind es nicht, und daß zum Beispiel Herzogin Anna Amalia von einem Besucher des Goethehauses unlängst gar für die Haushälterin des Dichters gehalten wurde, sei wenigstens am Rande angemerkt, weil derartige Kuriositäten so selten gar nicht sind. Die zunehmende Unkenntnis über die Epoche der Klassik ist leider eine Tatsache.

Man betrachte sodann die Reihe glänzender Adelsnamen des damaligen Weimar, deren Trägerinnen durch hohe Bildung, durch Geist, Verstand und Witz, durch Anmut und äußere und innere Schönheit vielleicht das wichtigste und nachhaltigste Element und Ferment der höfischen Geselligkeit Weimars bildeten: Charlotte von Ahlefeld, Charitas Emilie von Bernstorff, Julie von Egloffstein, Louise von Göchhausen, Charlotte von Kalb, Louise von Imhoff, Louise Waldner von Freudstein, Jenny von Gustedt… Wer nennt noch ihre Namen, wer kennt ihr Wirken, ihre Verdienste, ihr Leben? Allenfalls die Weimar-Enthusiasten!

Ähnlich steht es mit den bürgerlichen Künstlerinnen, die wohl den Fachleuten, kaum aber dem Touristen bekannt sind: die Schauspielerinnen Christiane Neumann-Becker, Corona Schröter und Amalie Wolff-Malcolmi; die bildenden Künstlerinnen Angelika Bellonata Facius, Caroline Bardua und Louise Seidler; die Schriftstellerinnen Johanna und Adele Schopenhauer sowie Amalie Voigt, um nur einige Beispiele aufzuzählen.

Es bedarf der Zuhilfenahme von Weimar-Literatur, um die Persönlichkeiten dieser bedeutenden Frauen wieder ins Licht heutigen Bewußtseins zu rücken; im 1992 erschienenen Buch «Goethes Weimar»[3] von Effi Biedrzynski ist der Autorin, in Fachkenntnis und stilistischer Meisterschaft unerreicht, ein großer Wurf gelungen. Fesselnd und spannend lesen sich dort die Kurzbiographien der genannten Frauen, die in aller Lebensnähe vor den Leser treten.

Und dennoch bleibt Charlotte von Stein die Hauptfigur. Sie läßt dabei auch namhafte Dichtergattinnen hinter sich zurück: Caroline Herder, geborene Flachsland, die etwas intrigante, stets aufgeregte Gattin des Oberhofpredigers, mehr noch Charlotte von Lengefeld, die kräftig an der öffentlichen Meinungsbildung mitwirkende, briefbeflissene und später publizierende Gattin Schillers, und natürlich die untergeordnet lebende, ganz im Privaten wirkende Anna Dorothea Wieland, die ihrem Manne dreizehn Kinder gebar; scherzhafte Zungen behaupten, es wären deren noch mehr geworden, wenn sich die Eheleute nicht zeitlebens gesiezt hätten.

Charlotte von Steins Name dominiert auch die der anderen Frauen aus dem engeren Weimarer Goethekreis: natürlich den der Caroline Ulrich, die Christianes Gesellschafterin im Hause war, aber sicher auch den der Schwiegertochter Ottilie und deren hübscher Schwester Ulrike. Einzig Christiane Vulpius, Goethes Geliebte und Gefährtin, behauptet in der Bekanntheitshierarchie ihren Platz neben, keinesfalls aber vor Charlotte von Stein. Zuletzt und in sehr liebenswerter Darstellung hat Eckart Kleßmann ein überzeugendes literarisches Bild dieser ungewöhnlichen Frau an Goethes Seite entworfen.[4]

Die Stein ist, gleichsam *pars pro toto*, diejenige Frau, die viele Touristen mit Goethes Weimar in Verbindung bringen, ohne zwischen dem jungen Brausekopf, der für das Weimarer Genietreiben steht, und dem nachitalienischen, gereiften Künstler und Weltmann zu unterscheiden. Darüber wird noch einiges anzufügen sein.

Anekdoten um Charlotte von Stein

Einige Stadtführer und Reisebegleiter können der Versuchung oft nicht widerstehen, die literatur- und kulturgeschichtlichen Erläuterungen vor dem Hause der Frau von Stein kurz vor dem Eingange zum Park an der Ilm durch eine kleine Anekdote aufzulockern und gleichsam zu würzen. Diese Anekdote spielt natürlich auf die Legende, auf den «Ruf» der Baronin an, der bei deutschsprachigen Gruppen oder Einzelbesuchern eben vorausgesetzt werden darf:

Herr von Stein, der Ehegatte der Charlotte, war des Herzogs Oberstallmeister oder: modern ausgedrückt, des reiselustigen Herzogs Carl August beflissener Reisemanager. In dieser Eigenschaft hatte Stein sowohl für frische Pferde und sicheres Gefährt als auch für Nachtquartier und kräftiges Essen zu sorgen und oft genug in persona den Posten des Reisebegleiters seines Fürsten zu übernehmen, nicht ungern übrigens. Folglich war er oft abwesend, was eine Ehefrau unter Umständen auf bestimmte Gedanken bringen konnte. Charlotte, eine ebenso reizende wie geistvolle Frau, wußte – so der Stadtklatsch – dem Umstande des abwesenden Gatten den pikanten Vorteil abzugewinnen, daß ja der junge Herr Dr. Goethe, drei Steinwürfe entfernt, in seinem Gartenhause, schon ungeduldig des verabredeten und erhofften Zeichens harrend, flugs herbeizuholen sei. So sei oben, unter dem First des Hauses, hinter einem der ovalen Fensterchen des Steinschen Hausflügels, ein Kerzenlicht erschienen, woraufhin, dieses erblickend, der feurige Liebhaber, getarnt als Lehrer des Sohnes Fritz, ungesäumt herbeigeeilt sei.

Diese Schnurre, lebendig seit Jahrzehnten, ist zumindest gut erfunden und bedient ein Klischee, das stets verstanden und mit mokantem Lächeln quittiert wird. Gleichwohl ist diese Geschichte barer Unsinn. In der Regel finden dies (vor allem weibliche) Weimar-Besucher dennoch höchst amüsant – nicht ohne einige Dutzend Meter weiter, oberhalb des Steinhanges der Ilm, von wo man das gegenüberliegende Gartenhaus Goethes gewahr wird, die ernsthaft gemeinte Frage anzuschließen, wie Goethe denn angesichts der hohen Bäume zwischen beiden Häusern den Kerzenschein habe wahrnehmen können. Der Hinweis auf das ehrwürdige Alter des Parks löst dann gewöhnlich das Problem und mündet meist in allgemeine Auslassungen über menschliche Schwächen. Hier ist sie wieder, die «Legende» der Charlotte von Stein, die der Volksmund in der unsinnigen Behauptung gipfeln ließ, Goethe sei der Vater des jüngsten Sohnes der Baronin; dabei wurde Fritz bereits im Jahre 1772 geboren...

In seinem Ein-Personen-Stück «Mann von Stein»[5] pointierte der Autor Klaus Tudyka diesen Sachverhalt mit einem populären Vierzeiler, der auf Eugen Roth zurückgeht:
«Doch ungern leuchten wir hinein
In die Affäre Frau von Stein,
Wo sich die Welt den Kopf zerbricht:
Hat er nun oder hat er nicht?»[6]

Genau das ist, scherzhaft formuliert, der Kern der Überlieferung: Die schöne und verheiratete Hofdame und Baronin, angebetet von einem heißblütigen jüngeren Mann, der zudem noch ein genialer Dichter ist und von bürgerlicher Herkunft – ein geradezu klassischer Stoff für triviale Schriftsteller, damals wie heute.

Geburt eines Zerrbildes
Geht man der Entstehung dieser Legende ernsthaft nach, fällt bald auf, daß sie erst lange nach Charlotte von Steins und Goethes Tod kolportiert und in die breite Masse getragen worden sein kann. Nach 1834 waren mit des neunzigjährigen Carl Ludwig von Knebels Tod alle Zeitgenossen und Mitlebenden des ersten Weimarer Jahrzehnts Goethes von der Bühne des Lebens abgetreten. Zwar gab es eine mündliche Überlieferung, die jedoch auf Weimarer und auswärtige Intellektuellenkreise beschränkt geblieben sein dürfte; die von der seinerzeitigen höfischen und bürgerlichen Kultur Weimars Ausgeschlossenen haben das übermütige Genietreiben der jeunesse dorée nach 1776 nur aus dritter Hand vermittelt bekommen.

Goethe selbst hat seine autobiographischen Mitteilungen in «Dichtung und Wahrheit» mit dem Eintritt in den Weimarer Kreis 1775 enden lassen und in anderen schriftlichen Äußerungen über seine private Weimarer Existenz die Jahre bis zur Flucht nach Italien 1786 stets sorgfältig ausgeklammert oder in einem diffusen Halblicht gelassen. Erst die ab der Jahrhundertmitte Dimensionen annehmende Goethe-Philologie und -forschung ließ allmählich einen Gesamtblick auf diese unendlich verwurzelte und verästelte Lebensleistung zu. Brieferitionen, nachgelassene Erinnerungen, Biographien zu Zeitgenossen, vor allem Goethes eigene Briefe und Tagebücher erhellten sukzessive die versunkene Epoche, in der sich auch das wichtigste Kapitel im Leben der Charlotte von Stein abgespielt hatte: ihre Jahre mit Goethe.

Das entscheidende literarische Ereignis jedoch, welches schlagartig und für immer ihre verloschene Existenz dem Vergessen entriß, aber zugleich den scharfen Meinungsstreit um ihre Person in Gang setzte, war die Herausgabe der Briefe Goethes an sie durch Gustav Adolf Schöll in den Jahren 1848/51.[7] Ob die revolutionäre Gewitterstimmung jener Zeit die Frage mit zusätzlichem Sprengstoff versorgte, sei dahingestellt; jedenfalls wurden die aufgeregten Gemüter rasch von der Frage erhitzt, wem denn nun – der Hofdame oder dem Frankfurter Bürgersohn – die größere oder gar die alleinige Schuld am Scheitern dieser Lebens- und Liebesbeziehung zuzumessen sei.

Schöll war seit 1843 mit der Leitung des Weimarer Kunstinstituts betraut und erhielt 1861 die Ernennung zum Oberhofbibliothekar. Er galt als scharfer Widersacher des Neu-Weimar-Vereins, mit dessen Hilfe Franz Liszt, Hoffmann von Fallersleben und andere Künstler ab 1854/55 neue geistige, vor allem musikalische Impulse von Weimar ausgehen lassen wollten.[8] Schöll, als «Wächter am Heiligen Grabe der klassischen Literatur» einer der Götzendiener Alt-Weimars, bemühte sich in seinen Kommentaren zu den Briefen Goethes an Frau von Stein, ein im moralisierenden Zeitsinne makellos weißes Bild von der Baronin zu entwickeln, was indirekt

16

zu dem Schluß führte, den Dichter als den «Schuldigen» am Bruch des Verhältnisses darzustellen.

Damit war eine Lawine losgetreten, die in den folgenden Jahren und Jahrzehnten, bis in unser Jahrhundert hinein, immer wieder erneut polternd zu Tal ging und einmal Pro, einmal Contra, für oder gegen Charlotte von Stein neue oder scheinbar neue Argumente lieferte. Edmund Hoefer zum Beispiel, der 1878 eine Untersuchung über Goethe und die Stein erscheinen ließ[9], unterzog die Schöllsche Position einer historischen Kritik und beleuchtete Charlottes Rolle in Goethes Leben neu. Hoefer, heute als Schriftsteller weitgehend vergessen, seinerzeit mit Wilhelm Raabe und Ferdinand Freiligrath befreundet, scherte sich keinen Deut um Schölls ängstliche Rücksichten, die eben die «allgemeine Approbation der Goethe-Gemeinde» besaßen, sondern er folgte der Ansicht des Engländers George Henry Lewes, der schon zwanzig Jahre vorher, 1858, ein Versagen der Stein als Grund für den Bruch mit Goethe unterstellt hatte.[10] «Eine solche Ketzerei erregte begreiflicherweise den größten Zorn der edlen Stein-Ritter», merkte Hoefer ironisch an.[11]

Jeweils in der einen oder anderen Seite parteiisch waren weitere nachfolgende Publikationen verfaßt. Das betraf mehr oder minder die großen Stein-Biographien von Heinrich Düntzer[12] und Wilhelm Bode[13], mehr noch die teilweise sehr umstrittenen, weniger umfänglichen Arbeiten von Adolf Stahr[14] und Robert Keil[15]. Des weiteren wird noch auf die Studie Erich Schmidts[16] sowie auf die Bücher Adalbert Luntowskis[17], der Ida Boy-Ed[18] und der Lena Voß[19] einzugehen sein. Fast in der Mitte unseres Jahrhunderts meldete sich Edwin Redslob[20] zum Thema, und in den letzten Jahren fanden sich auch literarisch-künstlerische Bearbeiter, so die Erzählerin Johanna Hoffmann[21], der Dramatiker Peter Hacks[22] und der schon erwähnte Klaus Tudyka. Die letzten Publikationen bewirkte der 250. Geburtstag der Charlotte von Stein am 25. Dezember 1992. Drei Frauen, Ingelore M. Winter[23], Renate Seidel[24] und Doris Maurer[25], verfaßten ihre neuesten Bücher.

Während die Biographen Düntzer und Bode sowie Renate Seidel

in ihrer Quellenzusammenstellung das Leben der Stein chronologisch abhandeln, steht bei den meisten anderen Autoren überwiegend oder ausschließlich das Verhältnis und die Zeit mit Goethe im Zentrum. Luntowski brachte diesen bewußt begrenzten Blick auf den Punkt, als er mit spitzer Feder schrieb, der Stein Leben gliedere sich in drei Teile: vor Goethe, mit Goethe, nach Goethe; außerhalb der zehn Jahre «mit Goethe», von 1776 bis 1786, könne man ihr kein «Edeldasein» andichten.[26]

Das ist auch keinesfalls die Zielsetzung dieses Buches. Dennoch wird Luntowski der Persönlichkeit der Charlotte von Stein alles andere als gerecht; eine solche nur literaturgeschichtliche, goethelastige Sicht muß mit Notwendigkeit einseitig werden. Das Ziel unserer Betrachtung ist es vielmehr, aus heutiger Sicht (und natürlich mit den Augen des Autors) die Existenz der Stein in Beziehung zu setzen zur Kultur- und Sozialgeschichte dieser bewegten und bewegenden Zeit. Die Baronin von Stein hat, in ihrer engen Beziehung zu dem bürgerlichen Künstler Goethe, die gesellschaftlichen, kulturellen und politischen Brüche ihrer Zeit in individueller Form durchlebt und durchlitten, auch wenn ihr dieser größere Zusammenhang zwischen ihrem persönlichen Schicksal und der Zeitgeschichte vielleicht erst spät, gewiß aber ab 1806 deutlich bewußt wurde. Zu dem allem kommt als Besonderheit das kulturelle Klima im damaligen Weimar; auch unter diesen Aspekten ist das Leben der Charlotte von Stein in Gänze von hohem Interesse.

Nicht zuletzt lebte die Weimarer Hofdame in einem Epochenumbruch. Heutige Generationen sehen sich mit einem ähnlichen Phänomen konfrontiert, was zu Vergleichen herausfordert. Damals wie heute müssen die Menschen mit Erscheinungen fertig werden, die mit Schlagworten wie «Unrast» und «Aufbruch», «Fortschritt» und «Nostalgie», «Werte- und Traditionsverlust», «Existenz-» und «Zukunftsangst» nur unzureichend benannt werden. Joachim Burkhardt hat unlängst einige dieser Symptome beschrieben[27], und in Friedrich Sengles letztem Werk über das Verhältnis Goethes und Herzog Carl Augusts findet sich der Gedanke, daß das Prinzip der

Restauration, welches in jeder historischen Epoche latent wirkt, besonders in Epochenumbrüchen und politischen Krisenzeiten seine stabilisierende Kraft entfaltet – worin durchaus eine Analogie zwischen damals und heute liegt.[28]

Herkunft

«In dieser Familie sind die Weiber gescheit und die Männer dumm bis zum Sprüchwort.»

FRIEDRICH SCHILLER

Charlotte von Stein wurde am 25. Dezember 1742 in Eisenach geboren. Es war dies eine Zeit sich leise ankündigender Umbrüche in Europa. Nimmt man das vierte Jahrzehnt des 18. Jahrhunderts als ganzes, so wären folgende, scheinbar stille Ereignisse zu nennen, die, wenngleich kaum meßbar, langfristige Wirkungen zeitigten.

Zeichen der Zeitenwende

Der preußische «Soldatenkönig» Friedrich Wilhelm I. starb 1740; sein Sohn Friedrich, den eine beflissene Hofhistoriographie sehr schnell «den Großen» titulieren wird, bestieg den Thron. Im gleichen Jahre starb auch Kaiser Karl VI., und seine Tochter Maria Theresia versuchte, mit Hilfe der «Pragmatischen Sanktion» seine Nachfolge anzutreten. 1741 wurden die späteren Künstler Angelika Kauffmann und Jean Antoine Houdon geboren. 1742 erklang erstmals Georg Friedrich Händels «Messias», und es erschienen Edward Youngs Weltschmerz-Gedichte «Night Thoughts» (Nachtgedanken über Leben, Freundschaft, Tod und Unsterblichkeit). Ein Jahr später, 1743, starb in Frankreich Kardinal André de Fleury, der Erzieher König Ludwigs XV. und für fast zwei Jahrzehnte der leitende Minister des immer noch mächtigen Bourbonenreichs.

1744 endete das Leben des englischen Dichters Alexander Pope, indes im damaligen Mohrungen Johann Gottfried Herder und im schweizerischen Boudry Jean Paul Marat das Licht der Welt erblickten. Ein Jahr darauf schloß Jonathan Swift seine Augen; seine beißende Satire auf die britische Gesellschaft in «Gullivers Reisen» bewegte und begeisterte noch nachfolgende Generationen. In Deutschland erschien 1746 Christian Fürchtegott Gellerts Sammlung der «Fabeln und Erzählungen» – auf deutsch –, und im gleichen Jahr legte Friedrich II. seine «Geschichte meiner Zeit» vor – natürlich auf französisch. 1747 beendete Georg Wenzeslaus von Knobelsdorff den Bau von Schloß Sanssouci bei Potsdam, und im gleichen Jahr starb Alain René Le Sage, dessen sozialkritischer «Gil Blas»-Roman auch in Deutschland begeisterte Leser und Nachahmer fand. 1748 schrieb Montesquieu sein Hauptwerk «Esprit des lois», Julien Offray de Lamettrie sein «L'homme machine», und Klopstock begann sein religiöses Epos «Messias» in einer neuen, bisher so nicht gehörten deutschen Dichtersprache. 1749 endlich wurde Goethe geboren, 1750 starb Johann Sebastian Bach. Im gleichen Jahre wies der Buchdrucker und nordamerikanische Staatsmann Benjamin Franklin durch Versuche mit einem Drachen die elektrische Natur des Gewitters nach und erfand den Blitzableiter. Politisch-historische, kulturell-künstlerische und naturwissenschaftliche Prozesse waren im Gange und signalisierten, daß eine scheinbar unverrückbare Zeit, eine scheinbar festgefügte Gesellschaft in Bewegung gerieten. Langsam noch und fast unmerklich begannen sich die gesellschaftlichen Strukturen in Europa aufzulockern; erst 1789 – da ist Charlotte von Stein in der Mitte ihres Lebens – vollzieht sich dann mit Urgewalt die soziale Eruption, die das Abendland nachhaltig erschüttert: die Französische Revolution.

Wir wissen nicht erst seit heute, aber wohl viel deutlicher als unsere Vorgänger, daß diese erste unter den zwei großen europäischen Revolutionen der neuesten Zeit nicht das bewirkte, was man ihr als historisches Verdienst lange Zeit zu unterstellen beliebte: Sie brachte das Bürgertum an die Macht, aber nur kurz; dann herrschte der Pöbel. Sie beseitigte den Absolutismus, aber nur kurz; Diktatur und napoleonischer Staatsstreich brachten ihn zurück. Adelsherrschaft und Priesterregiment wurden zerbrochen, aber nur kurz; erstes Kaiserreich, Ludwig XVIII. und Karl X. richteten sie wieder auf. Analoge historische Ernüchterungen bescherte das Fazit der russischen Oktoberrevolution.

24

«Fraternité – liberté – egalité» schrieb die Pariser Revolution auf ihre Fahnen. Nichts davon konnte sie schaffen, im Gegenteil, so wie sich die «Brüderlichkeit» als Worthülse, als «leere Opernphrase» (Egon Friedell) entpuppte, so waren die Begriffe von «Freiheit» und «Gleichheit» unvereinbare Gegensätze: «Denn die Gleichheit vernichtet die Freiheit, und die Freiheit vernichtet die Gleichheit.»[29]

Das Elternhaus

Die junge Charlotte behelligte man mit solchen Gedanken gewiß nicht. Sie wurde in eine äußerlich festgefügte Welt streng voneinander geschiedener Stände hineingeboren. Als das Mädchen am ersten Weihnachtstag 1742 zur Welt kam, war ihr Vater, Johann Wilhelm Christian von Schardt, herzoglich-weimarischer Reisemarschall. Seine Vorfahren sollen in Schlesien, nach anderer Quelle auf Neuenburg bei Oschatz gelebt haben. Die Mutter, Concordia Elisabeth, entstammte dem schottischen Geschlecht der Irving of Drum und hatte ein beachtliches Vermögen in die Ehe eingebracht.

Concordia Elisabeth von Schardt war neunzehn Jahre alt, als ihr zweites Kind, eine Tochter, auf die Namen Charlotte Albertine Ernestine getauft wurde. Der Vater war dreizehn Jahre älter als seine Frau. Es war eine im Alter der Ehepartner typische, äußerlich standesgemäße Gemeinschaft, die, nach der Gewohnheit der Zeit, auf der Basis einer vorausberechenbaren Wirtschaftlichkeit und mit Blick auf öffentliche Reputation geschlossen worden war. Insgesamt elf Kinder gebar Concordia Elisabeth ihrem Manne in siebzehn Ehejahren; sieben davon starben in zumeist jungen Jahren.

Von Zuneigung oder Liebe im heutigen Sinne war kaum die Rede bei damaligen Verbindungen; es war ein Vertrag der Eltern oder des Mannes mit den Eltern der Braut. Gleichviel welcher Herkunft, die Mädchen und Frauen der ersten Hälfte des 18. Jahrhunderts hatten kaum eine Möglichkeit, den Gatten selbst zu wählen. Unausweichlich gerieten die meisten in die Mühle der Institution «Ehe» und hatten die Folgen, zahlreiche aufeinander folgende Schwangerschaften und allzuoft den frühen Tod im Kindbett, widerspruchslos und gottergeben hinzunehmen. Eine Scheidung, wenn zwei Partner nicht miteinander auskamen, war zu dieser Zeit aus sozialen und ökonomischen Gründen noch kaum möglich, was in ganz besonderem Maße für die Frau galt.[30] Das sei hier deshalb ausdrücklich erwähnt, weil den äußeren Bedingungen auch in der späteren Ehe der Charlotte eine gewichtige Bedeutung zukam.

Porträtgemälde der Concordia Elisabeth von Schardt, von unbekanntem Künstler, um 1750.

Ganz dem weiblich-untergeordneten Rollenspiel ihrer Zeit verhaftet, hat Concordia Elisabeth niemals auch nur in Ansätzen gegen diese Aufgabe als Frau, als Gebärerin und Hüterin des Hauswesens rebelliert; einzig ihrem Gott offenbarte sie ihr Unglück. Düntzer schrieb: «Sie war eine Frau von mildem, ernstem, tief gottesfürchtigem Sinne, von innigem Gefühle und klarem Verstande, welche, ohne Anforderungen an das Leben zu stellen, sich ganz ihrer Familie widmete und mit gefaßter Duldung die Sonderbarkeiten ihres dreizehn Jahre älteren, ernst strengen, nur seinem Dienste lebenden Gatten trug.»[31]

Das klingt nach Harmonie und innerer Zufriedenheit mit sich selbst, doch ist, wie zu zeigen sein wird, hier mehr die Düntzersche Sicht der Frau des jungwilhelminischen Deutschland beschrieben als die psychische Befindlichkeit der Concordia Elisabeth von Schardt in den vierziger und fünfziger Jahren des vorhergegangenen Jahrhunderts. Das im Großkochberger Schloß überlieferte Porträt, geschaffen um 1750, zeigt jedenfalls eine stolze, im vollen Bewußtsein erfüllter Pflicht auch zufriedene Frau. Verständig und klug schauen die Augen aus diesem Bild. Gewiß früher vorhandene mädchenhafte Reize haben sich in dem vollen Gesicht zu reifer Mütterlichkeit gewandelt. Der später der Charlotte nachgesagte italienische Einschlag – dunkler Teint, große dunkle Augen – ist sichtbar schon bei Concordia Elisabeth ausgeprägt. Was ihr das Leben versagte, scheint sie – wie auch sonst? – mit wachem Verstand, mit Realitätssinn und vor allem mit Charakter ausgeglichen zu haben. Charlotte hat ihre Mutter geliebt und verehrt; eigene Wesenszüge haben ihre Herkunft unzweifelhaft in dieser persönlichkeitsstarken Frau.

Ganz anders sah es mit dem Vater aus, von dessen «Sonderbarkeiten» Düntzer schrieb. Entsprossen einem seit Generationen im Lande sitzenden Kleinadel und geprägt vom Makel fehlenden Landbesitzes, waren die Schardts auf Gedeih und Verderb der landesfürstlichen Gnade ausgeliefert. Nachdem sie jahrelang an die eher unbedeutende Hofhaltung des Städtchens Eisenach gebunden und gefesselt waren, wo sich bis zum Jahre 1741 eine sachsen-ernestinische Nebenlinie in bescheidener Residenz befand, erklärte sich Herzog Ernst August von Sachsen-Weimar beim Anfall des Ländchens Sachsen-Eisenach schließlich bereit, dem Oberschenk August von Schardt ein geringfügiges Alters- und Ruhegeld zu zahlen, wenn dafür dessen Sohn Johann Wilhelm Christian, Charlottes späterer Vater, zu üblichen Konditionen in seinen Dienst überwechsle.

Das Angebot war ohne Alternative; so trat der junge Schardt zunächst als schlechtbezahlter Reisemarschall in weimarische Dienste. Die später erfolgte Ernennung zum herzoglichen Haus- und Hofmarschall bedeutete fürstliches Gnadengeschenk und Rangerhöhung zugleich, so daß die damit verbundene Umsiedlung in die Hauptresidenz Weimar als erfreuliches Übel empfunden worden sein dürfte.

Die Narrenrolle des Vaters

Im ehemals Schwarzenfelsischen Haus in der heutigen Scherfgasse, einem zu Renaissancezeiten erbauten repräsentativen Gebäude, erhielt die Familie 1743 ihr dienstliches Domizil zugewiesen. Dieses für damalige Verhältnisse gar nicht kleine, teils ummauerte Anwesen, versehen mit einem weitläufigen Garten, in dem sich einer der damals charakteristischen Gartenpavillons erhebt, wird die prägende, die kleine äußere Welt der heranwachsenden Charlotte. Was aber wie ein Glücksfall für die Familie Schardt aussieht, wird der wirkliche Anlaß ihres schleichenden wirtschaftlichen Niedergangs. Mit Versetzung und wachsenden Dienstverpflichtungen, mit Haus und Garten begann der teils aufgenötigte, mehr noch selbstverschuldete finanzielle Abstieg des ebenso ehrgeizigen wie eitlen Herrn von Schardt; mit einem falsch verstandenen Hofdienst und einem wenig dankbaren Fürsten führte er vollends in den Ruin. Geblendet von einem überzogenen höfischen Standes- und Repräsentationsbedürfnis, dem die Einkommensverhältnisse keinesfalls angemessen waren, opferte der Hofmarschall zunächst leichtfertig hohe Summen des Privatvermögens beim Umbau des Renaissancegebäudes und bei der Verschönerung des Anwesens. Der eher kleine und bescheidene Pavillon im Garten an der Scherfgasse, um dessen Restaurierung sich seit einigen Jahren ein privater Weimarer Förderkreis mit großem Engagement müht, weist im Innern beispielsweise sehr schöne Stuckornamente auf. Im Schardtschen Palais waren Deckengemälde überliefert, die von der Hand Adam Friedrich Oesers stammen sollen.

Auch im Festsaal des Wittumspalais, dem Witwensitz der Herzogin Anna Amalia, haben sich beeindruckende Deckenmalereien dieses Leipziger Künstlers erhalten und im sogenannten «Roten Turm» des Herzogs Carl August, der in der Nähe des Schlosses Belvedere steht, die Fragmente einst modischer Chinoiserien. Und der berühmte Rokokosaal des «Grünen» oder «Französischen Schlosses», der heutigen Herzogin Anna Amalia-Bibliothek, ist mit aufwendigen Stuckarbeiten des Thüringer Künstlers Christian Wilhelm Müller geschmückt, der auch den Schardtschen Gartenpavillon verschönte.

Man sieht, Schardt versuchte in seinem privaten Bereich nachzuahmen, was seine fürstlichen Herrschaften in ihren Bauten mit bescheidenem Prunk praktizierten, obschon selbst sie es kaum finanzieren konnten. Es mögen diese zwei Beispiele belegen, mit welch lächerlicher Anmaßung der Hofmarschall seiner notorischen Selbstdarstellungssucht nachgab, der er dann finanziell nicht gewachsen war. Prestigebedingte, von keinerlei Sachkenntnis gestützte Kunstankäufe verschärften die Geldnot der Familie.

Diese Unfähigkeit, Mach- und Vertretbares zu erkennen, führte ihn auch in seinem Hofdienst schnell in den Untergang. Mit immer neuen Pflichten von seinem Herzog überhäuft, kam der devote Höfling mit seinem vorauseilenden Eifer schließlich in den Fall, sein eigenes, sprich: das Vermögen seiner Frau zur Erledigung seiner höfischen Verrichtungen einsetzen zu müssen. Die Mitverantwortung Schardts für den kostspieligen Marstall des Rokokofürsten Ernst August, die Aufsicht über das fürstliche Bauwesen des selbst für damalige Verhältnisse bauwütigen Landesherren, der immer pompöse

Empfang und die höchst lukullische Beköstigung der zahlreichen Gäste des verschwenderischen Herrn, nicht zuletzt die teure Hofhaltung des Erbprinzen Ernst August Constantin – das alles verschlang Unmengen Geld, beim Herzog nicht vorhandenes Geld, Schardts Geld.

Nichts davon sah er wieder, denn das Duodezfürstentum war stets verschuldet und in Geldnöten. Angesichts solcher Narrendummheit kam zum Schaden der Hohn. Schillers bekannter Satz: «In dieser Familie sind die Weiber gescheit und die Männer dumm bis zum Sprüchwort»[32] hat nicht nur mit einer allgemeinen Denunziation der männlichen Schardts, sondern vor allem mit der aberwitzigen Art des Johann Wilhelm Christian von Schardt zu tun.

Ein zeitgenössischer Scherenschnitt zeigt eine idyllische Schardtsche Familienszene: Concordia Elisabeth mit dem hohen Frisurenaufbau auf dem Kopfe und dem fischbeinkorsettgestützten Reifkleid steif am zierlichen Schachtischchen sitzend, ihr gegenüber der

Hofmarschall von Schardt, seine Gattin und Sohn Louis. Scherenschnitt, um 1770.

bezopfte Sohn Ludwig, genannt Louis, auf den Schillers vernichtendes Urteil besonders zugetroffen haben soll; hinter Concordia Elisabeth sodann ihr Gatte, der Höfling, die «Hofschranze», ebenso steif und zeremoniell wie dick und aufgeblasen. Der vor ihm sitzende fette Mops hebt wie symbolisch die Pfote in Richtung seines Herrn, als wollte die unbekannte Scherenkünstlerin eine kaum zufällige Vertraulichkeit des sprichwörtlich dummen Hundes mit seinem Herrn nahelegen.

Indessen dürfte das bukolisch-rokokohafte Bildchen noch geschönt sein. Schardts Leben spielte sich fast ausschließlich am Hofe, in der Wilhelmsburg, in Belvedere sowie in den umliegenden Schlössern, aber nur höchst selten in der Scherfgasse ab. Als Hofmarschall bekleidete er nur die dritte Charge, war dem Oberhofmarschall und der Oberhofmeisterin unterstellt, aber er war zur herzoglichen Tafel gezogen, und diese Auszeichnung nährte sein höfisches Selbstgefühl und trieb zuweilen die exotischsten Blüten.

Als Herzogin Anna Amalia 1759 ihre Regentschaft antrat, schickte sie, eine gute Menschenkennerin, den eitlen Gecken, den sie nicht mochte und der doch noch nicht die Fünfzig erreicht hatte, in den Ruhestand. Das traf Schardt tief; der Familie, vor allem der schwergeprüften Ehefrau, dürfte der nörgelige, unzufriedene Mann manchen bitteren Tag beschert haben. Mit dem Entzug der fürstlichen Gnade verlor das Schardtsche Palais auch den Charakter eines gesellschaftlichen Treff- und Mittelpunktes.

Charlotte hat im Elternhaus gewiß schon früh ihre Fähigkeit als gute und scharfblickende Beobachterin ausbilden können. Da sich Vater und Mutter im Wesen so völlig unterschieden, wurde ihr Realitätssinn in diesen Jahren fest geformt.

Mit einer Jahrespension von 1800 Talern konnte die Familie Schardt mehr schlecht als recht in der teuren Residenz leben; einige zusätzliche Gratifikationen besserten die wirtschaftliche Lage nur kurzzeitig auf. Charlotte lernte früh Bescheidenheit und Demut. So war Schardts Ernennung zum Wirklichen Geheimen Rat (1773) mit dem Prädikat «Exzellenz», die den alten Höfling unendlich beglückte, zunächst zwar nur ein formaler Akt; aber der Ruf der Herzogin Louise, die peinlichst auf die Einhaltung höfischer Traditionen achtete, zog ihn wieder zur herzoglichen Tafel, und das bedeutete eine nicht unwichtige finanzielle Entlastung des Familienbudgets. Am Hofe zu Weimar spielte die «alte Exzellenz» nun bis an ihr Lebensende 1790 eine meist lächerliche Hofnarrenrolle.

Herzog Carl August – nur zwei charakteristische Anekdoten seien angefügt – schrieb am 31. Mai 1781 an Johann Heinrich Merck: «Der alte Geheime Rath Schardt hat sich neulich in seiner confusen Sprache über meine und meiner Mutter Sammlerei ausgelassen, er erzählte, er habe meine Gemälde gesehen. ‹Mein Gott›, sagte er, ‹wer hängt dem Herren die Copien nur auf, straf mer Gott, von allen habe ich die Originale; und die Frau Herzogin-Mutter kauft Kupfer, ich könnte sie ihr weit besser geben. Aber man glaubt mir nicht. Noch neulich war ich bei der guten Dame, da hab' ich sie denn alle gesehen, und gewiesen hab ich's ihr und straf mer Gott, in allen war hinein ratefoutirt.»[33]

Als verschroben und aufdringlich galt der «alte Schardt» bis zuletzt. Sophie Becker notierte am 2. März 1785, er sei «eine verjahrte Hofschranze und Schreckbild jedes klugen Kopfes»; Goethe sei spornstreichs aufgesprungen und davongelaufen, als der «alte Schardt» den Salon der Gräfin Bernstorff betreten habe. Bis an sein Ende habe der Höfling, selbst zu Hause in der Scherfgasse, lächerlicherweise an seinen Schlafröcken, den wenig geachteten, aber durch einen Riesenstern repräsentierten Bayreuther Roten-Adler-Orden an seiner Brust getragen. Noch die alte, fast achtzigjährige «Exzellenz» stellte sich mit faltenlosem Gesicht dar, weil – man höre und staune – die Stirnhaut emporgezogen und unter der Perücke straff zurückgebunden wurde, eine Schönheitsmaßnahme der Goethezeit.

Carl von Lyncker, Page am Weimarer Hof, erinnerte sich: «Diesem Greise dauerte kein Hoftag zu lange; er stand bei allen Gelegenheiten fest auf seinen Beinen; jedoch trug er einen Stock, weil er einst Hofmarschall gewesen war. Nächstdem war er wohl der größte Gourmand seiner Zeit. Fast zu jeder Speise bereitete er sich seine eigene Sauce mit Himbeeressig, Pfeffer, Zimmt, Senf, Öl und dgl., und es war eine wahre Unterhaltung, seine derartige Geschäftigkeit zu beobachten. Die Herzogin selbst, neben der er, wenn Niemand Fremdes da war, den Sitz hatte, lächelte oft darüber.»[34]

Wie hohl und ärmlich diese Existenz ihres Vaters letztlich blieb, konnte einem klugen Mädchen wie Charlotte nicht entgehen. Ihre disziplinierte Haltung entsprang zweifellos einer inneren Einstellung, die vor allem das ärmliche Erscheinungsbild des Vaters, sein glückloses Hofdasein in ihr ausgebildet hatte.

Demut der Mutter

Die Mutter dagegen, klaglos und resigniert, aber geradlinig, schrieb in ihrem vierzigsten Lebensjahr, am 12. Oktober 1763, eine «feierliche Übergebung» ihrer selbst «an Gott» nieder[35], was ihr, somit frei und gelöst von weltlich-irdischen Bedrängnissen, ihre innere Seelenstärke endgültig wiedergab. Einen menschlich anrührenden Vorgang, «ein Dokument frommen Protestes» nennt es Effi Biedrzynski[36], was zugleich schlagend beweist, wie diese Frau an ihrem Leben mit Schardt getragen und gelitten hat. Allein dieses Zeitdokument widerlegt die eingangs zitierten Worte Düntzers.

Als Schardt 1790 starb, trennte sich Concordia Elisabeth mit stiller Selbstverständlichkeit von Mobiliar, Gemälden und Silberzeug, um die Schulden des Gatten abzutragen. Auch das Haus in der Scherfgasse, erst Dienstwohnung, 1756 dann mit den Resten des Vermögens mühselig erworben, gab sie in stoischer Gelassenheit auf, um sich zuletzt in einer kleinen Wohnung in der Schloßgasse einzumieten, wo sie, von einer bescheidenen Rente lebend, bei Flick- und Näharbeiten ihre Tage in fast bürgerlicher Selbstgenügsamkeit und Behaglichkeit verbringend, ihre Augen dann am 2. Juli 1802 für immer schloß. Die Pflicht sei der Mutter zur Neigung geworden, habe Charlotte geäußert, und eine Enkelin der Concordia Elisabeth ergänzte, daß die Großmutter, «eine energische, glaubensstarke Matrone mit großen friedvollen schwarzen Augen», alles, was sie tat, ganz getan habe und manchmal noch ein wenig darüber hinaus.

Die Entwicklung der Kinder

Charlotte von Stein verblieb bis zu ihrem sechzehnten Lebensjahr im elterlichen Haus. Die Erziehung durch Hauslehrer war streng und dem künftigen Berufs- und Lebensweg, der sozial und wirtschaftlich einzig denkbaren Möglichkeit des adligen Mädchens, angemessen: die Stellung einer Hofdame beim weimarischen Fürstenhaus anzustreben. Lesen, Rechnen, Schreiben bei einem Kandidaten gehörten zur Elementarausbildung, Musik und intensives Französisch bei verschiedenen Maîtres kamen hinzu.

Von frühester Jugend an wurden trainingsharte Tanzstunden abgehalten, um bei den zahlreichen höfischen Festlichkeiten eingesetzt und gebraucht werden zu können. Carl von Lyncker berichtete, daß er und seine Schwestern vom Tanzmeister Aulhorn, der selbst unter Muskelschwund litt, stundenlang regelrecht gequält wurden, indem ihre Füße wöchentlich zweimal «in ein Brett geklemmt und mit Pflöcken dergestalt zurückgezwungen» wurden, daß sie so an diese unnatürliche, nach außen gedrehte Stellung gewöhnt wurden.[37] Auch die Schardtschen Kinder dürften diese Prozedur absolviert haben; Charlotte wurde später eine exzellente Tänzerin, wie Zimmermann bezeugte. Sie lernte, anspruchsvolle Soli und Pas de deux zu tanzen, und vermochte Rollen im herzoglichen Hofballett zu übernehmen. Unabdingbar war zudem die manchmal schwer zu erlernende Fähigkeit, leicht und dennoch geistvoll über die belanglosesten Dinge auf französisch zu parlieren. Nicht nur von Zimmermann ist überliefert, daß sie dies alles meisterhaft beherrschte.

Ein nicht zu vergessendes Element stellte auch das Theater dar. In den heutigen Zeiten ist nur noch schwer nachvollziehbar, welch wichtige Rolle es für die Bildung besaß. Nach der Regierungsübernahme des Herzogs Ernst August II. Constantin im Jahre 1756 – da war Charlotte von Schardt vierzehn Jahre alt – weilte die Döbbelinsche Truppe kurz in Weimar, wo sie im Schloßtheater spielte. Es darf angenommen werden, daß – trotz der Strenge des Vaters – den Schardtschen Kindern das Erlebnis der Theateraufführungen nicht versagt blieb, auch nicht die gelegentliche Teilnahme an Maskeraden, Hofbällen und sonstigen Vergnügungen der gehobenen Gesellschaft.

Freilich waren die Zeiten nicht nach solchen Zerstreuungen. Mit dem Tode des Herzogs, der, schon immer kränkelnd, 1758 mit 21 Jahren starb, fiel der Weimarer Hof zunächst erneut einer lähmenden Tristesse anheim. Der Siebenjährige Krieg war schon zwei Jahre vorher ausgebrochen und verschonte Weimar nicht. Bereits die Tage vor der Geburt des Erbprinzen Carl August am 3. September 1757 waren begleitet vom Aufmarsch französischer Truppen, und den Jubel über die Ankunft des männlichen Sprosses des Weimarer Herzogshauses verdarben die am selben Tage in die Stadt einziehenden 500 Mann Reichstruppen. Mehrfach kam es zu Plünderungen der unweit des Schardtschen Palais auf dem Schweinemarkt lagernden Söldner. Nach der Schlacht von Roßbach am 6. November 1757 mußte Weimar die wilde Flucht des geschlagenen Reichsheeres über sich ergehen lassen, was eine allgemeine Not, Lebensmittelknappheit und Teuerung nach sich zog. Charlottes tiefer Abscheu vor kriegerischen Greueln und den damit verbundenen widerwärtigen Szenen wurde in dieser Zeit nachhaltig ausgebildet.

Die drei Brüder Schardt nahmen gleichfalls herzoglich-weimarische Dienste: Friedrich Ernst Ludwig wurde 1757 Kammerjunker und 1760 Oberforstmeister. Ernst Carl Constantin bezog 1761 die Jenenser Universität, um Rechtswissenschaft zu studieren, und trat danach bei der Geheimen Kanzlei in Weimar in Dienst. Der jüngste Bruder, Ludwig Ernst Wilhelm, genannt Louis, den selbst Düntzer «eine etwas flache, seichte und selbstsüchtige Natur» nannte[38], wurde bereits in der Wiege zum Fahnenjunker ernannt. Gleich dem Vater eine aufdringliche «Devotionskunst» verinnerlichend, verscherzte er sich damit gründlich des derben Carl August Sympathien, der nur geradlinige und offene Naturen schätzte und in seiner Umgebung duldete. Deshalb wurde Louis nach Eisenach abgeschoben. Als Teilnehmer an den Koalitionskriegen brachte er es in den Jahren 1792 bis 1795 wenigstens bis zum Hauptmann. Zurückgekehrt nach Eisenach, wo er den Titel eines «Schloßhauptmanns» beibehielt, fristete er seine tristen Jahre, bis er im Jahre 1809, gewiß nicht ganz freiwillig, in den Ruhestand geschickt wurde; «sein Verstand (sei) zu wenig kultiviert», urteilte bezeichnenderweise seine Schwester Charlotte.[39]

Von zwei Schwestern ist wenig bekannt; die eine war Hofdame bei Anna Amalia und von schwächlicher Konstitution; sie kam früh als Stiftsdame nach Wasungen. Einzig Louise Franziska Sophie, eine bildhübsche Erscheinung, erlangte neben Charlotte Bedeutung im «klassischen Weimar», wenngleich ihr Ruf ein eher schillernd-zweideutiger wurde. 1775 heiratete sie den Abenteurer Carl von Imhoff, der seine erste Frau Marianne an den späteren englischen Gouverneur von Bengalen, Warren Hastings, für viel Geld regelrecht verschachert hatte. Imhoffs ruinöser Lebensstil im fränkischen Mörlach und seine Verschwendungssucht waren in Weimar stadtbekannt und ließen die so fragwürdig gewonnenen «indischen Reichtümer» schnell dahinschmelzen. Louise, die sich von ihrem Manne mehr und mehr abwandte, dachte schließlich an Trennung und Scheidung; der plötzliche Tod des Gatten 1788 löste das Problem auf natürliche Weise. Die Witwe und ihre vier Kinder konnten von den Zinsen des einstigen Reichtums immerhin erträglich in der Weimarer Residenz leben. Auch dieses Ehedrama ihrer Schwester, an der Charlotte mit großer Zuneigung hing, sollte wohl mitgedacht werden, wenn über die Ehe der Steins gerätselt wird. Erfahrungen sowohl der Mutter als auch der Schwester haben Charlotte von Steins eigene, sehr nüchterne spätere Entscheidungen gewiß mit beeinflußt.

Das Schardtsche Palais im sozialen Spannungsfeld
Die nähere und weitere Umgebung des Schardtschen Palais muß an dieser Stelle kurz beleuchtet und charakterisiert werden, gehörte

Ausschnitt aus dem Stadtplan von Lossius (1785) mit dem Umfeld des Schardtschen Palais.

Rekonstruktionszeichnung der Gartenseite des Schardtschen Palais. Zeichnung von Andreas Kästner.

doch dieser Bereich der Weimarer Alltagserlebnisse zu den prägenden Erfahrungen der heranwachsenden Kinder, die sich ja nicht nur innerhalb der Umfriedung des Hausgartens oder in den Mauern der Wilhelmsburg aufhielten.

Ein inzwischen zum historischen Dokument gewordenes Foto vom April 1991 zeigt den erschreckenden Verfallszustand des ganzen Quartiers. Dank der Anstrengungen einer Reihe von Enthusiasten ist zumindest im Bereich des Pavillons eine sichtbare Wende zum Erhalt der kulturhistorisch bedeutsamen Bausubstanz erreicht worden. Gut zu erkennen ist der Tee- oder Gartenpavillon, einst auch «Turm» oder «Goethe-Pavillon» genannt, der von Johann Wilhelm Christian von Schardt um 1750 in dieser Form angelegt und durch einen wahrscheinlich offenen, doppelstöckigen Holzgang mit dem Wohnhaus verbunden wurde[40]

Hinter dem Schardtschen Palais wird bereits die St. Jakobskirche sichtbar, die erst 1713 von Herzog Wilhelm Ernst als Gotteshaus wiedereingeweiht worden war. Um diese spätere Garnisonskirche herum erstreckt sich die Jakobsvorstadt, der einzige Stadtteil außer-

Pavillon am Schardtschen Palais im April 1991.

halb des alten mittelalterlichen Mauerringes. Hier wohnten im 18. und 19. Jahrhundert überwiegend solche Bürger, deren Besitzverhältnisse noch unter dem städtischen Durchschnitt lagen: Dienstboten, Schauspieler, Fuhrleute, Botengänger, Handwerker, Abdecker, Soldaten. Nach einem kleinen Hügel innerhalb dieser Vorstadt waren sie «Sperlingsberger» benannt, womit in Alt-Weimar vor allem die zahlreichen Kinder des Quartiers gemeint waren. Dieser «Sperlingsbrut» ging der Ruf voraus, besonders wild und unerzogen zu sein.[41] Der kleinen Charlotte und ihren Geschwistern dürfte aus Standesgründen kaum Kontakt zu diesen Arme-Leute-Kindern gestattet worden sein, aber als «Nachbarn» gehörten sie zum Alltag.

Weiterhin ist mit Sicherheit zu vermuten, daß das adlige Mädchen das laute und bunte Treiben auf dem Schweinemarkt, dem heutigen Goetheplatz, des öfteren beobachtet hat. Dieser Platz, damals von zahlreichen Scheunen umgeben, die Jahre später einer Feuersbrunst zum Opfer fielen, lag außerhalb der Mauern in der Nähe des Erfurter Tors und damit in unmittelbarer Nachbarschaft des Schardtschen Hauses. Aus dessen oberen Fenstern hatte man – über die Stadtmauern hinweg – einen direkten Blick auf das Markttreiben.

Als verbliebener Rest der ehemals mächtigen Stadtbefestigung steht wenige Meter vom Schardtschen Palais entfernt noch heute der sogenannte «Kasseturm», der eine besonders wehrhafte Eckbastion im Mauerring darstellte. Um die Mitte des 18. Jahrhunderts begann Anna Amalia, diesen doppelten Steinwall, zwischen dem ein tiefer Graben lag, abreißen zu lassen, um der sich allmählich ausbreitenden Stadt Raum zu geben und Baumaterialien zu gewinnen. Dieses allmähliche Verschwinden des mittelalterlichen Äußeren der Stadt konnte Charlotte von Stein unmittelbar vor der Haustür miterleben, auch dies ein unübersehbares Zeichen für den Anbruch einer neuen Zeit.

In entgegengesetzter Richtung zur Jakobsvorstadt und wieder in unmittelbarer Nähe des Schardtschen Anwesens entstand 1767 das später Wittumspalais genannte Gebäude, in dessen Bau Teile eines früheren Franziskanerklosters einbezogen wurden. Zu diesem Gebäudekomplex gehörte gleichfalls ein großer Garten mit einem Pavillon. Hier hielt die Herzoginmutter Anna Amalia einen eigenen Hof, nachdem 1774 die Wilhelmsburg, das alte Residenzschloß, abgebrannt war und ein Jahr später der Erbprinz Carl August, erst achtzehnjährig, die Herrschaft angetreten hatte. Bevor Goethe sein Haus am Frauenplan als Eigentum erhielt, war das Wittumspalais der geistige Mittelpunkt der Stadt, denn hier, bei der kunstsinnigen Herzogin, versammelten sich die Künstler und Gelehrten, hier fand regelmäßig die berühmte «Tafelrunde» statt, deren lockere und anregende Atmosphäre Georg Melchior Kraus auf seinem bekannten Aquarell festgehalten hat.

Charlotte von Schardt hatte also zwei Welten im Blickfeld: die bäuerliche und kleinbürgerliche Weimarer Wirklichkeit am Schweinemarkt und in der Jakobsvorstadt, und das adlige Hofdasein, in dem immer noch die barocke, französische Kultur gepflegt wurde.

Es ist dies ein wichtiges, oft unterschätztes Charakteristikum der kleinen Residenzstadt Weimar, daß beide Welten immer unmittelbar nebeneinander, oft sogar miteinander, existierten und existieren mußten. Dies ist sicher eine der Ursachen dafür, daß sich in Weimar, im Rahmen eines aufgeklärten Absolutismus, ein besonders günstiger geistiger Boden vorfand, auf dem die adlig-bürgerliche Kultur entstehen konnte, die später mit dem Begriff «Weimarer Klassik» umschrieben wurde. Ein künstliches Bauerndorf, wie es sich die französische Königin Marie Antoinette neben ihrem verspielt-luxuriösen Trianon anlegen ließ, war in Weimar weder nötig noch denkbar. Das berühmte «Hameau» war eine Puppenstube; Armut und Verfall im spätfeudalen Weimar dagegen waren soziale Realität.

Erscheinungsbild

«Sie hat überaus große schwarze Augen von der höchsten Schönheit.»

JOHANN GEORG ZIMMERMANN

HEINRICH Heine prägte für die Jahre der «Weimarer Klassik» den Begriff «Kunstperiode».[42] Das ist einseitig und deshalb nicht exakt, handelt es sich doch dabei um ein umfassendes, komplexes kultur- und geistesgeschichtliches Phänomen. Aufgebaut und entwickelt hatte es der aufgeklärte Absolutismus; «Weimar» stellt dabei ledig- lich eine Möglichkeit dar, wenngleich eine der beeindruckendsten. Die Weimarer Glanzzeit wäre nicht denkbar gewesen ohne aufge- klärte Fürsten, ohne herausragende Persönlichkeiten wie Herzogin Anna Amalia und Herzog Carl August. Auch Goethes Genie hätte sich wohl ohne die großherzige, weitsichtige Protektion seines Für- sten so nicht entfalten können. Die Kultur des «klassischen Wei- mar» war eine aristokratisch geprägte Kultur mit bürgerlicher Schmelze, mit Kunst und Wissenschaft als vorrangiger Domäne ge- bildeter Männer und einer ausgebreiteten Geselligkeit, in der das weibliche Prinzip vorherrschend war. So spielen bedeutende Frauen im bunten Bild der Zeit eine wichtige Rolle, und das gilt im über- tragenen Sinne genauso wie im direkten.

Künstler und Dilettanten
Überblickt man die künstlerische Überlieferung der «Weimarer Klassik», die Groß- und Kleinplastiken, die Gemälde, Aquarelle, Pastelle, Miniaturen und Handzeichnungen, die Kupferstiche, Li- thographien und Scherenschnitte, die Gemmen, Münzen und Me- daillen, auf denen damalige Persönlichkeiten festgehalten wurden, so ergibt sich ein ungewöhnlich differenziertes, teils auch wider- sprüchliches Gesamtbild. Die Zeit war abbildungssüchtig, und das erklärt sich ebenso mit der gestiegenen Rolle und Bedeutung des In-

dividuums wie mit der kräftig anschwellenden Kommunikation untereinander. Aufkeimende physiognomische und psychologische Interessen, eine Modeerscheinung, taten das Ihre. Jeder Stand, jede Person suchte und fand, je nach Neigung und Vermögen, das gemäße Genre.

Dem Repräsentationsbedürfnis der Fürstlichkeiten entsprachen großformatige Gemälde, Plastiken aus kostbarem Material und das Münzbild auf offiziellen Zahlungsmitteln. Der größere Teil des Bürgertums, hierin dem weitestgehend armen mittleren und kleinen Adel vergleichbar, liebte bescheidenere Pastell- oder Tuschzeichnungen, zumindest die relativ billige Bleistiftabbildung, womöglich von dilettantischer Hand gefertigt.

Als Modeerscheinung des 18. Jahrhunderts kommt das Schattenbild, die Silhouette, herrührend aus der verbreiteten China-Be-

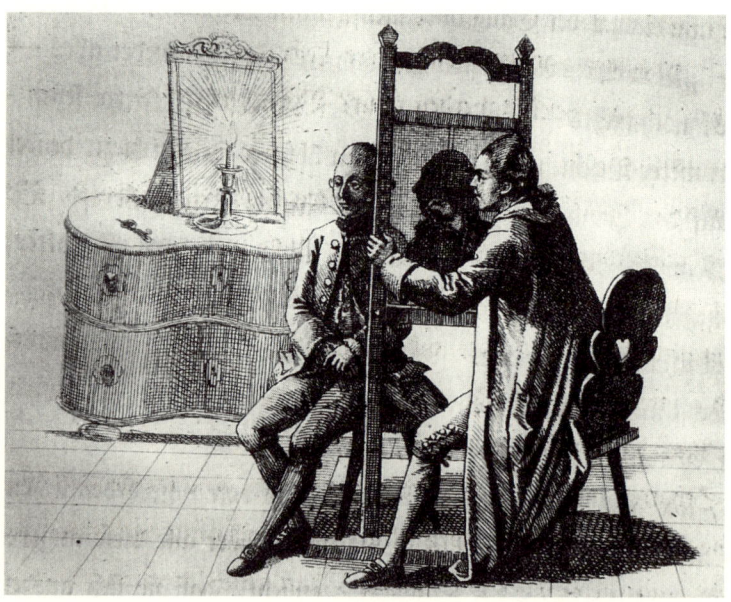

Die Technik des Schattenrisses. Kupferstich in Lavaters «Physiognomischen Fragmenten».

geisterung, hinzu. Sie wird allgemein beliebt. Der Profilumriß wurde zunächst mit mechanischen Hilfsmitteln hergestellt, doch brachten es viele begabte Frauen zu einer erstaunlichen Kunst bei dem aus freier Hand geschnittenen Scherenbild. Schattenriß und Scherenbild werden die Domäne vor allem des Bürgertums; die Schattenspiele als Abart des Puppentheaters erfreuten sich einer ähnlichen Beliebtheit.

Als Weimarer Besonderheit auf dem weiten Felde solcher Bilderlust kam die von Carl August 1776 gegründete «Fürstliche freie Zeichenschule» hinzu, die ihrem Namen alle Ehre machte: der Besuch war kostenlos. Wer Zeit und Muße hatte – und das waren vom mittleren Bürgertum an aufwärts fast alle, namentlich die Frauen –, der ging in diese vergnüglichen Zeichenstunden. Junge und Alte, Bürgerliche und Adelige, Männer und Frauen waren hier in ganz ungewöhnlicher Vermischung der Stände beisammen.

Die Anwesenheit zahlreicher Künstler in der kleinen Stadt von etwa 6000 Einwohnern hatte gleichfalls ihre Folgen. Georg Melchior Kraus, Gottlieb Martin Klauer, Ferdinand Jagemann, später Louise Seidler, Julie von Egloffstein und Caroline Bardua – um nur einige Namen herauszugreifen – leisteten hier das Ihre, und zeitweilig in der Residenz weilende auswärtige Künstler trugen zudem dazu bei, daß in Weimar zum Teil recht bedeutende Werke entstanden. Johann Ernst Heinsius, Johann Heinrich Lips, Friedrich Bury, Johann Friedrich August Tischbein oder Leonhard Posch mögen als bekanntere Namen für diese Gruppe stehen.

Fast die gesamte Weimarer Gesellschaft dilettierte mit Zeichenstift und Malerpinsel, von Herzogin Anna Amalia über Goethe bis zu den Weimarer Bürgermädchen, die sich von Kraus in die ersten Geheimnisse der Zeichenkunst einführen ließen. Auch der mittlere und kleine Adel war dabei vertreten. Als ein herausragendes Beispiel, weil auch künstlerisch zu einiger Bedeutung gelangt, mag Julie von Egloffstein dienen (der 1992 und 1993 eine beachtliche Ausstellung im Hildesheimer Römer-Museum und im Goethe-Nationalmuseum zu Weimar gewidmet war[43]). Natürlich ist auch Charlotte von Stein dem beliebten Zeichnen, Tuschen und Porträtieren mit Eifer nachgegangen.

Im Zusammenhang mit dem Bildnis muß noch ein Genre erwähnt werden, das in Weimar zu besonderer Blüte gelangte: das Medaillenbildnis. Anreger und Initiatoren waren sowohl der Herzog Carl August als auch bürgerliche Liebhaber dieser Kleinreliefkunst, darunter besonders Goethe, der Minister Christian Gottlob von Voigt und der aus Genf stammende Prinzenerzieher Frédéric Soret. Den Künstlern in und um Weimar gelangen herausragende Medaillenschöpfungen, die zum Teil an die besten Traditionen der deutschen Guß- und Prägemedaillen des 16. Jahrhunderts anschlossen.[44] Daran waren Weimarer Medailleure, so Friedrich Wilhelm und Angelika Bellonata Facius, vor allem jedoch auswärtige Künstler wie Christian Friedrich Tieck, Johann Gottfried Schadow und die Schweizer François Brandt und Antoine Bovy beteiligt.

Betrachtet man etwa die Ikonographie des Großherzogs Carl August, so läßt sich die imponierende Zahl von 225 Bildnissen beibringen[45]; noch zahlreicher sind die Bildnisse aus dem Goethekreis[46]. Charlotte von Stein nimmt sich mit etwa zehn überlieferten Abbildungen somit bescheiden aus. Das hängt damit zusammen, daß es zu ihren Lebzeiten ihre «Legende» noch nicht gab. Werfen wir also zunächst einen Blick auf das Bild dieser Frau, deren Gesicht von Künstlern ganz unterschiedlicher Begabung festgehalten worden ist.

Die Porträts der Charlotte von Stein
Bildnisse aus ihrer Kinder- und Jugendzeit sind nicht bekannt, wohl auch nicht vorhanden gewesen. Abgesehen von fürstlichen Kindern, die schon früh, meist mit den Attributen eines standesgemäßen Erwachsenen, abgebildet wurden, war dies auch nicht üblich. Die im Vergleich zu heute immens hohe Kindersterblichkeit, die zugleich die damalige, scheinbare Gefühlskälte der Eltern gegenüber ihrem Nachwuchs erklärt, ist dafür eine der Hauptursachen. Auch Charlotte wurde – nach dieser Denkart ihrer Zeit – erst «ab-

bildungswürdig», als sie «mannbar» genannt werden konnte und das heiratsfähige Alter erreicht hatte.

1758 war die Sechzehnjährige als Hoffräulein in den näheren Umkreis der bald regierenden Herzogin Anna Amalia gelangt. Charlotte war dort eine von vielen; daß sie sich in den folgenden Jahren, trotz ihres jugendlichen Alters und ihrer anfänglichen Unerfahrenheit, durchsetzte, sich sogar bald Respekt und Ansehen bei Hofe verschaffen konnte, steht außer Frage und stellt ihren Fähigkeiten und Begabungen das beste Zeugnis aus. Wie sonst hätte sich der begüterte, gut aussehende Baron Gottlob Ernst Josias Friedrich von Stein, Stallmeister der Herzogin, für die kleine, zierliche Schardt interessieren können?

Sie war wohl anmutig, aber, wie jeder wußte, bettelarm. Sie war geistvoll, aber eben keine gute Partie. Wie lange sich ein Ehemann überhaupt mit der Anmut und Grazie seiner Angetrauten würde schmücken können, war bei der als selbstverständlich empfundenen hohen Sterberate junger Mütter ohnehin ungewiß. Die Eheschließung am 17. Mai 1764 – Charlotte war, ungewöhnlich schon das, fast 22 Jahre alt – muß unter diesen Umständen als großer Glücksfall für die mittellose Schardt und als eine höfische Schrulle, als extravaganter Schritt des sieben Jahre älteren Stallmeisters angesehen werden. Denn: Wirtschaftlich gesehen, war sein Entschluß nicht zu erklären, ja falsch. Das Gut Großkochberg, das seit 1733 im Besitz der Adelsfamilie war, warf niemals nennenswerte Gewinne ab, sondern bildete immer, auch bei den folgenden Generationen, ein wirtschaftliches Risiko.

Von der jungen Braut existiert kein Bild. Erst in Johann Caspar Lavaters «Physiognomischen Fragmenten zur Beförderung der Menschenkenntnis und Menschenliebe» (1775 bis 1778 in vier Bänden erschienen) taucht die Weimarer Hofdame, anonym noch, erstmals auf, in der 1783 erschienenen französischen Ausgabe sogar mehrfach. Wilhelm Bode zweifelt in seiner Charlotte-Biographie allerdings an, daß die Abgebildete wirklich die Weimarer Baronin sei.

Wie auch immer – die vermutlich ersten bildlichen Darstellungen der Stein finden sich jedenfalls bereits im Dunstkreis des jungen Goethe; es sind die ersten, noch zarten Anfänge der späteren Beziehung, die in diesen Schattenrissen vor uns liegen.

Physiognomische Erörterungen
Lavater, mit «jener großen physiognomischen Gabe» begnadet, errang mit seinem Werk in der Schweiz, im Deutschen Reich und darüber hinaus einen Riesenerfolg. Das Revolutionäre war sein Interesse am Individuum: Nicht der Stand, die Geburt oder der Besitz eines Menschen machen seinen Wert aus, sondern seine Persönlichkeit, seine mehr oder minder ausgeprägte Individualität.[47] «Genialempirisch» nannte Goethe im 18. Buch von «Dichtung und Wahrheit» die Methode Lavaters; zahllose Personen hatte der Zürcher porträtieren lassen und viele Künstler als Mitarbeiter gewinnen können. Auch der junge Goethe legte begeistert Hand an und verfaßte Texte zu den abgebildeten Personen, die zumeist ungenannt blieben.

«Geh' ich das Lavaterische Werk nochmals durch, so macht es mir eine komisch-heitere Empfindung», beschrieb der alte Goethe später seine Gefühle, als er ab 1809 an seiner Autobiographie zu arbeiten begann; «es ist mir als sähe ich die Schatten mir ehemals sehr bekannter Menschen vor mir, über die ich mich schon einmal geärgert und über die ich mich jetzt nicht erfreuen sollte.» Auch Charlottes Riß sah er dabei wieder, worüber er freilich kein Wort verlauten ließ, sondern sich lieber – typisch für den alten Goethe – in sibyllinischen Andeutungen erging. Obschon den Versuch verwerfend, aus der Physiognomik eine Wissenschaft zu machen, war Goethe der Ansicht, auch fast 35 Jahre nach Erscheinen des Opus werde es niemanden reuen, die vier Bände durchzublättern und durchzulesen. Das gilt gleichermaßen noch im Jahre 1995.

Goethe fuhr fort: «Die Möglichkeit aber so vieles unschicklich Gebildete einigermaßen zusammenzuhalten, lag in dem schönen und entschiedenen Talente des Zeichners und Kupferstechers Lips;

er war in der Tat zur freien prosaischen Darstellung des Wirklichen geboren, worauf es denn doch eigentlich hier ankam. Er arbeitete unter dem wunderlich fordernden Physiognomisten, und mußte deßhalb genau aufpassen, um sich den Forderungen seines Meisters anzunähern; der talentreiche Bauernknabe fühlte die ganze Verpflichtung, die er einem geistlichen Herrn aus der so hoch privilegirten Stadt [Zürich] schuldig war, und besorgte sein Geschäft auf's beste.»[48]

Wenn sich der Bauernknabe Lips den bildnerischen Forderungen seines Meisters annäherte, so kommentierte und glossierte ein junger Frankfurter Bürgersohn im Grunde genauso im Lavaterischen Sinne. Daß im vielzitierten Goethe-Text zum Schattenriß der Stein, die er zum Zeitpunkt der Niederschrift persönlich noch nicht kannte, vieles zutraf, ist kein Mysterium der Goetheschen Existenz gewesen, auch wenn nicht alles geklärt werden kann, was Goethes Beziehung zu ihr so geheimnisvoll erscheinen läßt.

Der Arzt als Kuppler

Damit sind wir bei der keineswegs schicksalhaft erscheinenden berühmten Kuppelei des Arztes Johann Georg Zimmermann. Diese Geschichte gehört zum wahrscheinlich ersten Bild der Charlotte und darf daher hier eingeschoben werden. Während seiner ersten Schweizer Reise weilte Goethe im Juni 1775 eine Woche lang bei Lavater in Zürich, wo er auch an den «Physiognomischen Fragmenten» arbeitete und den Stecher Heinrich Lips kennenlernte. Auf der Rückreise traf er in Straßburg mit Zimmermann zusammen, der ihm seine Silhouettensammlung vorwies. Darunter war ein Schattenriß der Charlotte von Stein.

Zimmermann, Arzt aus Brugg und königlich-britischer Leibmedikus des Kurfürsten von Hannover, war zugleich Kur- und Badearzt in Bad Pyrmont, wo er 1773 die Weimarer Hofdame kennengelernt hatte. Charlotte von Stein erholte sich hier von den einander rasch gefolgten Geburten ihrer Kinder und fühlte sich bald vom anregenden Kreis des weltmännischen, auch als Schriftsteller vielgelesenen Arztes angezogen; eine Korrespondenz über Goethe und seine Schriften schloß sich 1774/75 an.

Zimmermann, von der Persönlichkeit und dem Äußeren der Stein offenbar sehr angetan, hatte als einer der ameisenhaften Sammler für Lavaters Riesenwerk diesem bereits am 12. Dezember 1774 eine Silhouette der Baronin zugeschickt und mit folgendem Begleittext versehen: «Frau Kammerherrin, Stallmeisterin und Baronesse v. Stein aus Weimar. Sie hat überaus große schwarze Augen von der höchsten Schönheit. Ihre Stimme ist sanft und bedrückt. Ernst, Sanftmut, Gefälligkeit, leidende Tugend und feine, tiefgegründete Empfindsamkeit sieht jeder Mensch beim ersten Anblick auf ihrem Gesichte. Die Hofmanieren, die sie vollkommen an sich hat, sind bei ihr zu einer sehr seltenen hohen Simplizität veredelt.

Sie ist sehr fromm und zwar mit einem rührend schwärmerischen Schwung der Seele. Aus ihrem leichten Zephirgang und aus ihrer theatralischen Fertigkeit in künstlichen Tänzen würdest Du nicht schließen, was doch sehr wahr ist, daß stilles Mondenlicht und Mitternacht ihr Herz mit Gottesruhe füllt.

Sie ist einige und dreißig Jahre alt, hat sehr viele Kinder und schwache Nerven. Ihre Wangen sind sehr rot, ihre Haare ganz schwarz, ihre Haut italienisch wie ihre Augen. Der Körper mager; ihr ganzes Wesen elegant mit Simplizität.»[49]

In dieser so plastischen Beschreibung verquicken sich die poetische Sprache des Schriftstellers mit dem kühl analysierenden Blick des praktischen Arztes – so indiskret der Briefschreiber eigentlich ist.

Doch ist nicht zugleich auf eine stupende Weise etwas vorweggenommen, vorweggeahnt von dem, was später aus dem Verhältnis Goethes mit der Stein hervorwächst? Die herrlichen Zeichnungen des nächtlichen Parks zum Beispiel, die Goethe für Charlotte fertigte und die als «Mondscheine» (sic!) betitelt wurden; oder die ergreifenden, tiefgefühlten Naturgedichte wie etwa «An den Mond»; schließlich die leuchtende Dramengestalt der «Iphigenie», die Züge der Charlotte aufnahm, ihr Bild in der Weltliteratur verewigte und durchaus auch mit dem Passus «elegant mit Simplizität» umschrieben werden könnte ?

Zwei schöne Frauen
Eben jene Silhouette, die Zimmermann bereits im Dezember 1774 an Lavater geschickt hatte, bekam nun auch Goethe im Juli des folgenden Jahres in Straßburg zu Gesicht. Im Brief an Lavater, im August 1775 in Frankfurt geschrieben, stehen jene vielzitierten Zeilen, ganz den ungestümen, geniedurchbrausten jungen Goethe wider-

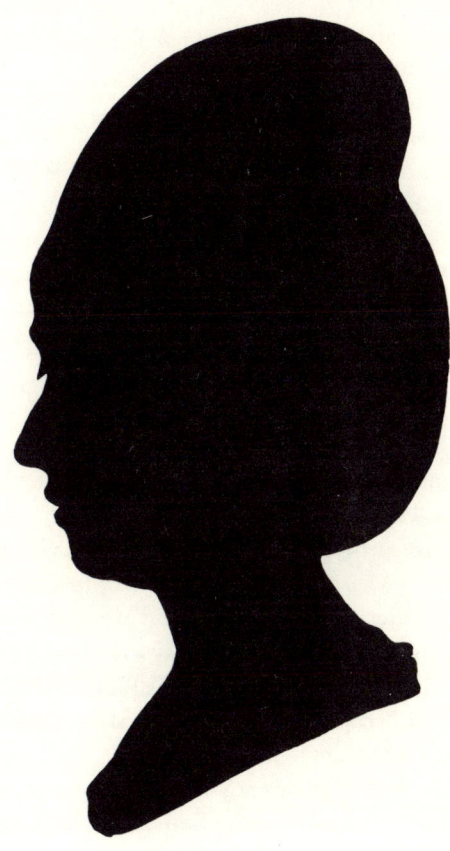

Schattenriß, der angeblich Charlotte von Stein zeigt. Kupferstich in Lavaters «Physiognomischen Fragmenten».

spiegelnd: «Wie ist's mit Zimmermann gegangen? Wo ist er iezzo? Wenn er zurückkommt, soll er bey mir wohnen! Vergiss nicht ihm das zu schreiben. Bitte Hrn. Schulz um einige Silhouette von meiner Frazze und schick sie gelegentlich. Hast an die Phisiognomik gedacht und schickst du mir bald was. Hier über die Silhouetten der Fr. v. Stein und Marchesa Brankoni. Such sie gleich auf, und leg sie hierüber.

Stein	*Branconi*
Festigkeit	unternehmende Stärke
Gefälliges unverändertes Wohnen	Scharf- nicht Tiefsinn
des Gegenstandes	
Behagen in sich selbst	Reine Eitelkeit
Liebevolle Gefälligkeit	Feine verlangende Gefälligkeit
Naivetät und Güte,	Wiz, ausgebildete Sprache
selbstfliesende Rede,	
Nachgiebige Festigkeit	Widerstand
Wohlwollen,	Gefühl ihrer selbst,
Treubleibend	Fassend und haltend.
Siegt mit Nezzen	Siegt mit Pfeilen.» [50]

Diese Kurzcharakteristik Charlottes ist derart prägnant, daß man sie selbst dem Genie Goethe nicht allein zuschreiben möchte; vermutlich sind hier Gedanken Zimmermanns eingeflossen, die bei Betrachtung des Schattenrisses in Straßburg geäußert und von Goethe aufgegriffen wurden. Auch Goethe war ein gelehriger Schüler seines «Meisters». Der nur das Kopfprofil festhaltende Schattenriß in Lavaters Werk [51] dagegen ist weniger aussagekräftig. Auch die im zweiten Bande der französischen Ausgabe enthaltene Silhouette – Charlotte als Ganzfigur, eine Büste des Sohnes Fritz vor sich haltend und betrachtend – hätte eine solch umfassende Charakterisierung nicht erlaubt.

Von Interesse mag sein, daß im Exemplar der «Fragmente», welches aus der Privatbibliothek der Herzogin Anna Amalia stammt, zahlreiche der anonymen Abbildungen handschriftlich identifiziert sind – nicht jedoch der hier besprochene Schattenriß, der Charlotte von Stein zeigen soll.

Goethes strenge Zeichnung

Das aussagekräftigste Porträt der etwas über dreißigjährigen Charlotte von Stein entstand im Jahre 1777. Goethe selbst war der Zeichner. Wenngleich Gerhard Femmel als der profundeste Kenner des Goetheschen Zeichnungs-Corpus das Blatt vorsichtig als «Frauenbildnis» bezeichnete[52], ohne damit letzte Gewißheit über die Identität der Abgebildeten zu äußern, kann doch mit hoher Wahrscheinlichkeit davon ausgegangen werden, daß wir hier die Stein vor uns haben. Frühere Vermutungen, daß es sich um Herzogin Louise handeln könnte, widerlegte schon Hans Wahl; er war es dann auch, der 1940 in der Zeichnung die Hofdame erkennen zu dürfen glaubte, was von Goethes Tagebucheintrag vom 15. März 1777 gestützt wird. Dort steht lapidar: «☉ gezeichnet.»[53] Das Zeichen ☉ (Sonne) steht für Charlotte von Stein.

Betrachtet man die junge Frau auf diesem Blatt aus einfachem, grauem und dickem Papier, so wird man bestätigen können, daß dem dilettierenden Zeichner ein fesselndes Porträt gelungen ist. Mit schwarzer Kreide wurde der Hintergrund eingedunkelt, so daß der Kopf eindrucksvoll hervortritt: Wieder die zeittypische, hochaufgetürmte Frisur vor dem Betrachter, die so gar nicht zu Frauen mit länglichen, schmalen Gesichtern passen wollte. (Goethes Schwester Cornelia beispielsweise hat darunter gelitten.)

Auffällig ist die große Ebenmäßigkeit des Profils von Charlotte; eine klare Linie läuft von der hohen Stirn über die etwas zu große Nase, den geschlossenen Mund bis hin zu dem runden, leicht zurückweichenden Kinn. Der Mund, als durchaus sinnlich zu charakterisieren, ist sichtbar von einem leichten Zug von Bitterkeit oder Melancholie umspielt. Das Introvertierte im Wesen dieser Frau, vielleicht auch ihre Leiden als siebenfache Mutter haben hier wohl den Strich des Zeichners beeinflußt. Am interessantesten scheint das

Auge: leicht tiefliegend und weit geöffnet, der Kassandra-Blick wie entrückt, sinnend in die Ferne gerichtet. Insgesamt erweckt dieses Antlitz den Eindruck von Ruhe, innerer Kraft, Gefaßtheit und Strenge. All das erinnert an Goethes Worte unter dem Schattenriß, Jahre vorher an Lavater gesendet. Freilich sollte bei dieser Interpretation auch Goethes Satz bewußt sein, demzufolge man nur sieht, was man weiß.

Frauenbildnis. Kreidezeichnung von Johann Wolfgang Goethe, 1777.

Das Geheimnis des Selbstporträts

Vielleicht drei Jahre nach dieser Kreidezeichnung (1780) entstand eine Silberstiftzeichnung von Charlottes eigener Hand. Wieder ist es ein Profilbildnis, wieder geht der Blick nach links; eine gewisse Ähnlichkeit ist beiden Köpfen wohl auch nicht abzusprechen. Auf zwei Sachverhalte ist bei Charlottes Selbstporträt hinzuweisen: zum einen möchte man die noch dilettantischere Hand der «Künstlerin»

Charlotte von Stein. Selbstporträt. Silberstiftzeichnung, um 1780.

berücksichtigt wissen, die vor zwei Spiegeln gearbeitet hat; zum anderen könnte man in der Dargestellten eine Frau von etwa fünfundzwanzig Jahren vermuten – Charlotte von Stein war aber um 1780 schon fast vierzig! Sie hat dieses Bild ohne Zweifel geschönt; ihre weibliche Eitelkeit wird um so verständlicher, wenn man bedenkt, daß ihre Beziehung zu dem um sieben Jahre jüngeren Goethe zu dieser Zeit einem Höhepunkt zustrebte.

Die priesterliche Strenge des Goetheschen Porträts fehlt hier; das mag zunächst mit der anderen, der offenen Frisur zusammenhängen. Während Goethes Charlotte an eine entrückte Vestalin erinnert, sieht sich die Hofdame ganz anders – als Frau! Reich und in üppiger Fülle fällt das lockige Haar bis auf die Schultern, nur mühsam gebändigt durch ein schmales Band. Weich und weiblich auch das Gesicht: das große, wach blickende, dunkle Auge, langbewimpert unter festem, leicht gewölbtem Augenbrauenbogen. Die hohe Stirn, verdeckt durch mehrere Lockenreihen, die wiederum etwas große Nase, doch wesentlich feiner, schlanker, zarter als auf Goethes Bild. Dann der Mund, fast verräterisch: leicht geöffnet, viel sinnlicher als auf Goethes Porträt. Man merkt, Charlotte von Stein zeichnete, was sie sehen wollte. Von einer gewissen Bitternis – keine Spur, von Strenge und unnahbarer Haltung – nichts zu finden!

Nach dieser schönen Silberstiftzeichnung gestaltete Adolf Donndorf 1907 im Auftrage der Goethe-Gesellschaft das Relief auf Charlottes Grab auf dem Historischen Friedhof in Weimar, und nach dieser Vorlage arbeitete auch der Zella-Mehliser Graveur und Stempelschneider Helmut König, der anläßlich des 250. Geburtstages der Freundin Goethes eine Silbermedaille schuf, deren Revers dieses Bild der Stein trägt; auf die Vorderseite setzte der Künstler ein etwa gleichzeitiges Goetheporträt nach dem Ölgemälde von Georg Oswalt May aus dem Jahre 1779. Legt man zwei dieser Stücke nebeneinander, so schauen sich der Dichter und seine Freundin erwartungsvoll in die Augen – ein origineller Einfall. Jedenfalls bekam damit auch die Stein ihr Medaillendenkmal, wenngleich mit zweihundertjähriger Verspätung.[54]

Von kulturhistorischem Interesse ist sodann ein allerdings wenig Ähnlichkeit aufweisendes Miniaturbildchen der Stein, das als Pendant zu einer gleichartigen und gleichformatigen Arbeit mit dem Porträt der Louise von Imhoff angelegt ist. Beide Miniaturen entstanden unter der laienhaften Hand des zeichnerisch begabten Carl von Imhoff und sind wohl Anfang der achtziger Jahre angefertigt worden. Sie waren als Schmuck, befestigt an einem Armband, gedacht und sind sicher von den Schwestern auch getragen worden. Ein weiteres Bild von Charlotte, ein Aquarell, gleichfalls nicht sehr gelungen, hing im Wittumspalais zu Weimar.

Danach schweigt die bildliche Überlieferung für fast vierzig Jahre.

Altersbildnisse – Vorboten der Legende?

Nach dem Bruch mit Goethe, nach 1788/89, führte Frau v. Stein ein zurückgezogenes, durch gravierende familiäre Veränderungen belastetes Leben. Erst drei einander ähnliche, vielleicht in den zwanziger Jahren des 19. Jahrhunderts entstandene Zeichnungen greifen

Charlotte von Stein im Alter. Zeichnung eines unbekannten Künstlers, 1922 im Besitz von Felix Freiherrn von Stein.

Charlotte von Stein im Alter. Steindruck, vielleicht nach Louise Seidler.

die Überlieferung wieder auf und beschließen sie zugleich. Zwei sind von unbekannter Hand; die darauf abgebildete schmale, zierliche Frau, deren leicht geneigter Kopf von einem Spitzenhäubchen

Charlotte von Stein im Alter. Zeichnung von Heinrich Ferdinand von Breitenbauch, um 1820.

bedeckt ist, steckt in einem hochgeschlossenen, oben mit mehreren Kragen und Spitzenkräuschen geschmückten, aber schlichten Kleid. Das dem Betrachter zugewandte Gesicht ist nicht eigentlich alt, der Mund könnte sogar einer wesentlich jüngeren Frau angehören. Einzig die Augenpartie verrät, daß es sich um Altersbildnisse handelt.

Sicher haben hier taktvolle Finger den Stift geführt; man fühlt sich leise an des alten Goethe Bemerkung erinnert, «die uns in der Jugend lange verborgen bleibt, daß die Männer altern, und die Frauen sich verändern».[55] Diesen weisen Satz bestätigt vor allem das dritte Altersbild, das der Hofmann Heinrich Ferdinand von Breitenbauch zeichnete. Es zeigt Charlotte von Stein als eine zwar bejahrte, aber immer noch sehr ansehenswerte Frau; zumal die großen, dunklen Augen scheinen viel von dem früheren Zauber bewahrt zu haben. Alle drei Porträts strahlen Ruhe, Abgeklärtheit und Zufriedenheit aus. Es mag diese Übereinstimmung auf tatsächlich vorhandenen Ausdruck hindeuten, zumal Äußerungen von Zeitgenossen völlig damit übereinstimmen. Eines darf hier schon festgestellt werden: Die nur bösartige, über Jahrzehnte hin klatschsüchtige, Goethes Geliebte Christiane mit notorischem Haß verfolgende Charlotte von Stein gehört in den Bereich der Legende; auch hier hat die Nachwelt ein Bild konstruiert.

Gemeinhin verbreitet die Literatur, Charlotte von Stein sei nicht eigentlich schön, wohl aber sehr hübsch und anziehend gewesen, wo auch immer man da den Grenzstrich ziehen mag. Karl Siegmund Freiherr von Seckendorff, der nicht die erhoffte Fortune am Weimarischen Hofe machen konnte, bemerkte in einem seiner sarkastischen Briefe vom Beginn des Jahres 1776: «Unser weiblicher Hof ist mittelmäßig, nur zwei Frauen kann man wirklich hübsch nennen. Cupido's Flügel sind erfroren…»[56] Eine dieser beiden «Hübschen» war die Baronin von Stein. Friedrich Leopold von Stolberg, der die dreiundzwanzigjährige Oberstallmeisterin in Weimar kennenlernte, nannte sie «ein allerliebstes schönes Weibchen», das er noch lange als die «schönäugige, liebe, sanfte Stein» in Erinnerung behielt. Schiller, der sie erst 1787, also in einem Alter von 45 Jahren, zu sehen bekam, urteilte: «Schön kann sie nie gewesen sein, aber ihr Gesicht hat einen sanften Ernst und eine ganz eigene Offenheit. Ein gesunder Verstand, Gefühl und Wahrheit liegen in ihrem Wesen.»[57]

Auch über das Äußere von Charlotte von Stein, das kein großer Maler festgehalten hat, ist letzte Klarheit heute nicht mehr zu gewinnen. Es will scheinen, als ob dieses letzte, nicht mehr zu lüftende Geheimnis zum Leben der Weimarer Hofdame einfach dazugehöre.

Charakter

«Frau von Stein war wirklich nach ihrer guten Art ungemein heiter und gefällig...»

CARL LUDWIG VON KNEBEL

GEORG August von Breitenbauch, Junker auf Gut Bucha im Tal, gelegen in der idyllischen Goldenen Aue, war verwandt mit der Hofmarschallin Concordia Elisabeth von Schardt. Ihr, seiner «Frau Base», widmete er 1762 seine «Bukolischen Erzählungen und vermischten Gedichte», denen 1764 noch «Jüdische Schäfergedichte« folgten. Aus der Feder dieses zeichnenden und poetisierenden Krautjunkers stammt die erste, sogar gereimte Charakteristik auf Charlotte, überschrieben mit dem Kürzel: «Auf die Fräulein C. E. A. v. S.». Wie sah Herr von Breitenbauch um 1759/60 die älteste Tochter seiner Cousine, zu einer Zeit, als diese gerade siebzehn oder achtzehn Jahre alt und soeben dem Hofe der Herzogin Anna Amalia zugeordnet worden war?

«Die gütige Natur verband in Deinem Herzen
Der Tugend Strengigkeit mit unschuldsvollen Scherzen:
Des Geistes edler Sinn, der Glieder Reiz und Pracht,
Die Anmut, die Dir stets aus sanften Augen lacht,
Ist ein Geschenk von ihr, die Menschen zu beglücken:
Ach, möchtest Du dereinst ein würdig Herz entzücken!»[58]

Mit diesem dichterischen Lob konnte Charlotte zufrieden sein. Natürlich sollte der Sechszeiler schmeicheln, ein Kompliment sein – die bildliche Überlieferung bestätigt es ja. Folglich war der Blick so übertrieben wohl nicht, den Herr von Breitenbauch hier überliefert hat.

Was verraten die folgenden Quellen über das Wesen der jungen Schardt, der späteren Frau von Stein? War sie die außergewöhnliche

Persönlichkeit, als die sie heute erscheint, umstrahlt von der Aureole der zehnjährigen Freundschaft mit Goethe? Wie war Charlotte von Stein wirklich? Adalbert Luntowski, der 1913 mit Eloquenz der «sentimentalen Wertung» des Lebensbildes der Charlotte widersprach, blickte ausschließlich durch die Goethe-Brille, als er schrieb, es sei unwichtig, daß sie eine gute Mutter und den Freunden eine verläßliche Freundin, daß sie, trotz fehlender Liebe zum Ehemann, eine fürsorgliche, aufopfernd pflegende Gattin, daß sie eine mitleidende und mildtätige Frau gewesen sei. «Im Ansehen dessen, was diese Frau vordem war» – womit Luntowski die Zeit der Gemeinsamkeit mit Goethe meint –, «bedeutet es nichts.»[59]

Das ist ein abschätziger, ein ungerechter Satz. Hier soll, zur Ehrenrettung der Stein, deshalb der Versuch unternommen werden, dieses «Nichts» durch eine Reihe von Fakten auszufüllen. In der Tat, sie war eine gute, sich sorgende Mutter. Charlottes Briefe an ihre Söhne, von denen sie oft getrennt war – sei es durch ihre eigenen Aufenthalte in Kochberg, die jährlichen Kuren in Bad Pyrmont, Bad Ems, Karlsbad, Gehren oder Ilmenau, sei es durch die Reisen der Söhne und deren Fernsein in Mecklenburg oder Schlesien –, diese Briefe sprechen eine beredte Sprache.

Briefe an Fritz

Einige Lese- und Kostproben aus Briefen an den geliebten Sohn Fritz, der ihrer Zuneigung und Fürsorge zeitlebens wohl bedürftiger war als der Bruder Carl, welcher fester auf dem Boden des Lebens stand, seien hier eingeschoben. Nachdem Fritz, elfjährig, am 25. Mai 1783 in das Gartenhaus seines Erziehers Goethe umgezogen war, durfte er im Jahr darauf – als Teil des Erziehungsplanes – seinen «Hofmeister» auf dessen zweiter Harzreise im September und Oktober begleiten. Charlotte, besorgt wie jede Mutter in einer solchen Situation, schrieb nach Erhalt eines Briefchens an ihren Sproß zurück:

«Es freut mich sehr, daß Du in der schönen weiten Welt meiner gedenkst und mir Dieses, ob zwar nicht mit sehr wohlgestaltnen, doch mit leidlichen Buchstaben zu erkennen giebst. Da Du so viel länger weg bist, als ich glaubte fürchte ich, es wird mit Deiner Garderobe schlimm aussehen. Wenn Deine Kleider nichts taugen und Du vielleicht dazu, so sage nur dem Geheimderath Goethe, daß er mein liebes Fritzgen in's Wasser werfe. Dein Briefgen habe ich bestellt, auch an alle Pagen Dein Compliment gemacht. Die jungen Zwiebeln zu legen will ich besorgen. Die jungen Kätzgen maunzen Dir eine Empfehlung und springen und balgen sich wie ehemals die jungen Herrn von Stein. Murz ist aber so ernsthafft worden wie Deine alte Mutter. Lebe wohl, erkenne Dein Glück und bemühe Dich, durch Deine Aufführung dem Geheimderath wohlgefällig zu werden. Dein Vater läßt Dich grüßen, dem Ernst will ich Deinen Glückwunsch zum Geburthstag ausrichten, so bald er kömmt. Von Stein geb. von Schardt.»[60]

Ein anderes Mal drückt die abwesende Mutter – sie war im Sommer 1785 zur Kur nach Bad Pyrmont abgereist – ihre Zuneigung gegenüber dem Dreizehnjährigen aus und unterstützt seine Neigungen und ist um praktische Geschenke bemüht:
«Es thut mir sehr leid, daß ich Dich nicht habe mitnehmen können. Du hättest einige artige Spielkameraden gefunden, die aber freilich ihr Persöngen etwas eleganter presentiren als ein gewißer Fritz, nun, das wird wohl kommen. In Dein mineralogisches Cabinet könntest Du hier manches sammeln, die Granit Felsen sind prächtig und werden den Geheimderath gewiß viel Freude machen, wenn er nur schon da wäre…
Ich habe gleich nach meiner Ankunft drauf gedacht, was ich Dir wohl nützliches und nothwendiges mitbringen könnte, nun hast Du mir durch Deinen unbeschnittenen Brief auf eine Papierschere geholfen. Küß Deiner Großmutter von mir die Hände, und sie mögde ja verzeihen, daß ich ihr nicht schreiben könte, sag ihr, daß mir das Bad sehr wohl bekömt.
Dein Onkel ist auch ganz wohl, Grüß die Rheinbaben und die Tante, den Großvater mußt Du auch etwas von mir sagen, und ich

hätt schon Salz vor ihn gekauft. Leb wohl behalte mich lieb, von Stein.»[61]

Und dem fast Fünfzehnjährigen in Weimar schreibt sie, aus Karlsbad zurückgekehrt, wo sich, ihr noch unbekannt, gerade jene schicksalhafte Trennung von Goethe vollzogen hatte, am 2. September 1786:

«Guten Tag, lieber Fritz! Ich bin heute im Garten gewesen, habe einen schönen Baum mit Pfläumgen gefunden, wo von ich Dir eine Schachtel voll schicke, auch einige Äpfel und etwas gebackenes. Deinen Vater schick ich ein Töpfgen mit Butter zum Abendbrot. Grüß Ernsten, und eine von seinen ehemaligen Liebhaberinnen schickt ihm hierbey einen Tobacks Beutel, mit ihren eignen schönen Händen verfertiget, wo ihr Herz und sein Name drauf vereiniget sind, vermutlich werdet ihr beyden sehr gescheuten Köpfe die Ver-

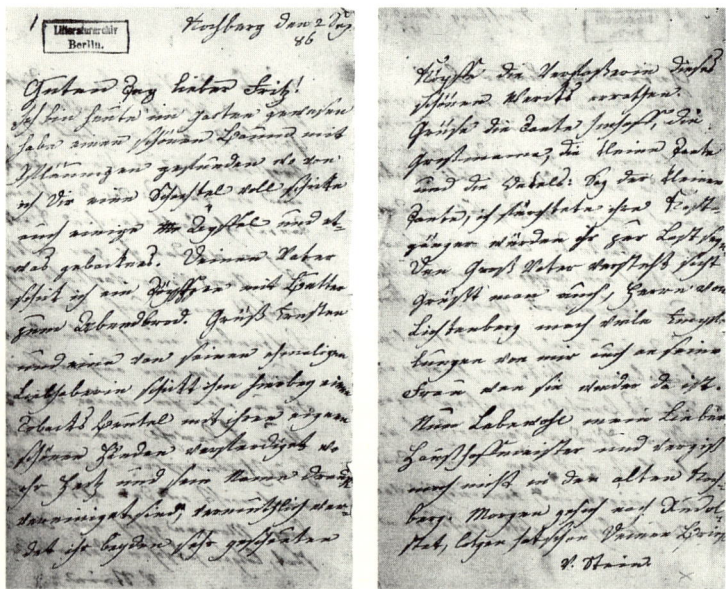

Brief von Charlotte von Stein an ihren Sohn Fritz vom 2. September 1786.

faßerin dieses schönen Werks errathen. (...) Morgen geh ich nach Rudolstadt, Lotgen hat schon Deinen Brief. v. Stein.»[62]

Praktisch hat sich Charlotte von Stein natürlich nicht allzuviel mit ihren Kindern befaßt; das war die Aufgabe der Hofmeister. In dieser Hinsicht unterschied sich das Leben ihrer Familie nicht von dem anderer adliger Familien dieser Zeit.

Graphologische Schlüsse
Es ist ein sonderbares Gefühl, wenn man einer längst dahingegangenen Persönlichkeit nachspürt und dann Zeugnisse in Händen hält, die ihr zu eigen waren. Der Autographensammler kann nachvollziehen, daß man zum Beispiel den Briefen der Stein mit einer gewissen Ehrfurcht begegnet und sie mit Pietät behandelt, als seien die alten, teils vergilbten Blätter zerbrechlich wie rohe Eier.

Charlottes Schriftzüge sind klar und deutlich und auch für einen ungeübten Leser der deutschen Schrift relativ gut zu entziffern. Wilhelm Bode überliefert dazu ein interessantes Urteil, das deutlich mit der Hypothek der Stein-Legende des ausgehenden 19. Jahrhunderts belastet erscheint und zudem der Graphologie eine Bedeutung beimißt, die ihr die heutige Psychologie kaum mehr zubilligen würde.

Bode berichtet, der Schriftstellerin Isabelle Freifrau von Ungern-Sternberg sei in seinem Beisein und Hause am 7. April 1906 der Brief der Charlotte von Stein an Charlotte von Schiller vom 29. März 1789 vorgelegt worden, der dem zweiten Bande der Düntzerschen Biographie in Kopie angefügt ist. Frau von Ungern-Sternberg, in Unkenntnis der Schreiberin, habe nach zwei Minuten Betrachtung dieser Schriftzüge folgendes Urteil abgegeben, welches dann, nach dem Lüften des Geheimnisses (!), schriftlich festgehalten worden sei:

«Bei wenig ursprünglichem, hinreißungsfähigem Temperament erscheint Frau v. Stein als eine wesentlich intellektuelle, lyrisch-idealen Schwunges fähige, durchaus unsinnliche Natur. ‹Nach Freiheit strebt der Mann, das Weib nach Sitte›, ist ihr so recht auf den Leib geschrieben. Auf Grund einer zugleich zarten und zähen Konstitution fühlt sie sensitiv; die Kehrseite dieser Empfindsamkeit aber ist Empfindlichkeit, die sich bei einem gewissen Egoismus zum Nachtragen verschärft. ‹Trag ein Weib auf deinen Händen nach Rom und setze sie am Tore unsanft nieder – sie vergißt dir's letzte nimmer› – darf auf sie und Goethe angewandt werden.

Denn, mag sie auch idealer Liebe und treuer Freundschaft fähig sein, sie ermangelt der Uneigennützigkeit und ist so subjektiv geartet, daß sie schwerlich von einer Rückbeziehung auf das eigne, leicht verletztliche Ich absehen kann.

Ihr eignet weder Hochmut noch Herrschsucht, wohl aber durchdringt ein ideal gerichteter Ehrgeiz ihre Seele. Wer treu und zart empfindet, vergißt nicht leicht, wirft nichts hinter sich, wie dies eine mehr sinnlich-elastische Natur wohl vermag.

So schlug denn Goethes Benehmen ihrem Ehrgeiz sowohl als ihrem Herzen eine Wunde, die nie verharschen konnte.»[63]

Da paßt freilich zu vieles zum Geist der Zeit; vielleicht kannte Frau von Ungern-Sternberg, die hier so glänzend psychoanalysierte, den Brief bereits; Düntzers Werk erschien immerhin bereits im Jahre 1874. Dagegen ist eine Beurteilung der Handschrift der Stein durch Bernhard Suphan viel zutreffender. Suphan, langjähriger Direktor des Goethe- und Schiller-Archivs in Weimar, im subtilen Umgang mit Handschriften hocherfahren, nannte ihre Hand «fein, vornehm, ruhig, sicher und zart zugleich», «sittig, möchte man sagen».[64]

Heiratsdiplomatie in Schillers Diensten

Freunden gegenüber war die Oberstallmeisterin verläßlich, geradlinig, offen und fest, sowohl im privaten wie im gesellschaftlichen Bereich. Charlotte von Lengefeld, Schillers spätere Gattin, 1766 in Rudolstadt geboren und den Steins schon durch die relative geographische Nähe zu Schloß Kochberg sehr bald freundschaftlich verbunden, wurde später, obwohl über zwanzig Jahre jünger, eine feste Freundin der Baronin; auch Schiller stand sehr bald auf vertrautem Fuß mit ihr; sein Verhältnis zu Herrn von Stein, mehr noch zu den Brüdern Schardt scheint dagegen, wie bereits gezeigt, sehr distanziert gewesen zu sein.

Bevor sich der Bürgerliche Friedrich Schiller mit der Adligen Charlotte von Lengefeld, deren Mutter sehr standesbewußt dachte und handelte, am 22. Februar 1790 in der Dorfkirche von Wenigenjena in aller Stille, aber doch höchstoffiziell, vermählen konnte, waren nicht wenige gesellschaftliche Hindernisse zu überwinden. Die Frau von Stein erwies sich dabei als verläßliche Vertraute. Am 13. Oktober 1788 schrieb Schiller seiner Flamme: «Genießen Sie noch recht schöne Tage in Kochberg. Sie sind in sehr guten Händen. Ich habe die Stein sehr lieb gewonnen, seitdem ich ihrem Gesicht mehr zugesehen habe. Ich liebe den schönen Ernst in ihrem Karakter, sie hat Interesse für das, was sie für wahr hält und was edel ist. Viele Menschen sterben, ohne je was davon zu ahnden.»[65]

«Frau von Stein», so Schiller im November des gleichen Jahres nach einem Besuch in ihrem Weimarer Haus, «ist mir sehr werth und lieb geworden, und das danke ich Ihnen: Vorher kannt ich sie nur wenig.»[66] Und wenig später: «Ich wäre gerne recht oft um die Stein, weil ihr Wesen mir sehr wohl zusteht, und daß sie Ihre Freundin ist, macht mir sie um so lieber.»[67]

Charlottes vielgerühmte und so seltene Gabe des verständigen Zuhörenkönnens beförderte einst das innige Verhältnis zu Goethe; auch Schiller empfand diese Gabe als wohltuend, so daß er öfters an die Rudolstädter Schwestern von Lengefeld und von Beulwitz berichtete, er habe wieder einmal «eine sehr angenehme Stunde» bei der Baronin zugebracht.[68]

Indessen wuchs die Liebesbeziehung des «Räuber»-Dichters zu der jüngeren Tochter der sittenstrengen Rudolstädter Hofdame Louise Juliane von Lengefeld – ein Verhältnis, das von den beiden Verliebten aus gesellschaftlichen Rücksichten sorgsam gehütet werden mußte. Mitte November 1789 offenbarte sich Charlotte von Lengefeld gegenüber der älteren Freundin und Vornamensvetterin: «Als ich den einen Tag allein mit ihr in Kochberg war, habe ich ihr frei von unsern Verhältniß gesprochen», schrieb sie an Schiller; «sie leitete mich darauf, und wuste schon voriges Jahr manches, woraus sie es doch schließen konnte. Daß sie heilig ihr Versprechen hält, nichts von alledem gegen keine Seele zu sagen, dafür stehe ich. (...) Ihre Schwester kennt sie, dieser sagt sie also sicher kein Wort.»[69]

Die Imhoff, Charlottes Schwester, von der hier die Rede geht, galt für redselig. Schillers Antwort ließ zwar einige Skepsis anklingen: «Möge Dein Vertrauen zur Stein gut ausschlagen liebe Lotte!»[70], aber die Oberstallmeisterin hat das Vertrauen der beiden heimlich Verlobten nicht nur gerechtfertigt, sondern sogar in der Stille darauf hingewirkt, was Schiller bei der geplanten Heirat am nötigsten war: eine Stellung, ein Auskommen zu erhalten, was die Gründung einer Familie überhaupt erst ermöglichen konnte.

Noch im Dezember 1789, im Brief an seine Verlobte, orakelte und beruhigte sich Schiller zugleich über das Mitwissertum der Kochberger Schloßherrin: «Hat Dir die Stein unterdessen nichts mehr über unser Verhältnis gesprochen? (...) Wenn die Stein auch gegen Frauen schweigt, so würde es mich immer wundern, wenn sie gegen einen Mann, den sie hochschätzt und liebt, diese Zurückhaltung hätte (...) Du konntest gegen die Stein nicht anders handeln, und im ganzen hat es auch nicht soviel zu sagen, wenn einige discrete Menschen auch davon wissen sollten.»[71] Wenige Tage später, am 8. Dezember, erwog er sogar, «Göthen und die Stein zugleich» wegen der geplanten Eheschließung ins Vertrauen zu ziehen, schloß den Gedanken, von Selbstzweifeln geplagt, dann aber doch aus: «dies ist freilich eine Frage».[72] Einige Wochen vor der Heirat, am 6. Januar 1790, schrieb er schließlich beruhigt an den Leipziger Herzensfreund Körner: «Wir aßen den Tag darauf bei der Stein zu Mittag, da kam er [Herzog Carl August] selbst hinein, und sagte der Stein, daß er doch das beste zu unsrer Heurath hergebe, das Geld.»[73] Das stille Wirken der Hofdame Stein hatte seine Früchte getragen.

Diese Unterstützung Schillers in seiner Heiratsangelegenheit hielt Charlotte andererseits nicht zurück, entgegengesetzte politische Auffassungen zum Zeitgeschehen offen zu vertreten. Nach dem Bekanntwerden des jakobinischen Terrors in Frankreich schrieb sie an die Freundin Charlotte: «Ist denn Schiller wohl jetzt ganz über die französische Revolution bekehrt, und darf ich wohl jetzt den Nationalkonvent Räuber nennen, ohne daß er sich wie schon einmal darüber entsetzt?»[74]

Die Hasserin des Kriegs

Auch anderen Freunden gegenüber hat sie, beharrlich und gleichbleibend, ihre eigenen Gedanken vertreten, aus ihrer Auffassung kein Geheimnis gemacht. Carl Ludwig von Knebel, weit weniger idealisch veranlagt als Schiller und sicher auch mit weniger Pathos ausgestattet, aber gleichwohl «mit einem starken Tropfen demokratischen und sozialkritischen Öls gesalbt»[75], hatte die Revolution in Frankreich jubelnd begrüßt und, im Gegensatz zu den meisten Intellektuellen in Deutschland, auch nach den Eroberungen Napoleons die Entwicklung weiterhin mit Sympathie verfolgt.

Charlotte von Stein dagegen, einen gemäßigten Aristokratismus verfechtend, der Fürstenwillkür immer entschieden ausschloß, war aus patriotischen Gründen von Anfang an eine überzeugte Gegnerin des Korsen, den sie – wie ihre Freundin, die Herzogin Louise – aus deutsch-nationaler Gesinnung stets als einen Feind Deutschlands betrachtete. Den Eroberer, den Kriegstreiber haßte sie und brandmarkte ihn als eine Geißel der Menschheit, über welchen Punkt sie mit Knebel, dem ihr herzlich Verbundenen, in einer Dauerfehde lag.

Am 24. Oktober 1810 meldete sie dem im benachbarten Jena lebenden Freund, daß man in Weimar einen außerordentlich großen Adler erlegt habe. «Vor Herzog Bernhards Geburt ist auch einer hier geschossen worden. Vielleicht meldet er einen Befreier des Vaterlands.»[76] Und wenig später zu den Bedrückungen durch die französische Besatzungsmacht: «Über die insolente Schinderei, die man uns jetzt antut, sammle ich alle Tage mehr Galle. Was wird man nicht noch ausfinden, uns den letzten Heller zu nehmen! Wie werden alle kleinen Freuden des Lebens verkümmert! Bald wird sich ein Jeder nur in einer kleinen Zelle müssen einschließen.»[77]

71

Die Befreiungskriege 1813/14 verfolgte sie mit hochgespanntem Interesse, war aber vor allem vom täglichen Leid der Betroffenen zutiefst berührt; die Ereignisse des Siebenjährigen Krieges, dessen Folgen sie als junge Frau in Weimar hatte miterleben müssen, kamen ihr lebhaft in Erinnerung. «So lieb ich Sie als einen treuen Freund habe», schrieb die über Siebzigjährige im Mai 1813 an Knebel, «so wäre es doch besser, es wären keine Männer in der Welt: da gäb's dann keine Eroberer!»[78] Der männliche Adressat führte, verteidigend, als «Unheilbringer» Eva und Helena ins Feld; die Stein ließ das nicht gelten und erwiderte: «Was die Eva betrifft, so könnten wir den Prozeß gegen Moses gewinnen, denn *ein* Zeuge gilt nichts! Und Helena war ja ein unschuldig Werkzeug des Kriegs! Wir haben jetzt sehr traurige Gegenstände an Krüppel und Verwundete. Heute sind wieder solche 2000 angesagt. Auch 800 Würzburger, die zur Armee gehen: Die sind noch ganz!»[79]

Ihre Lebenserfahrung verallgemeinernd, setzte sie einige Tage später hinzu: «Daß wir jetzt in der Wirklichkeit leben von Dem, was die Geschichte künftig wird zu erzählen haben, macht mir eigentlich alle Geschichte zuwider, und es geht mir wie dem Hofrat Meyer, meinem Vis-à-vis, der den Homer nicht einmal mehr lesen mag. Wo man hingeht, stößt man auf Kanonen, Trommeln und Soldaten.»[80]

Charlotte von Steins Menschlichkeit erschöpfte sich nicht in verbaler Resignation. Knebel erfährt am 13. November 1813 von ihrem mitleidvollen, aktiven Teilnehmen: «Ich geh nicht mehr an Hof, ich bin's müde, und die Pracht tut mir weh bei jetziger grenzenloser Not. Stäffchen und ich zupfen abends Scharpie [Leinwand für Wundverbände]; es ist doch etwas für die Leidenden.» Und am 26. November: «Wenn mir auch einmal die Kosacken die Fenster hier einschlagen, dann zupfe ich Scharpie und stricke Socken für die Soldaten. Aber am meisten ruh' ich meinen Kopf auf dem Kanapee aus und kann, ich mag denken, wie ich will, die Welt nicht in Ordnung bringen.»[81]

Gegenüber den Bedrohungen ihrer eigenen Person hatte sie längst resigniert. An ihren Sohn Fritz schrieb sie im März 1813 nach

Breslau: «Ich bin schon so viel geplündert, daß ich nicht viel von Wert habe, und packe eben nichts ein. Ich bin zu Allem zu müde.»[82] Kritisch verfolgte die 71jährige nach der endgültigen Niederlage Napoleons den beginnenden Wiener Kongreß. Zu den Wirrnissen um die sächsische Frage bemerkte sie, den Gedanken vom Mai 1813 wieder aufnehmend, im Brief an Knebel: «...ich fürchte, gegen die Kriegslust gibt's kein Mittel (verzeihen Sie), so lange Männer in der Welt sind.»[83]

Die Nacht der Schrecken

Charlotte von Steins ausgeprägte Kriegsgegnerschaft hatte gute Gründe, worunter das traumatische Schlüsselerlebnis der Plünderung Weimars durch die siegestrunkenen Franzosen im Oktober 1806 der wichtigste war. Ihr Wohnhaus an der Ackerwand wurde dabei in der Folge der Doppelschlacht von Jena und Auerstedt auf das schlimmste heimgesucht, und die alte Frau verlor allen beweglichen Besitz. Das Geschehen ist so aufschlußreich für ihren Charakter, daß es hier ausführlich dargestellt werden soll.

Während zum Beispiel eine Johanna Schopenhauer, weltklug vorausdenkend und sich dem Unvermeidlichen geschickt anpassend, ihren Barbesitz ebenso clever sicherte wie sonstige Wertsachen – den Schmuck trug sie, eingenäht ins Korsett, am Leibe, einen Teil des Bargeldes hatte sie rechtzeitig gegen Wechsel bei Kaufleuten in Weimar eingetauscht, 100 Goldstücke schlang die Zofe in einem Gürtel um ihre Hüften, Silberzeug und Wäsche lagen rechtzeitig unter dem Brennholz[84] –, traf das mörderische Geschehen den Hausstand an der Ackerwand wie ein wuchtiger Keulenschlag.

Daß das Schicksal gerade die Stein so vernichtend heimsuchte, war gewiß auch Zufall; wie es eine Portion Glück darstellte, daß die nur unweit wohnende Schopenhauer die Schreckensszenen weitgehend unbeschadet überstand. Es war gerade die Mitmenschlichkeit Charlottes gegenüber einem auf den Tod Verletzten, die sie keine Zeit und Muße mehr finden ließ, sich um die Sicherung von Hab und Gut zu kümmern. Das hochdramatische Geschehen vom 14.

Oktober 1806 hielt sie im Brief vom 24. Oktober 1806 fest, der an den Sohn Fritz adressiert war und den Bode in seinem Artikel «Graf Schmettaus Ende» mitteilte:

«Während des entsetzlichen Kanonierens (am vierzehnten), wo uns die Kugeln in die Stadt flogen, brachte man mir einen preußischen schwer verwundeten General; es war Graf Schmettau. Ich ließ seine Uniform verstecken; er versicherte mich, man werde ihn sonst massakrieren. Ein Offizier in grüner Uniform, ein Herr v. Pfuel, brachte ihn herauf. Ich gab ihm ein Hemd von Deinem seligen Vater, das von ungefähr noch dalag, denn seines war voll Blut, wickelte ihn in meinen flanellenen Bademantel, kaufte in Eile eine baumwollene Nachtmütze und brachte ihn so zu Bett, den armen Unglücklichen. Aber was für eine Nacht stand uns vor! Französische Kavallerie jagte beständig durch meinen Hof! Eine ganze Menge stürmte auf mein Haus zu; sie wollten Wein, forderten mit Wut, und da meine Jungfer nicht Französisch verstand, nahm ich mir das Herz, ihnen zu sagen, sie müßten warten, bis man den Schlüssel geholt habe. Sie nahmen gleich acht Pyrmonter Flaschen, mit Wein gefüllt. Nun kam ein zweiter Trupp; von denen wollte mich einer über den Kopf hauen; zum Glück kam ein Offizier gesprengt, der rief: ‹Vite, vite! il n'est pas le temps à boire!› – Nun brach die Nacht herein, das fürchterliche Kanonieren hörte auf. Mutter Seebach und Schach, der den armen Schmettau pflegte, waren noch im Haus, kein Mensch von uns dachte an eine Plünderung. Auf einmal drängten sich drei Franzosen herein, forderten Branntwein und Brot, und da ich nun mein Letztes hingegeben hatte, gehen sie endlich fort. Der eine nimmt mir die Uhr mit, verirrt sich in mein Zimmer, ich halt ihn fest zwischen einer Tür, er gibt mir sie wieder, sagt aber: ‹Fermez votre porte! Ils en viendront d'autres qui vous la prendront.› Ich schloß meine Tür also fest zu; auf einmal wurde Feuerlärm, die Fuhrwerkgasse brannte ab, niemand löschte. Nun ging es die ganze Nacht an ein Pochen und Lärmen; ich warf ihnen Geld zum Fenster hinaus, denn Viktualien und Wein hatte ich nicht mehr, und manche gingen. Endlich kam ein großer Haufe, brach meine

Haustür auf und zwang Schach, er solle sie zu einem Magazin führen; den haben sie drittehalb Stunden mit sich herumgeschleppt, ehe er wieder kam.

Viermal hatte ich zum Prinzen Murat nach einer Sauvegarde für den Grafen Schmettau geschickt, sie versprochen bekommen, aber sie kam nicht. Die Herzogin ließ mich zweimal in's Schloß rufen, aber ich wollte, ich konnte den armen Schmettau nicht verlassen. Endlich wurde nach Mitternacht etwas Ruhe. Ich legte mich angekleidet auf's Bett, konnte aber vor Herzpochen nicht ruhen. Wie der Tag graute, stieg ich auf. Da brach man auf drei Seiten auf einmal in mein Haus ein, in der oberen Etage von der Gräfin Henckel herüber, unten durch die griechische Kirche und durch eine meiner Haustüren.

Ich ging zu meiner Stube heraus. An der Treppe war ich wohl von fünfzig Soldaten umringt; die sagten mir: ‹Ouvrez les portes! ouvrez les armoires!›

Der erste Schrank wurde gleich geöffnet, aber in der Geschwindigkeit lief ich in's Landschaftshaus einem schlafenden General vor's Bett; er hieß Marchand. Er stieg in Eile auf, sagte, ich sollte ihn in mein Haus führen. Indes hatte sich der arme Schmettau am Betttuch durch's Fenster heruntergelassen, war zur Haustür, die vorn herausgeht, wieder hereingegangen und hatte sich, wo meine Rolle steht, versteckt gehalten, und eben kam ich mit dem französischen General ins Haus, da der sterbende Mann barfuß und im Hemd mitten unter den Räubern stand.

Der General Marchand schien mir menschlich, auch noch ein anderer Offizier. Der arme Schmettau mußte noch zu Fuß mit allen seinen Wunden in's Schloß gehen, denn der Offizier sagte, in den Häusern sei keine Sicherheit… Der General Marchand hieb und stach die Räuber zum Haus hinaus, daß er seinen Arm nicht mehr fühlte; er versprach mir die Sauvegarde noch auf zwei Stunden; so hätte ich doch noch etwas retten können, aber meine Jungfer war indessen zum Tor hinaus nach Kochberg und hatte mir die vier Schlüssel mitgenommen. Nun hatte ich niemanden mehr; Schach war zur War-

tung des unglücklichen Schmettau in's Schloß, kein Handwerks-
mann zu bekommen. Also ging ich mit dem französischen Offizier,
den ich immer festhielt, und meinem Hausmädchen, die mir treu geblieben war, von meiner Wohnung und Habe.»[85]

Bis zum 23. Oktober blieb Frau von Stein im Schutze des Stadt-
schlosses. Bei ihrer Rückkehr in das Haus an der Ackerwand war
die Wohnung völlig zerstört, das Mobiliar zerschlagen, die Garderobe, das Silberzeug und sonst irgendwie Brauchbare gestohlen,
weggeschleppt, zerrissen und zertreten. Herzogin Louise und andere Freundinnen mußten ihr mit Kleidern, mit dem Nötigsten aus-
helfen. Charlotte von Stein war bettelarm geworden.

Am 17. Oktober hatte sie Schmettau letztmalig besucht, zwei
Tage später starb er und wurde mit militärischen Ehren auf dem
Weimarer Jakobsfriedhof beigesetzt. Sein Grabmal erhebt sich noch
heute unmittelbar neben der Stelle, wo eine schlichte Travertin-

*Grabmonument des
Grafen Schmettau auf
dem Jakobsfriedhof in
Weimar.*

76

grabplatte Christiane von Goethes letzte Ruhestätte bezeichnet. Schmettaus Ende und die Plünderung ihres Hauses gruben sich tief in das Bewußtsein der Frau von Stein ein. Am 8. März 1812 berichtete sie an Knebel: «Heute früh halb sechs Uhr wurde ich von einer ganzen Rotte Franzosen, die meine Tür vom Park her einschmeißen wollten, mit Schrecken aufgeweckt. Ich klingelte der Schmitten. Die kam im Unterröckchen zitternd herunter und pochte den Schach heraus. Uns allen im Haus, besonders der guten Schmitten, wurde der 6. [richtig: 14. Oktober] sehr lebhaft erinnerlich. Ich weiß nicht, wer mir den nachbarlichen Dienst erwiesen, genug, es war weiter nichts, als: sie wollten durch mein Haus gehen!» Galgenhumor klingt durch, wenn sie fortsetzt: «Viele haben sich schlecht gegen ihre Wirte betragen. Wenn ich so viele französische Stimmen höre, so geht mir's wie dem Ortmann seinen Hühnern, die sich gleich verstecken, wenn man französisch spricht.»[86]

Über die «Mannhaftigkeit» der Frauen

Hier ist ein kleiner Einschub am Platze. «Femina sexu, ingenio vir» ist ein Ausspruch, der auf Friedrich den Großen zurückgeht und auf die Landgräfin Caroline von Hessen-Darmstadt gemünzt war. Jene Caroline, die Große Landgräfin, war die Mutter der Herzogin Louise, der engen Freundin der Charlotte von Stein. Louise beabsichtigte, ihrer 1774 verstorbenen Mutter im Weimarer Park ein Denkmal zu setzen, wozu der Maler und Bildhauer Adam Friedrich Oeser 1779 einen entsprechenden Auftrag erhielt. Über jenen Ausspruch, der den Erinnerungsstein zieren sollte, beschwerte sich Oeser am 21. September 1779 brieflich gegenüber Knebel. Es mutet modern an, was Oeser, selbst Vater einer Tochter, schrieb, und es dürfte jede heutige Verfechterin weiblicher Emanzipation erfreuen: «...meine Unzufriedenheit über die Inscription. Muß man ein Mann sein, um groß und edel zu denken? ist es von unserer Seite nicht wider die Bescheidenheit, auf Unkosten des anderen Geschlechtes, und zum Lobe des unsrigen, eine Lobrede zu machen? Ich sollte es denken; ich glaubte, es wäre richtiger und gewissenhafter gesprochen, wenn man ungefähr sagte, daß, um groß zu denken, nicht die Kräfte eines Mannes erfordert würden, sondern nur die Eigenschaften einer Frau wie diese.»[87] Herzogin Louise, die einzig Zurückgebliebene der herzoglichen Familie, hatte sich bewundernswert tapfer und zugleich menschlich gezeigt in den schlimmsten Tagen des gebrandschatzten Weimar im Oktober 1806.

Nicht minder Charlotte von Stein: In den dramatischen Stunden, da jedermann an den Schutz seines Lebens, an den Erhalt seiner Habseligkeiten dachte, sorgte sie sich um einen todkranken Fremden, dem sie zuletzt noch ihren vertrautesten Diener, das Faktotum Schach, zur Seite gab. Oesers Worte von 1779 treffen mit Fug und Recht auf Charlotte von Stein zu; schwach und krank, hatte sie doch edel und – um im Sprachgebrauch zu bleiben – wahrhaft mannhaft gehandelt.

Charakter contra Krankheit

Der Charakter eines Menschen, zumal wenn dieser vor zweihundert Jahren gelebt hat und in einer ganz anderen kulturgeschichtlichen Situation als der heutigen geformt wurde, ist sicher nur annähernd zu erfassen und zu beschreiben. Grundmuster menschlichen Verhaltens, zum Beispiel bei langwieriger Krankheit, lassen sich dagegen auch über die Zeiten einigermaßen vergleichen. Charlotte von Stein war seit ihren zahlreichen Geburten gesundheitlich anfällig; die Sorgen um Mann und Sohn haben diese Befindlichkeit wohl eher verstärkt. In den letzten drei Jahrzehnten ihres Lebens fühlte sie sich fast dauernd krank: zuletzt war sie nahezu taub, litt an unsäglichen Kopfschmerzen, sah schlecht und verlor zeitweilig ihre Stimme. Wo zeigt sich der Charakter eines Menschen deutlicher als in einem solchen Schicksal, im Ertragen körperlicher Gebrechen, im Ausharren vor dem Tod? Erneut liefert der Briefwechsel mit Knebel, auch für die Stein ein «Urfreund», aussagekräftige Details.

Früh schon, bereits in den achtziger Jahren, wird die Baronin von häufigem und lähmendem Kopfschmerz heimgesucht. Am 1. Mai 1784 schreibt sie an Knebel: «Verzeihen Sie nur, daß mein Dank erst

78

so lang hinterdrein kommt, aber ich leide so viel an meinem Kopf, daß mir das Schreiben leicht das Übel vermehrt. Überhaupt habe ich immer einen Hang zum Stillschweigen, wovon ich mich mit Gewalt losreißen muß, nota bene aber nicht zum Undank!»[88] Am 3. März 1787 klagt sie, sie sei krank und möchte sich am liebsten mit ihrem Kätzchen unter den Ofen legen und den ganzen Tag verschlafen, und wenige Tage später: «Ich brachte gestern abend das Kopfweh mit aus der Komödie.»[89]

Mögen die häufigen Migräneanfälle der über vierzigjährigen Frau durch altersbedingte Veränderungen des Organismus bedingt gewesen sein – über heftiges Kopfweh klagt Charlotte noch um die Jahrhundertwende –, so ist das häufige Zurückgezogensein, die Suche nach Einsamkeit wohl eher eine Folge ihres oft melancholischen Wesens, ein Ausdruck ihrer Introvertiertheit.

Von Knebel scherzhaft daraufhin angesprochen, bekennt sie im Oktober 1789 freimütig: «Daß ich eigennützig auf den Genuß meiner selbst wäre, wie Sie sagen, ist gewiß nicht die Ursache, warum ich die Einsamkeit liebe. Es ist sehr mein Glück, daß ich meinen Freunden nicht so widrig vorkomme, wie ich mir, und eher entziehe ich mich ihnen aus Bescheidenheit.»[90]

Die mit den Jahren zunehmenden physischen Übel verstärkten die Zurückgezogenheit der verwitweten Oberstallmeisterin. Resignation paarte sich mit einem stillen, äußerlich klaglosen Ertragen ihrer zeitweilig bedrückenden Existenz. Nur Knebel, der alte Freund, konnte Anteil nehmen und rechtfertigte durch verständnisvolle Aufmunterung, daß ihm die Freundin ihr Innerstes offenbarte. Zum Ende des Jahres 1805 beantwortete die Dreiundsechzigjährige einen Geburtstagsglückwunsch Knebels mit den Sätzen: «Sie haben mir einen gar schmeichlerischen Spiegel von vorigen Zeiten vorgehalten, und ich muß Ihnen eine Liebeserklärung dafür machen... Wenn ich für alles absterbe, werde ich mich doch Ihrer treuen Freundschaft erfreuen, da sie von den Gütern ist, die ich mit fortnehmen werde, um einen angenehmen Traum in dem vielleicht langen Schlafe zu haben. Ich kann über mein tägliches Kopfweh wenig empfangen, noch geben; sehe oft aus, als vergesse ich meine Freunde und Lieben. Aber im Innern ist es nicht so, und muß auch diesen Schein geduldig gegen mich ertragen.»[91]

In den letzten zehn Jahren ihres Lebens wurde sie von einem neuen Übel befallen, das ihr Dasein zunehmend belastete, das sie aber mit Würde und Demut, ja mit einem erstaunlichen Altershumor ertrug: eine zunehmende Taubheit stellte sich ein.

Bereits im Februar 1816 las Knebel: «Meine Gesundheit ist schlecht, und ehestens werden Sie hören, daß mich der Schlag gerührt hat.»[92] Wenige Monate später, im April 1816, schreibt sie: «Die Nachtigallen schlagen, und der Kuckuck ruft – sagt mir Stäffchen, aber meinen Ohren bleiben diese Töne verborgen. Mit Macht nehmen meine Sinne ab, und das Getöse in meinem Kopf ist beinahe unerträglich.» Zwei Tage danach: «Ich trage jetzt immer ein blau Seidenbändchen um Hals und habe seitdem wohl 14 Tage keinen eigentlichen Kopfschmerz gehabt, nur ein fürchterliches Schallen von innen, das mir fast die Gedanken verwirrte. Und von der einen Seite taub! Da erzähle ich Ihnen nun schon wieder alle meine Übel, aber eigentlich als Entschuldigung, wenn ich Ihnen nicht so oft schreiben kann, als ich gern möchte.»[93]

Die Schlackenbäder, die sie seit der Jahrhundertwende in Gehren und in Ilmenau im Thüringer Wald genutzt hatte, waren ebenso wenig hilfreich gewesen wie andere ärztliche Ratschläge und Mittel, die ihre Leiden hatten lindern sollen. 1811 riet man ihr sogar – der Auffassung der Zeit entsprechend – «alle Morgen ein viertel Pfeife Tabak zu rauchen». Es ist heute rührend zu lesen, wenn sie an Knebel, der ein starker Raucher war, offenherzig schrieb: «Das erstemal mußte ich mich übergeben und war mir ein häßliches Frühstück; jetzt fängt mir's ordentlich an, gut zu schmecken.»[94]

Es ist bewundernswert, wie Charlotte von Stein lernt, mit ihren Zuständen und Komplikationen umzugehen, und wie sie dabei weder Humor noch Lebensmut verliert. Scherzhaft bat sie Knebel beispielsweise im Mai 1811, ihr doch eine Grabschrift zu verfassen, weil sie die vorher kennen und gutheißen wolle. Das war dem alten

Freund wohl doch zuviel verlangt, und er erwiderte, das möge sie, begabt wie sie sei, lieber selber tun. Prompt kam die sarkastische Antwort: «Hier haben Sie meine Grabschrift:

Sie konnte nichts begreifen, die hier im Boden liegt,
Nun hat sie's wohl begriffen, da sie sich so vertieft.»

Wer so mit seinen Leiden umgehen kann, dem ist Lebensmut gewiß nicht abzusprechen, und bezeichnenderweise schrieb Knebel zur gleichen Zeit seiner Schwester Henriette nach Mecklenburg, nachdem er die Stein und die Schillern bei sich in Jena zu Besuch empfangen hatte: «Frau v. Stein war wirklich nach ihrer guten Art ungemein teilnehmend und gefällig; auch war sie wohl und heiter...»[95] Charlotte von Stein dürfte ihre Leiden oft überspielt und vor den Freunden verborgen haben. Ihrem Ende, das noch über zehn leidensvolle Jahre auf sich warten ließ, sah sie mit heiterer Gelassenheit entgegen.

Vorbereitung auf das zweite Leben
Am 12. September 1816 schrieb sie an Knebel: »Es ist mir manchmal, als wäre ich schon aus meinem Körper abgereist und käme nur manchmal wieder nach Hause, die notwendigsten Geschäfte noch zu besorgen.» Und sechs Wochen später formulierte sie ein weiteres Bild, wobei sie auf Knebels Jenaer Wohnung anspielte, die sich im sogenannten «Paradies» befand: «Die Kälte greift mich sehr an. Der Docht ist nun bald in mir aufgezehrt, und das Flämmchen davon kann sich bald als Irrwisch lustig machen. Da will ich recht oft in der Nähe Ihres Fensters herumhüpfen, da das Paradies bei Ihnen am nächsten ist.»[96]
In der Tat sind die Jenseitsvorstellungen der alten Stein diesem Bilde angemessen und zugleich, wie es scheinen will, denen des alten Goethe sehr ähnlich. Im Februar 1811 bekannte sie gegenüber Knebel: «Sie sind auf dem guten Wege des Glaubens? Das ist hübsch, daß er Ihnen im Alter kommt! Mit mir ist's umgekehrt; ich habe kei-

nen Glauben mehr, aber Ergebung, und so lebe ich auch still fort und freue mich, daß ich Ihnen manchmal einen Gedanken meines Herzens sagen kann.»[97] Einen dieser aus innerster Überzeugung erwachsenen Gedanken las der Brief- und Altersfreund in der Epistel vom 29. September 1814, in der sich die alte Dame über Bemerkungen ihres Korrespondenten zum Planetensystem ausließ:

«Den Ring des Saturn, wovon Sie mir sagen, hätte ich gar so gern noch gesehen, ehe ich von unserem Planeten abreise; aber ich konnte nie dazu kommen, so oft ich mich auch drum bemühte. Vermutlich werden wir mehrmals auf die Universität der Welt geschickt, und da will ich hoffentlich das Versäumte nachholen. Wenn ich Sie nur auch als Professor darin finde», endete sie scherzhaft und mit leiser Anspielung auf die häufige Verschlossenheit Goethes, «da Sie einem so gerne von Ihren Kenntnissen mitteilen!»[98]

Goethe hat seiner Überzeugung von der Unsterblichkeit der Seele oder der «Fortdauer von Persönlichkeit», abgestuft je nach Rang und Bedeutung der «Monaden», auf vielfältige Weise Ausdruck verliehen, am ausführlichsten und deutlichsten im Gespräch mit Johannes Daniel Falk. Nach Wielands Tod, im Januar 1813, hatte der mit Goethe über das Thema philosophiert. Wielands Monas, so Goethe in Anlehnung an Leibniz, könne man sich durchaus «als einen Stern erster Größe» denken, und er resümierte: «Ich bin gewiß, wie Sie mich hier sehen, schon tausendmal dagewesen und hoffe wohl noch tausendmal wiederzukommen.»[99] Da Goethes Ansichten über Tod und Unsterblichkeit im Laufe vieler Jahre gewachsen waren und sich im Alter zu dieser Klarheit geläutert hatten, ist gut vorstellbar, daß sich auch Charlotte von Stein gelegentlich mit ihm über dieses Thema ausgetauscht und seine Ideen übernommen hatte.

Die Baronin war protestantisch erzogen worden und ihr Leben lang auch christlicher Überzeugung geblieben, wenngleich spinozistisch gefärbt. Sie war seit ihrer Bekanntschaft mit Goethe keine eifrige Kirchgängerin mehr und auch darin ihrem Freunde ähnlich. Als jedoch 1816 ruchbar wurde, daß «die kleine Tante», ihre Schwägerin Sophie von Schardt, heimlich zum Katholizismus konvertiert war, empörte dies die überzeugte Anhängerin Luthers zutiefst. Im Brief an Knebel kommentierte sie das Geschehen mit bissigen Worten: die Heiterkeit des Gemüts sei auch ihr längst erloschen, grollte sie, «und bin auch über diesen Zustand ganz gefaßt, da meine Kräfte meinem Leben nicht mehr angemessen sind. Brauche aber doch, dem Himmel sei Dank, keinen katholischen Glauben, um noch auszuhalten». Demonstrativ ging sie, wie es in den verwandten Familien Stein, Schardt und Bernstorff allgemeiner Brauch war, zu Ostern 1816 mit in die Kirche, um das Abendmahl zu empfangen. An Knebel schrieb sie danach kopfschüttelnd: «Eben komme ich aus der Kirche, um öffentlich zu bekennen, daß ich Luthern treu bin. Meine Schwägerin hat abermals nicht mit kommuniziert. Daß sie katholisch geworden, ist eine Nachäffung vom Stolberg. Ich habe es lang' nicht glauben wollen; es gibt aber rechte Verkehrtheiten auf diesem Planeten, wo man nicht mit kann fertig werden.»[100]

Der Wunsch der betagten Oberstallmeisterin, schon im Jahre 1808 gegenüber Knebel trocken zum Ausdruck gebracht: «Wenn ich nur vor allen meinen Freunden kann voran sterben!»[101], ging nicht in Erfüllung. Ihre Freunde, Bekannten und Verwandten der gleichen Generation starben fast alle vor ihr. Bereits 1815 mußte sie, nicht ohne Wehmut, feststellen, daß von allen Personen des ehemaligen Hofes der Herzoginmutter Anna Amalia, dem sie seit 1758 angehört hatte, allein sie und der inzwischen hinfällige Einsiedel noch übriggeblieben seien.

Das gnädige Ende

Im Januar 1827 – Charlotte von Stein war gerade 79 Jahre alt geworden – schlug, schon seit längerem angekündigt, ihre letzte Stunde. Charlotte von Ahlefeld berichtete in ihren Briefen vom 6. und 10. Januar an Knebel von der Auflösung der gemeinsamen Freundin und Vertrauten:

«Unsere arme Freundin von Stein glich immer einem schwachen Flämmchen, das jeder Windstoß zu verlöschen drohte, und das in den letzten Jahren nur durch ärztliche Kunst beim Glimmen erhalten wurde. Jetzt neigt es sich zum Ende, aber Gott sei Dank! nach vielen und namenlosen Leiden wird nun ein sanfter Schlummer sie zu jenem längern Schlaf hinüberführen. Sie kannte gestern Abend niemand mehr, doch war's ein Trost, daß man deutlich sah, sie war schmerzensfrei und ruhig in sich. Aufrecht sitzend und den Kopf vorwärts geneigt, sah ich sie gestern zum letztenmal, und ihre leisen Athemzüge waren mir eine Beruhigung, da sie nicht auf Beängstigung deuteten. So sitzt sie noch immer unverändert, und der letzte Hauch ist nicht mehr fern. Da sie von ihren Kindern umgeben ist, niemand kennt und nichts bedarf, so erspare ich mir den Schmerz, sie sterben zu sehen. Wir Zurückbleibenden, die sie liebte, wollen nun uns um so fester an einander halten.» Und vier Tage später: «Gestern, lieber Herr von Knebel, war der traurige Tag, an dem wir die Hülle unserer uns vorangegangenen Freundin der Gruft übergaben, die sie schon längst sich hatte erbauen lassen. Ich schloß mich dieser betrübten Ceremonie nicht an, weil ich für nöthig hielt, während derselben bei Fräulein Staff in dem einsamen Sterbehause zu bleiben. Mit welchen Gefühlen ich die theuere Leiche hinwegtragen sah, brauche ich Ihnen nicht zu schildern.

Gott sei Dank, sie hat zuletzt nicht mehr gelitten. Aus dem lethargischen Schlummer, in dem sie sich befand, als ich Ihnen zum letztenmal schrieb, ist sie nicht wieder erwacht, und sanft bis zum letzten Augenblicke blieben ihre Athemzüge. Sie ist sitzend im Bett gestorben, das Haupt auf die linke Seite geneigt. Wie weh mir diese Wohnung jetzt thut, die ich doch noch nicht ganz vermeiden kann, weil meine trauernden Verwandten sich noch dort befinden kann ich nicht ausdrücken. Bald indeß wird sie in fremden Händen sein. Man sagt, daß sie dem Probst und den Sängern der Griechischen Kirche eingeräumt wird, und daß Gräfin Henckel den Saal als eine Erweiterung ihrer Zimmer bekommt.»[102]

Charlotte von Stein hat zweifellos kein leichtes Leben gehabt. Gleichermaßen steht fest, daß sie es in Würde und Anstand, mit Charakter- und Seelenstärke gelebt und mit Fassung zu Ende gebracht hat. Luntowskis eingangs zitiertes abfälliges Urteil, das die Baronin, völlig einseitig, zu einem zwar nützlichen, aber vom Schicksal nur für Goethes Vita gesandten Ferment abstempelt, sie ungerechterweise zu einer bloßen Appendix der Goetheschen Genesis herabwürdigt – das wird dem Charakter dieser tapferen Frau in keiner Weise gerecht. Sieht man ab vom Leben des großen Dichters, tut sich vor unserem Auge ein würdevoller Lebensgang auf, der tiefen Respekt verdient.

Familie

«Eine vorzügliche Liebe meiner Mutter ... ist mir immer, nachdem vier Schwestern ... gestorben, vor meinen Brüdern geblieben. Mein Vater ... war ... nicht viel zu Hause ...»

FRITZ VON STEIN

JENES schnöde Schiller-Wort über die Dummheit der Männer in der Schardtschen Familie wurde bereits erwähnt. Auf die Männer in der Familie der Charlotte von Stein, auf den Ehemann Josias und die drei Söhne, kann dieses Verdikt mit Sicherheit so nicht zutreffen. Da im folgenden die Sicht der Männer Stein auf die Gattin beziehungsweise auf die Mutter dargestellt werden soll, sei an dieser Stelle an den zeitgemäßen Blick auf Wesen und Psyche der Frau im allgemeinen erinnert.

Das Rollenbild der Frau im 18. Jahrhundert
Als Gewährsmann für die althergebrachte, fest verwurzelte Auffassung der patriarchalisch bestimmten Gesellschaft des ausgehenden

Familienidylle im 18. Jahrhundert. Kupferstich aus Lavaters «Physiognomischen Fragmenten».

89

18. Jahrhunderts darf Lavater gelten, der «das weibliche Geschlecht» in seinen «Physiognomischen Fragmenten» ausführlich charakterisierte. Nach einem Kupferstich, der eine strickende Mutter im Kreise von sieben sittsam beschäftigten Kindern zeigt, steht da im «zweyten Fragment» zu lesen: «Ueberhaupt, (ich sage nichts, und kann und will nichts sagen, als das Bekannteste) überhaupt wie viel reiner, zarter, feiner, reizbarer, empfindlicher, bildsamer, leidsamer, zum Leiden gebildeter ist das weibliche Geschlecht, als das Männliche!

Der innerste Grundstoff ihres Wesens scheint weicher, reizbarer, elastischer zu seyn als der männliche!

Geschaffen sind sie zu mütterlicher Milde und Zärtlichkeit! All' ihre Organen zart, biegsam, leicht verletzlich, sinnlich und empfänglich. –

Unter tausend weiblichen Geschöpfen kaum Eins ohne das Ordenszeichen der Weiblichkeit – Weichheit, Rundheit, Reizbarkeit.

Sie sind Nachlaut der Mannheit…, vom Manne genommen, dem Mann unterthan zu seyn, zu trösten ihn mit Engelstrost, zu leichtern seine Sorgen; selig durch Kindergebähren und Kinderziehen zum Glauben, zur Hoffnung, zur Liebe.

Diese Zartheit, diese empfindsame Beweglichkeit, dieß leichte Gewebe ihrer Fibern und Organen – dieß Schwebende ihres Gefühles macht sie so leitsam, so führbar, und verführbar; so leicht unterliegend dem wagendern, kräftigern Mannsgeschlechte – durch ihre Reize aber doch verführender, als der Mann durch seine Kraft. Der Mann ist nicht zum ersten verführt worden, sondern das Weib; darnach auch der Mann durch das Weib.

Aber nicht nur äußerst verführbar – auch bildsam zur allerreinsten, edelsten, engelschönsten Tugend! zu allem, was Lob und Lieblichkeit heißen mag.

Aeußerst empfindlich für Reinheit, Schönheit und Ebenmaaß aller Dinge, ohn' allemal an inneres Leben, innern Tod, innere Verweslichkeit zu denken. Das Weib schaute an, daß der Baum gut war,

90

davon zu essen, und lieblich anzusehen; daß er auch ein anmuthiger Baum wäre, dieweil er klug machte, und nahm von desselben Frucht...

Sie denken nicht viel, die weiblichen Seelen; Denken ist Kraft der Mannheit.

Sie empfinden mehr. Empfindung ist Kraft der Weiblichkeit.

Sie herrschen oft tiefer, kräftiger, als die Männer, aber nicht mit Zorn und Donnerwort – (thun sie's, Weiber sind sie nicht mehr – sind Mißgeburten, in so fern sie so herrschen) herrschen mit diesem Blicke, dieser Thräne, diesem Seufzer!

Sie sind der reinsten Empfindsamkeit, der tiefsten unaussprechlichsten Gefühle, der allvergessendsten Demuth, der unnennbarsten Innigkeit fähig.

Auf ihrem Antlitze schwebt ein Zeichen der Heiligkeit und Unverletzlichkeit, das jeder fühlende Mann ehrt. Dies Zeichen bewürkt oft ovidische Verwandlungen.

Sie können, dahin gewendet, leicht durch die Reizbarkeit ihrer Nerven, durch die Unfähigkeit zu denken, zu vernünfteln, und zu scheiden – durch das Uebergewicht von Empfindung – die hochfliegendsten, unwiederbringlichesten Schwärmer werden.

Ihre Liebe, so innig und tief sie ist, ist sehr wandelbar. Ihr Haß ist beynah unteilbar – nur durch Uebergewicht schmeichelnder Liebe langsam zu vertilgen. Männer würken mehr in die Tiefe – Weiber mehr in die Höhe.

Männer umfassen mehr das Ganze; Weiber bemerken mehr das Einzelne; belustigen sich mehr am Detail und Auseinanderlesen der Ingredienzien zum Ganzen.»[103]

Das christlich intendierte weibliche Rollenbild Lavaters und jener abgelebten Zeiten wird hier zur Genüge deutlich. Daß gegen dieses tradierte Bild der Frau wachsende Opposition erwachte und am Ende des 18. Jahrhunderts in einzelnen mutigen weiblichen Persönlichkeiten vorgelebt wurde, ist bekannt. Seine Fortsetzung fand dieser Prozeß im 19. Jahrhundert im Leben etwa einer Madame de Staël, einer Amalie von Gallitzin oder einer Lucile-Aurore Dupin alias George Sand. Der Fürstin Gallitzin Leben «zwischen Skandal und Legende» ist erst unlängst in einer fesselnden Biographie beschrieben worden.[104]

Auch in der konservativen Residenzstadt Weimar sind Ansätze des Aufbegehrens der Frau gegen ihre scheinbar festgeschriebene Rolle zu spüren. Am 3. März 1798 verband Charlotte von Schiller in einem Brief an die Freundin Charlotte von Stein die Mitteilung von der Geburt eines Knaben mit folgenden Auslassungen: «Ich bin sehr froh, daß es keine Tochter ist, denn ich möchte nicht gern eine haben; ich habe so viele Gründe, die mich die Söhne mehr lieben machen, theils aus anderen, theils auch meinen Neigungen nach. Es würde mir recht viel Aufopferung kosten, eine große Tochter um mich zu sehen, weil ich zu hohe Begriffe habe von dem, wie unser Geschlecht seyn könnte, und durch alles, was die Frauen umgiebt, wird ihre Bildung verhindert so zu seyn, wie es meine idealistische Weiblichkeit seyn sollte. Und ich mag immer lieber das hohe Bild in mir herumtragen und selbst darnach streben, als ein Wesen, das so nahe mit mir zusammen hinge, das ich wie mich selbst ansähe, den gewöhnlichen Weg ohne Rettung wandeln zu sehen.»[105]

Charlotte von Stein brachte sieben Kinder zur Welt. Vier davon waren Mädchen und starben früh; ob sie mit den verbliebenen Söhnen nur Freude und Mutterstolz verband, werden die folgenden Passagen zeigen. Zunächst sei jedoch der Ehemann betrachtet.

Der ehrenwerte Gatte

Gottlob Ernst Josias Friedrich Freiherr von Stein, 1735 geboren und mithin sieben Jahre älter als seine Frau, war am Casimirianum, dem lutherischen Gymnasium zu Coburg, gründlich ausgebildet worden und gelangte 1755 in weimarische Dienste. Kammerassessor, Kammerjunker, 1760 dann Stallmeister waren die Sprossen, die er unter Anna Amalias freundlicher Förderung auf der höfischen Stufenleiter erklomm, bevor er 1774 an den Hof des Erbprinzen Carl August wechselte und im Jahr darauf zum Oberstallmeister befördert wurde. Für 2000 Taler Jahresgehalt war er zu zeit-, geld- und kräftezehrendem Hofdienst an Tafel und Spieltischen verpflichtet, hatte er den Herzog bei dessen Ritten ins Land zu begleiten und war vor allem für Wagenpark und Marstall verantwortlich, wo über 100 Pferde seiner Aufsicht unterstanden. Dazu kamen die Leitung des weimarischen Gestüts in der Exklave Allstedt und Reisen zum Ankauf neuer Pferde, was alles seine häufige und teils längerwährende Abwesenheit von Weimar erklärt.

Stein nahm seinen Dienst sehr ernst; es gibt keinen Hinweis darauf, daß er seinen weitgefächerten Pflichten nicht zur Zufriedenheit seines Herrn nachgekommen wäre. Ganz im Gegenteil, er versuchte sich an technischen Neuerungen für die Fahrzeuge, die Kutschen seines Herzogs, für die ihm die Herstellung neuer, glänzender Lacke gelang.

Josias von Stein besaß das Kochberger Rittergut, dessen Pflege und Entwicklung der landwirtschaftlich interessierte Hofmann zeitweilig besorgte, und das ließ ihn 1764 für die arme Charlotte von Schardt zur guten Partie werden. Ein äußerlich erfülltes, wenig persönlichen Freiraum gestattendes Dienst- und Arbeitsleben tut sich vor unseren Augen auf, und es darf behauptet werden, daß dieser Mann rechtschaffen, mit Mühe und Last lebte – freilich häufig fern von seiner Familie. Effi Biedrzynski hat ihm in ihrem Buch «Goethes Weimar» Gerechtigkeit widerfahren lassen, als sie diese Tatsachen gegen weitverbreitete Meinungen stellte.[106]

Denn auch Stein, den Ehemann, überwucherte die Legende des 19. Jahrhunderts, die mit Blick auf Goethe die reale Persönlichkeit des Oberstallmeisters verzerren mußte. Die vox populi und die «Stein-Saga» ließen aus ihm scheinbar den gehörnten Ehegatten in einem klassischen Dreiecksverhältnis werden, den eine hämische Nachwelt mit homerischem Gelächter bedachte. Urteile von Zeitgenossen, selbst schon getrübt, leisteten dabei Vorschub.

Carl von Lyncker schrieb Jahrzehnte nach Steins Tod (1793) in seinen Erinnerungen, daß der Oberstallmeister «in jeder Wortbedeutung als ein vollkommener Kavalier» galt, der «aber ohne Anspruch auf geistige Eigenschaften» angesehen worden sein soll.[107]

Wie wenig wird der Chronist des «klassischen» Weimar, auch sonst in seiner materialreichen Überlieferung nicht immer korrekt, hier dem Leben Steins gerecht!

Dessen rätselhaftes, langjähriges Leiden, das jenes Fehlurteil gleichfalls nährte, klärte sich erst nach Steins Ableben und einer Obduktion: Ein Knochensplitter, der sich vermutlich bei einem Sturz vom Pferd gelöst hatte, war ins Hirn eingedrungen. Schwere Depressionen, partielle Lähmungen, heftigste Kopfschmerzen und sogar apoplektische Anfälle waren die Symptome dieser schweren inneren Verletzung, die die damalige Medizin nicht zu erkennen und damit auch nicht zu behandeln vermochte. Und dennoch hat sich Stein über lange Jahre in pflichtgemäßer Erfüllung der Hof- und Stallmeisteraufgaben davon wenig oder gar nicht beeindrucken lassen. Um seine Qualen zu lindern, suchte er vergeblich die bekanntesten Kurorte auf, so im Sommer 1788 das Karlsbad. Schiller schrieb zur gleichen Zeit an seinen Freund Körner, der auch dorthin zu reisen beabsichtigte: «... den Gemahl der Frau von Stein wirst Du antreffen, aber gar wenig Dich an ihm erbauen. Er ist ein leeres Geschöpf, ein Kopfhänger dabey und sein Verstand ist in täglicher Gefahr. Er ist, glaub ich, schon einmal drum gewesen und wahrscheinlich wird er es wieder.»[108]

Siechtum und Ende des Oberstallmeisters

Schillers böses Urteil über den Schwerkranken wurde später bekannter als die tatsächlichen Umstände, die das äußere Wesen Steins bestimmten. Im übrigen hatte die schreckliche Verletzung ihre Folgen: Einem ersten Schlaganfall des Oberstallmeisters im Oktober 1788 folgten noch mehrere weitere. Charlotte trug ihr schweres Los und pflegte ihren bedauernswerten Mann, dem die ratlosen Ärzte nicht helfen konnten, nach besten Kräften.

Der Hinweis scheint berechtigt, daß die Pflegebedürftigkeit des Ehemannes etwa zu der Zeit begann, als der Bruch von Charlottes Verhältnis mit Goethe offenkundig und scheinbar endgültig wurde – im Spätherbst 1788.

94

Ist – so wird man fragen dürfen – manche Reaktion, mancher Tonfall in Rede und Brief, manche Entscheidung der Freundin in dieser Zeit nicht von dieser prekären Familien- und Ehesituation überschattet gewesen? Ist es nicht verständlich, wenn sich eine derart Betroffene in sich selbst zurückzieht?

Ebenso häufig bemüht wie der Schillersche Satz wird auch jener zunächst einprägsame Passus aus der Biographie der Amalie von Helvig, einer Tochter von Charlottes Schwester, die folgenden Vorfall überlieferte:

«Frau von Stein hielt sich meist in etwas herber Zurückgezogenheit, die vielversprechende Geistesentwicklung ihres Sohnes Fritz beobachtend. Sie war lange gebunden gewesen durch die Krankheit ihres gichtisch gelähmten Mannes. Die praktisch-kluge Frau erfüllte gewissenhaft ihre häuslichen Pflichten, wenngleich ihr kühler Verstand sich dieselben erleichtern ließ. Ein alter Kammerdiener, Schach, war Faktotum im Haus; er begleitete seine Herrschaft auch auf der Promenade, wo er den vom Podagra gequälten Gebieter führte. Einst bei der Heimkehr hörte die auf der Treppe vorausschreitende Hausfrau einen schweren Fall hinter sich; sie kannte die Gebrechlichkeit ihres Mannes, und, ohne sich umzukehren, mit dem Daumen rückwärts deutend, ruft sie: ‹Schach! heb’ er mal da auf!› Für sie durchaus nicht herzlos, böse gemeint, sondern nur praktisch gedacht, da sie mit ihrer Kraft den Dienst nicht leisten konnte.»[109]

Daß ihre Natur den Anstrengungen nicht gewachsen war, die ihr das Schicksal mit der Pflege des schwerkranken Mannes aufbürdete, ist ihr nicht zum Vorwurf zu machen. Im Gegenteil hat sie ergeben auch diese Last getragen. Am 27. Oktober 1788 beispielsweise schrieb sie an Knebel: «Mein Mann ist einige Tage her krank und glaubt, der Schlag habe ihn gerührt. Es kommt mir aber doch nicht so vor. Ihn überwältigt aber der Gedanke so heftig, daß ich seine ehemalige Gemütskrankheit befürchte, die eine andere Idee ergriffen... Von meinen guten Freunden habe ich noch wenig genossen, denn ich mußte meinen Kranken Gesellschaft leisten.»[110]

Im Februar 1790 erlitt Josias den zweiten Schlaganfall, der ihn erneut, und ohne Aussicht auf Besserung, aufs Pflegelager warf.

Am letzten Apriltage des Jahres 1790 nahm sich an jener Stelle unweit des Steinschen Hauses, wo einst Christel von Laßberg, den «Werther» bei sich führend, ins nasse Grab gegangen war, eine Buchbinderswitwe das Leben in der Ilm. Charlotte, von ihren eigenen Kümmernissen schwer bedrängt, schrieb an Knebel, dessen Bruder Max sich um diese Zeit gleichfalls, und unter höchst dramatischen Umständen, das Leben genommen hatte: «Wohl Denen, die die Kraft haben, das Leben wegzuwerfen, wenn es ihnen und Anderen zur Last wird.»[111] Da spricht ein Mensch, der aus bitterer Erfahrung weiß, wie groß der Kummer eines derart Betroffenen sein kann.

Knebel hörte einige Monate später: «Mein Mann ist von Karlsbad zurück, aber in seinem Gemüte um Nichts heiterer.» Und sie setzte hinzu: «Da Sie mich so gütig aufmuntern, Ihnen von mir zu schreiben, würde ich es recht gern tun, wenn nur etwas Merkwürdiges in meinen Lebenstagen wäre. Da die Vorhänge gefallen sind und die Kulissen in gerader Linie mir die Perspektive genommen, so ist mein Leben ganz alltäglich und unpoetisch.»[112] Noch bis zum Dezember 1793 mußte Charlotte von Stein das fortschreitende Siechtum des Ehegatten ertragen, mit dem sie während fast dreißig Jahren verbunden gewesen war.

Carl von Stein, der älteste Sohn, schilderte im Brief an den Bruder Fritz das Ende des Vaters: «Mein lieber Bruder. Ich bin den 26t. erst hier angekommen, also einen Tag später, als ich mir vorgenommen, um zu meiner Mutter Geburtstag noch einzutreffen. Mein Vater war den Tag vorher wieder in der Stube gefallen, und kannte mich Anfangs, wie es schien, nicht, doch fing er bald an, mich zu verstehen, und war recht vergnügt. Ich führte ihn an das Fenster, wo er die Pferde aus den herrschaftlichen Ställen reiten sah, welche dem Fürsten von Dessau vorgeführt wurden. Aber außer Ja und Nein war er nicht im Stande, etwas deutliches zu sagen. Meine Mutter war recht munter und ich fand sie des Morgens bey meiner Ankunft hierselbst noch im Bette. Sie war mich so wenig vermuthen, daß sie mich für meinen Onkel ansah.

Unser Vater wurde den Nachmittag während ich nach meiner Großmutter gegangen war, sehr schlecht. Ich brachte den größten Theil der Nacht bey ihm zu. Meine Mutter kam auch wieder, nachdem sie ein paar Stunden geschlafen, seine Betäubung war so groß, daß er den Abend, wie es dunkel wurde, einschlief und durch nichts aufzuwecken war. Wir sahen ihn ohne Hoffnung. Der gute Schach gab sich unendliche Mühe und weinte bitterlich. Meine Großmutter kam des Morgens vor zehn Uhr.

Der Arzt war die ganze Nacht unser ganzes Haus beschäftigt und kein bekanntes Mittel wurde unversucht gelassen. Es war ein Glück, daß ich angekommen und meiner Mutter beystehen kann, einen obgleich lang vorhergesehenen aber doch äußerst schmerzhaften Schlag zu ertragen.

Gestern Abend wurde unser guter Vater beerdigt. Man fand bei seiner Sektion einen kleinen durch einen Fall in seiner Jugend abgesplitterten Knochen, welcher ihm den Druck im Gehirn, worüber er immer klagte, verursacht hatte.

Sein Tod war sanft. Er hörte auf, Athem zu holen und streckte sich ganz lang im Bette aus, er war sehr schön im Tode, und die sonst so besonders ängstlichen Züge, die seine Krankheit bezeichneten, waren weg. Er starb den Freitag früh, den 27t. um 10 Uhr. Der Leiche folgten viele Wagens und alle Stalleute.»[113]

Auf dem Jakobsfriedhof, dem traditionellen Gottesacker der Stadt, fand Josias seine letzte Ruhe. In einem der alten Gewölbe unter der Friedhofsmauer, wo schon seine Mutter ruhte, wurde er beigesetzt. Unweit dieses Ortes, unter dem Turm der Jakobskirche, im sogenannten «hochadligen Begräbnis», lagen seine vier kleinen Töchter, waren unter anderem bereits zehn Mitglieder der Schardtschen Familie beigesetzt worden. Sein Schwiegervater, Johann Wilhelm Christian von Schardt, wurde im gleichfalls benachbarten

«Kassengewölbe» beigesetzt, wo später auch Schiller zunächst zum letzten Schlaf gebettet wurde.[114]

Schillers Fehlurteil vom «Kopfhänger»
Carl sprach von der Schönheit des Vaters im Tode. Betrachtet man dessen Porträt in Schloß Kochberg, so bestätigt sich dieser Eindruck auch für den Mann in seinen besten Jahren. Aus dunklem Grund

Josias von Stein. Ölgemälde von unbekanntem Künstler, um 1775.

leuchtet ein männlich-volles Gesicht hervor, das den Betrachter aus den Augenwinkeln prüfend fixiert. Die hohe und breite Stirn, die leicht geschwungenen Brauen über skeptisch dreinschauenden Augen, die etwas gebogene Nase, die sinnlich vollen Lippen und das kräftig ausgebildete Kinn vermitteln den Eindruck eines energischen, tatkräftigen Menschen, der mit beiden Beinen im Leben steht.

Kein Dummkopf wird hier dargestellt, sondern ein Praktiker, den Freuden des Lebens ebensowenig abgeneigt wie vor Schwierigkeiten zurückschreckend. Die elegante Kleidung, der leger geöffnete Hemdkragen verstärken den Eindruck; das Bildnis bestätigt insgesamt die schriftliche Überlieferung: Ein stattlicher Kavalier war er, der auf Frauen und Männer sympathisch wirkte, nicht ganz frei von Eitelkeit. Goethe notierte am 17. Juli 1776 für Charlotte: «Dein Mann hat heut Reuter Künste getrieben...»[115] Zugleich war Stein ein sorgsamer Landmann, dem freilich Zeit und Konsequenz fehlten, um dem steinigkargen Boden seines Kochberger Gutes den notwendigen Ertrag abzugewinnen, was Goethe, der nüchterne Beobachter, nur allzudeutlich erkannt hatte. Als Knebel, der Träumer, im Jahre 1783 vom Erwerb eines eigenen Gutes phantasierte, schrieb ihm der Freund: «Auch werde ich niemand, der nicht von der Erde gebohren ist rathen, sich mit der Erde einzulassen. Es ist schweer ihr Etwas abnehmen und thörig ihr noch gar hingeben. Das letzte thut ieder der nur einige Imagination zum Feldbau und zur Landwirtschafft bringt. Der gute Stein ist ein trauriges Beyspiel.»[116] Goethe wußte zu der Zeit noch nicht, daß er selbst, nur wenige Jahre später, auch solch ein «trauriges Beyspiel» abgeben würde, als er, Gutsbesitzer in Oberroßla bei Apolda geworden, sehr schnell den ökonomischen Fehler einsah und durch baldigen Verkauf wieder zu korrigieren suchte.

Außer einem bekannten Schattenriß mit dem Oberstallmeister Josias von Stein, kerzengerade und hoch zu Roß sitzend, und dem nebenstehenden Kochberger Porträt, welches kein Uneingeweihter kennt, ist keine bildliche Darstellung bekannt. Sein Andenken ist verschollen, zumindest verzerrt. Keine Grabtafel, kein Gedenkstein, keine seinen Spuren nachgehende Schrift ehrt sein Andenken, und die Steintafel am Wohnhaus der Familie, unweit des Parkeingangs, zeigt nur die Worte: «Hier wohnte Charlotte von Stein.»

Josias nicht auch? Könnte der Text nicht wenigstens lauten: «Hier wohnte die Familie von Stein, in der Goethe verkehrte»?

Die Legende will es anders. Und die Nachwelt verkürzt die Persönlichkeit des Josias von Stein auf die einzige Frage: War er nun der gehörnte Ehemann, oder war er's nicht? Auf Tudykas Bühnenstück, das sich gezielt und mit Humor der wirklichen und scheinbaren Probleme des Oberstallmeisters annahm, wird noch zurückzukommen sein.

Goethes Lob des Briefes

Nach dem Ehemann nun der Blick zu Charlottes Söhnen. Was im vorhergehenden Kapitel über ihren Charakter ausgeführt wurde, stammt aus Aussagen von Freunden, Bekannten und weiteren Zeitgenossen. Um wieviel aussagefähiger und überzeugender müssen dagegen Mitteilungen aus dem engsten Familienkreise sein! Hier ist eine einzigartige Quelle auf uns gekommen, die recht geeignet erscheint, das Umfeld der Gattin, Mutter und Hausfrau ergänzend zu dokumentieren: die vertraulichen Briefe des Sohnes Carl von Stein an seinen Bruder Fritz.

Goethe schrieb in der Vorrede zu «Winckelmann und sein Jahrhundert»: «Briefe gehören unter die wichtigsten Denkmäler, die der einzelne Mensch hinterlassen kann. Lebhafte Personen stellen sich schon bei ihren Selbstgesprächen manchmal einen abwesenden Freund als gegenwärtig vor, dem sie ihre innersten Gesinnungen mittheilen, und so ist auch der Brief eine Art von Selbstgespräch. Denn oft wird ein Freund, an den man schreibt, mehr der Anlaß als der Gegenstand des Briefes.»[117] In den «Maximen und Reflexionen» verstärkte der alte Goethe diesen Gedanken: «Das Vorzüglichste, was wir durch Mittheilung älterer Briefe gewinnen, ist, uns in einen früheren, vorübergegangenen, nicht wiederkehrenden Zustand unmittelbar versetzt zu sehen. Hier ist nicht Relation noch Erzählung, nicht schon durchgedachter und durchgemeinter Vortrag; wir gewinnen eine klare Anschauung jener Gegenwart, wir lassen auf uns einwirken wie von Person zu Person.»[118] In diesem Sinne sind auch die Briefe Carl von Steins von großer Bedeutung, weshalb sie hier verschiedentlich zitiert werden sollen.

Der sympathische Realist Carl von Stein

Drei Söhne waren den Steins geblieben: Carl (geboren am 8. März 1765), Ernst (29. September 1767) und der Nachzügler Friedrich, genannt Fritz, der am 27. Oktober 1772 zur Welt kam. Um es vorwegzunehmen: Die übergroße Neigung der Mutter gehörte dem jüngsten Sohn.

Carl von Stein, von Effi Biedrzynski kurz, knapp und treffend als «seiner Umgebung, seiner Familie freundlich-offen zugewandt» charakterisiert, «zugleich aber, wie die ungewöhnlich gescheiten Briefe zeigen, nüchtern, skeptisch, allem hohlen Pathos, aller Pose und Feierlichkeit abgeneigt wie die Mutter»[119], verbrachte seine Jugend mit den Brüdern im Dunstkreis des «klassischen» Weimar. Köstlich schon die von ihm überlieferte Erinnerung an seinen persönlichen Umgang und die Erfahrungen mit dem «Herrn Doktor», also Goethe. Da der Hausfreund als Junggeselle nur eine improvisierte Haushaltung betrieb, «so aß er gewöhnlich in meiner Eltern Hause, mit meiner Mutter, Hofmeister Kästner, meinen Brüdern und mir», erinnert sich Carl von Stein. «Mein Vater aß gewöhnlich am Hof. Seinen Wein brachte er [Goethe] stets mit, nach welchem er selbst in seiner Ausdünstung etwas wie alter Rheinwein roch, was mir oft die innere Bemerkung ablockte, daß wohl die angenehme Ausdünstung von Alexander dem Großen eine ähnliche Ursache gehabt haben möchte.»

Goethe schenkte Carl eines Tages einen Degen und eine goldene Uhr, die der Junge auf Geheiß des Vaters aber wieder zurückgeben mußte, was vielleicht auf beleidigte Vatergefühle bei Josias hindeutet.

Carl von Stein. Ölgemälde von unbekanntem Künstler, um 1820.

Carls Wohlwollen für Goethe «verkehrte sich aber plötzlich in einen lange anhaltenden Haß» wegen folgenden Vorfalls: «Er stand im Eßsaal und perorirte vor dem Camin und hatte beide Rockschöße aufgenommen, um sie nicht zu verbrennen, oder sich beßer zu wärmen. Da er neben mir etwas seitwärts stand, um die Gesellschafft neben dem Camin beßer anzusehen, und ich dadurch gewißermaßen hinter ihn (!), so ergriff ich leise den Blasebalg, steckte ihn unvermerkt in die hinten gewöhnlich befindliche Oeffnung unter der Hosenschnalle, und begrüßte ihn mit einem unverhofften Windstos.

Seine Rede wurde dadurch unterbrochen. Dieß machte ihn sehr böse, und er fuhr mich nicht nur gewaltig an, sondern drohte mir sogar mit Schlägen, wenn das wieder geschähe.»[120]

Vergnüglich auch jene Anekdote, an die sich der erwachsene Carl erinnerte: «Goethe selbst hatte so viel Sittsamkeit, daß er nicht anders ins Bad gieng als in einem Badeanzuge, wobey ich mir noch des Zufalls erinnere, daß nahe an der Ilm auf der Wiese vor seinem Garten in Gegenwart von Damen, die an der Thür standen, ein paar Knöpfe dieses Anzugs aufgesprungen waren und etwas großartiges des Körpers an dem großartigen Geiste enthüllten, was er doch sorgfältig verhüllt glaubte», ein an sich harmloser Vorfall, den einige Psychoanalytiker später sofort als exhibitionistische Züge und Veranlagung bei Goethe deuteten.[121]

Als Fünfzehnjähriger wurde Carl nach Braunschweig geschickt, studierte in Helmstedt und Göttingen, kam aber durch Schulden ins Straucheln. Kurz entschlossen vermittelte Vater Josias eine Stelle beim Herzog von Mecklenburg, wo Carl die nächsten zehn Jahre als Hofjunker und Hofkavalier verbrachte. Es waren schlecht besoldete Lehrjahre, und es fehlte ständig am notwendigen Gelde, weil es das Weimarer Elternhaus gleichfalls nicht im erhofften Maße beibringen konnte. Im Jahre 1796 – das «odiöse Tagediebleben» hatte er restlos satt – kehrte er, endlich beurlaubt, nach Thüringen zurück und übernahm das väterliche Gut Großkochberg, wo er seine in Doberan erworbenen landwirtschaftlichen Kenntnisse umzusetzen hoffte. Die Rente für die Mutter, die Auszahlung des Erbteils von Bruder Fritz, immerhin über 40 000 Taler, die französische Besatzung nach 1806 und die Kriegsfolgen brachten das Gut, trotz aufopferungsvoller Arbeit, so in Schulden, daß erst die 1829 erfolgte Heirat eines Sohnes mit einer vermögenden Frau die Rettung für den alten Familienbesitz brachte.

Amélie von Stein, geb. v. Seebach. Aquarell von Johann Heinrich Meyer, um 1800.

Allen Beschwernissen zum Trotz errichtete Carl von Stein seiner hübschen Frau Amélie, einer geborenen von Seebach, und seiner Familie in Schloß Kochberg ein «Klein-Weimar»: ein ländliches Liebhabertheater, ein gepflegter englischer Park, ein ausgesuchter Freundes- und Künstlerkreis, zu dem auch der Rudolstädter Kammersänger Albert Methfessel gehörte, entstanden. Kochberg blieb trotz der geographischen Distanz stets ein auswärtiger Teil der Re-

Kochberg von Süden, mit Wirtschaftshof, Theater (links) und Schloß (rechts). Aquarellierte Zeichnung, vermutlich von Carl von Stein.

sidenz Weimar. (Das noch heute lebendige, beliebte Schloßtheater, über Jahre hinweg hingebungsvoll und kenntnisreich geführt, erfreut sich dauernder Beliebtheit; es bleibt zu hoffen, daß die Freunde des Spielortes, verstärkt durch einen Förderkreis, die drohende Gefahr der künstlerischen Verflachung oder gar Schließung des traditionsreichen Theaters zu bannen vermögen.)

Die Tragik des Sohnes Ernst

Ernst, der mittlere der Brüder, wurde nur knapp zwanzig Jahre alt. Offenbar bereits seit Anfang der achtziger Jahre von einer schweren Krankheit befallen – man sprach zeitgemäß von Auszehrung –, wurde der Jagdjunker in weimarischen Diensten schwach und schwächer. Schon am 10. Mai 1786 schrieb Charlotte an Knebel: «Heute werden dem Ernst Krücken angemessen. Dem sind die Übel hübsch bei Zeiten auf den Hals gerückt: Den Vorteil hat es, daß er nicht braucht vom Wahn der Jugend zurückzukommen, da ihn die Natur frühzeitig, wie es scheint, hinausweist.»[122]

Das klingt hartherzig, fast kalt, für eine Mutter jedenfalls entschieden zu gefühlsarm. Charlotte von Steins Sprödigkeit, ihre zuweilen unverhüllte Nüchternheit und ihr unbestechlicher Realitätssinn treten hier fast erschreckend hervor und sind wenig geeignet, Sympathien zu erwecken. Aber es ist der vertraute Brieffreund Knebel, dem sie die bittere Wahrheit mitteilte – und was nicht vergessen werden sollte: Der Tod eines Kindes, auch eines Neunzehnjährigen, war dazumal so ungewöhnlich nicht. Nach dem Verlust von vier Mädchen hatte sich Charlotte von Stein, durch schlimmste Erfahrung hart geworden und in dieser Zeit mit der Pflege des schwerkranken Mannes belastet, offenbar schon früh mit dem bevorstehenden Verlust dieses Sohnes abgefunden, ihn zumindest vorausgesehen.

Im August 1786 ging es Ernst wieder leidlich, obwohl kaum Hoffnung auf endgültige Genesung bestand. Der brüderliche Zusammenhalt war offenbar stärker als die Beziehung Ernsts zur Mutter. Carl schrieb aus Schwerin an den schon auf dem Sterbelager liegenden Ernst am 26. Juni 1786: «Schach hat mir gesagt, was du ausstehst und ausgestanden hast... Es macht mir das Herz so schwer und geht mir so nahe. Ach wenn ich doch durch mein Beyleid und meine herzliche Liebe zu dir dein Uebel erleichtern und dich vergnügt machen könnte... Ich habe heute morgen geweint wie ein Kind.»[123]

Charlotte dagegen verbrachte den Sommer desselben Jahres im Karlsbad, indes der kranke Ernst in der Nachbarschaft an der Ackerwand, im Hause des Herrn von Lichtenberg, Aufnahme und Pflege fand.

Im Frühsommer 1787 nahm die Oberstallmeisterin den Schwerkranken mit zur Kur nach Karlsbad. Schon die Hinreise über die streckenweise miserablen Straßen muß für Ernst eine Tortur gewesen sein, und noch vor der böhmischen Grenze ging es dann tatsächlich nicht mehr weiter. An Knebel wird berichtet: «Wir liegen nun hier in Schneeberg, bis wir mit dem Kranken weiter können, welches von der Ankunft der Karlsbader Träger abhängen wird. Weiter mit dem Kranken zu fahren, war eine Unmöglichkeit.»[124]

Goethe, der vor dieser Art des Krankentransportes gewarnt hatte, sollte recht behalten, denn weit kam die traurige Karawane im Erzgebirge nicht mehr. Am 14. Juni 1787 starb Ernst in Wildenthal bei Schneeberg, wo er mit hilfreicher Unterstützung eines böhmischen Edelmannes auch beigesetzt wurde. Der kleine, am Hang liegende Dorffriedhof weist an hervorgehobener Stelle, hinter einer alten Trockenmauer, noch heute eine gesonderte Grabstelle auf.

Carl, zu der Zeit in mecklenburgischen Diensten, erfuhr von dem traurigen Ereignis erst im Laufe des Dezember, als der Vater, unterdessen erholt und wieder seinen Dienstpflichten nachkommend, sich zum Ankauf von Pferden in Schwerin aufhielt. Es ist ein Rätsel, warum Charlotte den Tod Ernsts, der doch nicht überraschend erfolgte, nicht wenigstens in einem kurzen Brief mitteilte.

Immerhin erfahren wir, wie schwer dieser Schlag den Vater Josias getroffen hatte. Carl schrieb am 22. Februar 1788 an den Bruder Fritz: «Ich habe nicht gewagt bey meinem Vater während seynes Hierseyns darnach zu fragen, weil er so traurig über unsern guten Bruder war, daß ihm bey ein paar Gelegenheiten, die ihn dran erinnerten, die Thränen in die Augen traten.»[125] Und da war Ernst schon ein halbes Jahr tot.

Das Scheitern des Lieblingssohnes Fritz

Zeitlebens war das Lieblingskind der Charlotte von Stein ihr jüngster Sohn. Ihm, dem sechsten ihrer sieben Kinder, hat die Mutter ein Übermaß an Liebe, Zuneigung und Aufmerksamkeit entgegengebracht, und diese alle sonstigen familiären Beziehungen überlagernde Neigung ging fraglos auch auf Kosten der beiden anderen Heranwachsenden. Fritz, das Lieblingskind, hat Charlotte jedenfalls selbst genährt, was keinem ihrer anderen Kinder widerfuhr, und aus dieser Tatsache leitete die Mutter selbst ihre enge Beziehung

Ernst und Fritz von Stein. Tuschzeichnungen von Charlotte von Stein,
1922 in Besitz von Wolfgang Bach in Weimar.

gerade zu diesem Sohne ab. Fritzens körperliche und geistige Entwicklung gab allerdings zunächst zu größten Hoffnungen der Eltern
Anlaß.

Die «einzige Poesie ihres Lebens»[126] sei Fritz gewesen, gestand
die Baronin, und es steht fest, daß nicht nur die Eltern und Goethe,
sondern auch der ganze Hof sowie die mit den Steins verkehrenden
Adelsfamilien Weimars am jüngsten Kinde der Charlotte und des
Josias einen Narren gefressen hatten. Man verwöhnte und verhät-
schelte den hübschen Jungen und überschüttete ihn mit Aufmerksamkeiten. So wie Goethes Mutter sich einst des ungewöhnlich begabten Sohnes, ihres «Hätschelhans», erfreute, so war Fritz von
Stein der allgemeine Liebling der gebildeten Kreise der Stadt.
Goethe zeichnete seinen Kopf, Martin Gottlob Klauer meißelte
nach ihm eine bezaubernde Plastik aus dem raren blaugrauen Oet-

terner Kalkstein, die heute noch im Tiefurter Schlößchen zu bewundern ist, und natürlich durfte im poesiebeflissenen Weimar auch die dichterische Huldigung nicht fehlen. Caroline von Beulwitz fand die empfindsam-hochfliegenden Verse:

«Deine Seel' ist bespannt mit gefühligen Saiten,
Der Schönheit Harmonie, die das All der Natur
Entgegen ihr tönet, bebt sie zurück.»

Charlotte, beglückt über die vielversprechende Entwicklung des begabten Jungen, verstieg sich nicht zu solch gewagten lyrischen Bildern, dichtete aber gleichfalls, aus überströmendem Mutterherzen, ins Stammbuch ihres Lieblings:

«Freude thront dir überall
Auf der Wiesen unter Bäumen
In den jugendlichen Träumen
An den (!) silbern Wasserfall.» [127]

Ahnungsvoll und gedankenschwer, fast prophetisch nehmen sich neben diesem empfindsamen Reimeklingklang die Verse Goethes aus, die er seinem Zögling Fritz von Stein am 17. März 1785 gewidmet hatte:

«Unglück bildet den Menschen und zwingt ihn sich selber zu kennen,
Leiden gibt dem Gemüth doppeltes Streben und Kraft.
Uns lehrt eigener Schmerz der andern Schmerzen zu theilen.
Eigener Fehler erhält Demuth und billigen Sinn.
Mögest du, glücklicher Knabe, nicht dieser Schule bedürfen,
Und nur Fröhlichkeit dich führen die Wege des Rechts.» [128]

Doch dieser Schule, so entschied es das Schicksal für den späteren Lebensweg des Fritz von Stein – dieser Schule bedurfte er. Mit Verwunderung lesen wir heute Goethes Verse, denn sie erfüllten sich an ihm, Wort für Wort und Zeile für Zeile. Leid und Schmerz wurden ihm reichlich zuteil, was ihn empfindsam werden ließ für das Unglück anderer. Fritz wurde hart angefahren vom Leben, nicht ohne eigenes Verschulden; die «Wege des Rechts» verließ er aber nie.

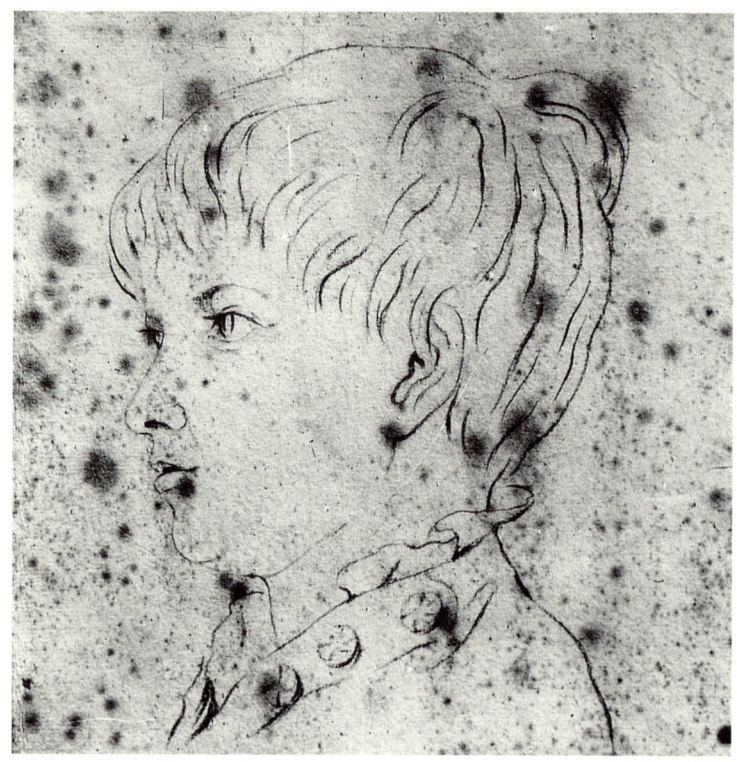

Fritz von Stein. Kreidezeichnung von Johann Wolfgang Goethe, um 1777.

Die unbeschwerte Jugendzeit des Knaben war zunächst eingebettet in die Sphäre der Weimarer Geistesheroen. Kein Heran-
wachsender hat die prägenden Eindrücke der Weimarer Geniezeit
und die Jahre bis zu Goethes Italienreise so unmittelbar und intensiv erlebt wie Fritz von Stein. Er war meist in Goethes Nähe, wurde
spielend in seine Alltagsgeschäfte eingebunden, zog schließlich in
sein Gartenhaus, erlebte dort die zahlreichen Besucher, die geist-
vollen oder übermütigen Geselligkeiten, die schöpferischen Taten
seines Erziehers und väterlichen Freundes. Über seine Jugendzeit

verfaßte der gereifte Mann später eine biographische Skizze, die hier folgt:

«Ich wurde 1772 den 27. [richtig: 26.] Oktober zu Weimar geboren. Als mein Vater morgens um 2 Uhr von einem Ball zurückkehrte, fand er mich, wie meine Mutter sagte, nicht mit Thränen, sondern lachend in die Welt getreten, soweit ein neugeborenes Kind dieses ausdrücken kann. Obgleich das sechste Kind meiner Eltern, war ich doch das einzige, welches meine Mutter selbst stillte. Eine vorzügliche Liebe meiner Mutter war die Folge davon und sie ist mir immer, nachdem vier Schwestern, alle unter dem Alter eines Jahres gestorben, vor meinen Brüdern geblieben. Mein Vater, der eine der Hofstellen als Oberstallmeister bei dem Hofe des Herzogs Karl August von Sachsen-Weimar bekleidete, war theils durch seine Dienst Abhaltungen und Reisen, theils durch seine Neigung für die Gesellschaft, nicht viel zu Hause und also nicht von großem Einfluß auf seine Kinder. Er besaß sehr strenge Rechtschaffenheit und fast ängstliche Frömmigkeit, er verstand vollkommen die Landwirthschaft, und hatte eine Liebhaberei für alles Technische, hatte den Ton der feinen Welt bei angenehmen Äußeren, wie ihn keiner seiner Söhne in gleichem Maaße erreicht hat.

Meine Mutter war eine geborne von Schardt und stammte aus der schottischen Familie von Irwing. Im ersten [richtig: dritten] Jahre nach meiner Geburt kam Goethe nach Weimar, dem ich einen großen Theil dessen, was in meiner Jugend für mich geschehen, verdanke und den ich vorzüglich geliebt habe. Meine zwei ältesten Brüder hatten einen Hofmeister, Namens Kästner, dem ich auch in meinem fünften Jahre übergeben wurde, und wir brachten gewöhnlich mit unserer Mutter den Sommer in Kochberg und den Winter in Weimar zu.

Mein Vater kam auch, jedoch nur wochenweise, auf das Land, und in der Stadt pflegte er Mittags am Hofe des Herzogs und Abends gar nicht zu speisen, sodaß er wenig zu sehen war.

Meine Mutter dagegen war fast immer zu Hause und versammelte heitere Gesellschaft um sich, wobei es für uns drei Kinder auch nicht an Unterhaltung fehlte. Ich hing mit großer Liebe an meinem ältesten Bruder Karl, der mich gewöhnlich gegen meinen etwas störrischen zweiten Bruder Ernst, mit dem ich oft in Händel kam, in Schutz nahm.

Allein dieses Verhältnis dauerte nicht lange; die letzte Herzogin von Braunschweig, Schwester König Georg III. von England, faßte für meine Mutter, die sie in Pyrmont kennen lernte, eine solche Zuneigung, daß sie sich einen ihrer Söhne ausbat, um ihn bei sich erziehen zu lassen; so kam mein Bruder Karl auf das Carolinum nach Braunschweig. Mein zweiter Bruder Ernst wurde Page des Herzogs, und unser gemeinschaftlicher Hofmeister, Kästner, Pagenhofmeister. Man gab mich ihm mit, doch speisete ich täglich mit ihm, zuletzt allein bei meiner Mutter. Es erstand hieraus eine etwas zerstreute Lebensweise, da ich mir so selbst überlassen war und ob ich mich gleich eines Theils hierdurch zeitig selbst zu führen lernte, so litt doch die Präcision bei meinem Studium gar sehr.

Von den Edelknaben des Herzogs, deren Gesellschaft mich sehr ergötzte, bei denen aber das Lernen nur Nebensache war, lernte ich mancherlei Unarten. Kästner wurde aber von mir sehr gefürchtet, doch eigentlich nicht geliebt, wovon einige frühere harte Strafen, und ein etwas launiges Betragen die Ursache sein mochten.

Mit vollem Herzen hing ich dagegen an meiner Mutter, und fast noch mehr an Goethe, der zu jener Zeit fast täglich meiner Eltern Haus besuchte, und mir mit Liebe, Ernst und Scherz, sowie es nötig war, begegnete, sodaß ich sein Betragen gegen Kinder als ein Muster dieser Art betrachtete. Er nahm mich zu jener Zeit mit sich auf einer Reise nach Dessau und Leipzig, wo ich meine Begriffe sehr erweiterte.

Ich war etwa neun [richtig: elf] Jahre, als mich Goethe zu sich in sein Haus nahm, welches ich die glücklichste Periode meiner Jugend nennen darf. Die Liebe, mit der er meine mannigfachen kleinen Wünsche erfüllte, suchte ich durch Anstrengung zu verdienen. Durch Dictiren suchte er meine unfertige Handschrift auszubilden, und dadurch, daß er mir seine Wirtschaftsbücher und Rechnungen zu führen übergab, meine Fertigkeit im Rechnen zu üben. Ich machte mehrere kleine Reisen mit ihm, besonders nach Ilmenau und in die Grafschaft Henneberg, wo er die Direction eines in der Folge mißglückten Bergbaues führte, und mich hierüber gern und vollständig belehrte. Dieses Glück hatte nur zwei [richtig: drei] Jahre gedauert, als Goethe eine Reise nach Carlsbad und von da nach Italien unternahm, ohne es jemand anderem als dem Herzog anvertraut zu haben. Ich blieb noch, weil man stets seine Rückkehr erwartete, fast ein halbes Jahr in seinem Hause, zog zuletzt jedoch wieder zu meinen Eltern, weil es mir in dem Hause zu einsam war.»[129]

Fritz, der zu seinem Mentor Goethe in kindlicher Begeisterung aufgesehen und sein Glück in vollen Zügen genossen hatte, erfuhr nach 1787 erstmals die Bitterkeit des Lebens. Die offen ausbrechende Krise zwischen der geliebten Mutter und dem nicht minder geliebten Goethe mußte ihn naturgemäß belasten. Er saß sozusagen zwischen zwei Stühlen und erlebte eine Situation, wie sie Kinder einer geschiedenen Ehe durchleiden. Zugleich aber blieb er das einzige Bindeglied zwischen dem verändert aus Italien heimkehrenden Dichter und der zornig zurückgezogenen Charlotte von Stein.

Fritzens weitere Entwicklung, von beiden gleichermaßen intensiv verfolgt, blieb dann zweifellos die haltbarste, wenngleich schmale Basis, auf der sich später der allmählich entstehende Bund «leidenschaftsloser Freundschaft» bilden konnte.

Fritz von Steins nachweimarischer Ausbildungsgang begann 1791 mit einigen Semestern Studium in Jena, denen sich 1793 eine längere Studienreise nach Hamburg, danach, 1794, ein Aufenthalt in England anschloß, der von Mutter und Bruder aufopferungsvoll mit etwa 2000 Talern finanziert wurde. Im April 1795 kehrte Fritz von Stein aus England zurück und trat seinen weimarischen Dienst an. Herzog Carl August hatte ihn bereits 1793, als eine Reverenz gegenüber der treuen Familie, zum Kammerassessor mit 300 Talern Jahresgehalt ernannt. Auf seiner schlesischen Reise (1790), bei der er von Goethe begleitet worden war, hatte der Herzog die dortige preußische Verwaltung genau kennen- und schätzengelernt. Deshalb schickte er Fritz von Stein 1795 auf herzogliche Kosten als Volontär an die preußische Domänenkammer nach Breslau und stellte ihm durchaus großherzig in Aussicht, er könne nach der Rückkehr nach Weimar womöglich bis zum Ministeramt in weimarischen Diensten aufsteigen.

Der junge Stein jedoch glaubte nach einiger Zeit der Verlockung nachgeben zu müssen und erhoffte in den größeren preußischen Verhältnissen ein besseres berufliches Avancement, als es die beschränkten Weimarer Verhältnisse bieten konnten. So erbat er 1797 den Abschied aus dem sachsen-weimarischen Dienstverhältnis, was ihm Carl August, enttäuscht und zornbebend zwar, gewährte. Charlotte überwarf sich wegen dieser Wendung der Dinge fast mit der Herzogin Louise, mit der sie eng befreundet war. Damit waren die Brücken nach Weimar für Fritz endgültig abgebrochen.

Das sich nicht wie erhofft einstellende berufliche Fortkommen, dann, 1806, der katastrophale Untergang Altpreußens, schließlich das aus Überzeugungsgründen bedingte Ausscheiden aus dem Dienst – Fritz wollte nicht für die französischen Sieger tätig sein –, diese sich fortsetzende Reihe von Rückschlägen im Arbeitsleben zeigen in aller Deutlichkeit das Scheitern seines Lebensplans.

Zum beruflichen Unglück kam das private: Als Dreißigjähriger hatte Fritz durch Mutter und Tante, schon das ist bezeichnend, in Weimar nach einer passenden Braut Ausschau halten lassen. 1802 warb er offiziell um eine Tinette von Reitzenstein: Ein vermögenderer Mitbewerber schlug ihn aus dem Felde. In Schlesien hoffte er im gleichen Jahre auf eine Gräfin Haugwitz – umsonst; dann interessierte er sich für eine Gräfin Burghaus – vergebens.

Im Jahre 1804 bat er, zweiunddreißigjährig, um die Hand der sechzehnjährigen Helene von Stosch, der Tochter des ihm befreundeten Freiherrn von Stosch auf Gleinig und Gustau, der nach eigentlich befremdlichem Zögern einwilligte. Im Mai kam es zur Verlobung, im Oktober des gleichen Jahres feierte man die Hochzeit. Doch das Unglück blieb ihm auf den Fersen: Nach drei Geburten in vier Ehejahren, von der vielleicht zu jungen Frau gar nicht glücklich verbracht, starb Helene von Stein im dritten Kindbett. Die wegen der Betreuung und Erziehung der Kinder 1810 eingegangene zweite Ehe mit Amalie von Schlabrendorff endete abrupt, weil ihm die junge Frau nach einem halben Jahr wieder davonlief und ins Elternhaus zurückkehrte. Fortan blieb Stein einsam, da die Kinder aus erster Ehe von den Stoschischen Großeltern erzogen wurden oder sich bei Verwandten aufhielten. Nach dem Tode seiner Söhne Guido und Lothar, die beide im Jünglingsalter starben, resignierte Friedrich von Stein. Ihm mußte klargeworden sein: Auch seine private Existenz war gescheitert.

1810 wurde er zum schlesischen General-Landschaftsrepräsentanten gewählt, ein vorwiegend als Ehrenamt anzusehender, immerhin mit 2000 Talern Jahreseinkunft dotierter Posten, der ihm eine halbwegs standesgemäße Lebensart ermöglichte. Seine Hoffnung, nach 1815 wieder in den preußischen Staatsdienst übernommen zu werden, erfüllte sich nicht; selbst Wilhelm von Humboldt, der ihm schon vorher hatte helfen wollen, mußte erkennen, daß Fritz von Stein für eine Beamtentätigkeit kaum geeignet war, da er nur halbe Arbeit zu leisten imstande wäre.

Wohltäter der Blinden

Im Jahre 1818 wurde Fritz von Stein – seine größte Lebensleistung überhaupt – Mitbegründer des schlesischen Vereins für den Unterricht der Blinden, ein Institut, für dessen Gedeihen er sich mit ganzer Kraft einsetzte. Hier hatte er endlich seine Aufgabe gefunden und erfuhr dabei größte Wertschätzung und Achtung.

Goethes Worte von 1785 hatten sich damit erfüllt: Empfindlich geworden durch eigenes Leid, hatte er gelernt, «der anderen Schmerzen zu theilen». Bereits 1803 erwarb Fritz das in der Nähe von Breslau gelegene Gut Strachwitz. Um den ständig wachsenden Schulden zu steuern, erbat er die Barauszahlung seines Anteils am väterlichen Erbe des Familienbesitzes in Kochberg.

Carl, der dem Bruder nie eine Bitte abschlagen konnte, zahlte ihm unter größten Anstrengungen die Summe von 40 500 Talern aus, was seine eigenen Verbindlichkeiten schließlich ins Unbeherrschbare anwachsen ließ, zugleich aber Fritz auf seiner schlesischen Besitzung doch nicht davor bewahrte, Strachwitz am Ende hochverschuldet wieder veräußern zu müssen. Charlotte resümierte am 26. Mai 1813 im Brief an Knebel, die Entwicklung von Carl und Fritz vergleichend: «Mein Kochberger Sohn hat in sich und um sich viel Glück; so gut ist es dem Breslauer nicht geworden.»[130]

Fritz von Stein. Kreidezeichnung von Johann Joseph Schmeller, um 1825.

Das ist nur bedingt richtig und spiegelt Charlottes Vorliebe für Fritz wider, der zumindest sein berufliches Glück durch eigenes Verschulden verspielt hatte und Carl, der ihm stets die rettende Hand hinhielt, in den Strudel des eigenen Versagens hineinriß. Wegen seiner unbestreitbaren Verdienste um das schlesische Blindeninstitut noch geehrt, verstarb der General-Landschaftsrepräsentant in Schlesien, der Ritter des Königlich Preußischen Johanniter Ordens und des Roten-Adler-Ordens dritter Klasse mit der Schleife, der Präses der Schlesischen Gesellschaft für vaterländische Kultur, Friedrich Constantin Freiherr von Stein, am 3. Juli 1844 in Breslau.

Nur seine Tochter Marie aus erster Ehe, die 1823 einen Major von Zobeltitz heiratete, überlebte den Vater. Ludwig Rohmann, der Herausgeber der Briefe an Fritz, schrieb 1907, die beiden Brüder Stein erschienen ihm «wie Helden einer fesselnden, im Ausklang erschütternden Familiengeschichte.»[131]

Bis zum heutigen Tag begegnet man in Weimar übrigens dem hartnäckigen Gerücht, Fritz sei ein leiblicher Sohn Goethes und der Charlotte von Stein gewesen; Wilhelm Bode datiert die Entstehung dieser Legende in die Jahre nach Goethes Tod[132]; es scheint jedoch wahrscheinlicher, daß die Mär erst nach der Schöllschen Briefedition aufkam.

Heimweh und Schmerz des Hofjunkers Carl von Stein

Wie sahen nun die Söhne ihre Mutter? Der reiche, lebensfrohe Briefschatz bietet zahlreiche Beispiele.

Aus Göttingen schrieb der Student Carl 1785 an den Bruder, der an einer Reise nach Frankfurt teilnehmen durfte und dort Goethes Mutter kennenlernte: «Du wirst mir hoffentlich treu bleiben, liebes Brüderchen, sowie ich dir auch. Beynahe möcht ich dich etwas beneiden, weil du sehr gut angeschrieben bey meinen Eltern stehest, ich aber nur bey meinem Vater, meine Mutter scheint mich überdrüssig zu seyn, wie sie überhaupt leicht etwas zuwider bekommt und seit einiger Zeit mir noch wenig tröstliches geschrieben hat. So geht es aber den ältesten Söhnen.»[133]

Solche bitter klingenden Stellen sind nicht selten in der Korrespondenz. Carl übertrug jedoch die Spannungen mit der Mutter nie auf deren Liebling, den Bruder Fritz. Eifersucht war ihm offenbar völlig fremd. Es erstaunt andererseits, wie abweisend Charlotte ihren ältesten Sohn oft behandelt hat.

Aus Doberan, wohin sich Carl aus der bedrückenden Schweriner Hofluft geflüchtet hatte, ging ein hochinteressanter Brief an Fritz ab, der sich wie eine Generalabrechnung des vierundzwanzigjährigen Carl mit der ihn bedrückenden familiären Misere liest.

Ausgelöst wohl durch mütterliche Vorwürfe aus Weimar wegen seines angeblich zu teuren Lebenswandels, ergoß sich die Bitternis des zu Unrecht Gescholtenen im Brief an den Bruder, dem er bereits vorher einmal geklagt hatte: «Es ist drückend immer zurück zu stehen und deswegen hasse ich manchmal Schwerin.»[134] Zur Geldnot, zum Heimweh kam das schmerzhaft empfundene Fehlen der Liebe der Mutter.

Carl schrieb am 1. Juni 1789: «…Glaub nicht, lieber Bruder, daß ich ein Verschwender bin, und meinem Vater, den ich gewiß zehnmal mehr liebe, als ers glaubt, weil ich einsehe, wie gut er es meint, für geizig halte. Mein Vater und du kennt nur das Verhältniß der hiesigen Lebensart gegen die dortige nicht so genau, hier, wo der Louisdor jetzt nicht mehr als 4 Rh. 11 gr. gilt und wo die Preiße demohngeachtet höher sind, um meine Oeconomie beständig zu tadeln, und aus dem euch bekannten Hang mehr auszugeben als einzunehmen, gleich etwas an mir für Verschwendung zu halten.

Es ist wahr, daß ich vielleicht mit dem was ich hier habe, in Weimar mir ein paar Pferde und noch einen Bedienten halten könnte, in England aber vielleicht darben müßte. In England würde man mich für einen armen Schelm oder Geitzhals halten, hier hält man mich für einen guten Wirth, und in Weimar für einen Verschwender … Ich wünschte einmal mit dir tauschen zu können, und dich an meiner Stelle, mich an deiner Stelle zu sehen, doch befürchte ich, denn du hast zu tief Wurzeln geschlagen, meine Eltern würden sich für den Herrn Carl bedanken und es nicht bewilligen …

Das Glück sucht dich und gibt dir, was meine Eltern erfreuet, alles lobt dich bey ihnen, sie haben dich erzogen, sie kennen dein Herz, meins nicht. Machst du einmal einen Fehler, so kannst du den Eindruck im selben Augenblick wieder umstoßen, ich aber brauche Monate, ehe ich schriftlich es halb so weit bringe, und dann kommt hinterher das Mißtrauen …

Alles, was sie (die Eltern) haben, erinnert sie an dich, aber welcher Abstand zwischen mir. Du verdienst dir bey ihnen deinen Unterhalt, ich aber koste nur und bin nur eine vom Himmel gegebene Last. Es muß meinen Eltern gleich seyn, ob sie mich oder eine Mißgeburt par princip futtern. Ich kann mich nur durch meine Nachrichten angenehm machen und von meiner Hand und Feder hängt das bißchen Freude ab, was ich meinen Eltern machen kann, und das ist freilich theuer bezahlt.

Ach, ich kanns ihnen nicht genug danken, daß sie mich noch so lieb haben, als sies thun. Man liebt immer den Vogel am meisten, den man das Pfeiffen gelehrt. Mein in Braunschweig, Göttingen und Helmstädt gelernter Waldgesang ist so ausländisch und accordirt nicht mit deinem Lied, und wenn ich einmal einen falschen Pfiff thue, so wird man unwillig und tröstet sich an dir kleinem Vogel im goldenen Bauer auf meine Kosten.

Ich möchte dich wohl einmal sehn. Dein Bild hängt zwar jetzt über meinem Schreibtisch, allein ich kann dich mir immer noch nicht anders vorstellen, als wie du damals warst, als du mir so viel Liebe in Weimar bewiesest, wo du und Ernst den fremden Bruder so freundschaftlich aufnahmt, wie galant uns unsere Mutter in Kochberg bewirthet.

Ach Gott, Ernst, Ernst! Ich heule wie ein Kind und kann kaum weiter schreiben. Seine letzten beyden Briefe trage ich immer bey mir in der Brieftasche, dem letzten Andenken meiner Tante Stein. Ich kann nicht mehr schreiben, ich bin so betrübt und will dich nicht auch traurig machen.

Wenn du mich sähest, würdest du mich auslachen, ich habe mir rothe Augen geweint. Ich bin noch immer den Anfällen von Traurigkeit ausgesetzt, welche Ernstens Tod und das Heimweh bey mir erregt gehabt, hinterher komme ich mir so schwach vor. Ich werde meinen Aufenthalt hier möglichst zu verlängern suchen weil die frische Seeluft und das Landleben aufheitern, und das ich sonst keinen Kummer kenne, als wenn ich keine oder unangenehme Briefe bekomme. Gesundheit des Körpers und Umgang von Leuten von gutem Herzen und fröhlichem Sinn, und den nöthigen Unterhalt, halte ich für ein Glück, was dem Glück im Himmelreich gleichkommt, das heißt was ich nach menschlichem Begriff für das größte halte und welches ich beynahe würklich genieße...

Leb tausendmal wohl und behalte lieb deinen Bruder C. v. St.»[135]

Für Fritzens Englandreise 1794 waren etwa 2000 Taler aufzubringen. Charlotte von Stein, durch Herkunft und Erziehung und die bittere Erfahrung mit dem verschwenderischen Vater stets haushälterisch handelnd und eher knauserig zu nennen, vergaß diese eherne Haus- und Familienregel, wenn es um Fritz ging. Offen und unverblümt kommentierte das Carl im Brief an den Bruder vom 3. Oktober 1794:

«Meine Mutter liebt dich außerordentlich, du kennst ihre Besorgnis um Geldsachen, welche sie um deinetwillen fast ganz abgelegt hat. Sie wollte einen Brillantring, silberne Leuchter, ja ihre silberne Zuckerdose verkaufen, wofür du einmal hättest in die Oper gehen können, im Fall es dir an Geld (dazu) fehlen sollte. Meine Mutter, muß ich dir nur gestehen, hat mich ganz neidisch auf dich gemacht. Für mich hätte sie das nie gethan. Ich habe ihr aber meinen Kummer nicht merken lassen, sondern nur gesagt, es würde sich zum November schon was finden. Dir kann ich es wohl sagen, denn ich liebe dich deswegen nicht minder...»[136]

Ein Spargel- und Melonenstreit

Die Spannungen zwischen Carl und der Mutter wuchsen, als dieser nach des Vaters Tod Kochberg übernahm und das Gut auch für den abwesenden Bruder zunächst mitverwaltete. Aufschlußreich ist dafür etwa der Brief vom 5. Oktober 1798: «Meine Mutter macht mich manchmal mit ihrer Mitsorgfalt verdrüßlich so gut sie es eigentlich doch meynt, und wenn sie mir was rathen will so ist es immer mit Vorwürfen verknüpft. Ich habe meiner Frau einen Schreibtisch gekauft und da findet sie ich hätte lieber sollen eine eichne Stubenthür machen lassen, die wir doch nicht brauchen. Ich habe ganze Schüsseln voll selbstgezogener Melonen beynahe täglich auf den Tisch gebracht, und sie hat immer geklagt, daß ich keine Pfirsische nicht hätte. Meine Spargel hatten nicht süß geschmeckt, meine neue Obstdarre war nicht recht, meine Ofen nicht, meine Milchwirthschaft nicht. Ich habe Pfirsische angelegt, habe 300 fortgekommene gestopfte Bäumchen und habe nun wieder den ganzen Garten voll Kirschbäume, lasse immerfort welche vermehren und gebe mir alle Mühe, und siehe da, nun taugt meine Obstwirthschaft nicht. Und das geht in allen Dingen, ja den kleinsten so die ich nur unternehme. Eine solche immerwährende Aengstlichkeit und Tadelsucht von einem fremden Menschen kränkte mich nicht, aber von meiner Mutter... bringt mich manchmal fast in Verzweiflung.

Du wirst dich der Zeit erinnern, wo ich mein Quartal von 16 bis 18 louis allemal mit Nota benes über meine Verschwendung erhielt, wo mein Vater 2.000 Rth. Besoldung zur Wirthschaft lieferte und für seine Person äußerst wenig brauchte, wo die Kornpreise die nämlichen waren und wo du wenig oder nichts erhieltest... und faule Schlingels unsere Knechte und Sachwalter waren.

Das ängstliche Wesen ist keine Wirthschaft und ich erinnere mich nicht, daß alle die jetzt fehlenden Sachen (Pfirsische etc.) damals da gewesen wären. Indeß die Mutter hat uns doch lieb und ich will mir Mühe geben, das Gewicht nicht auf Sachen zu legen, deren Unverbesserlichkeit meine mechante Eigenliebe offt ganz ohne Grund mir zueignet... Diese Klippen abgerechnet, vertragen wir uns sehr gut, denn sie lebt ordentlich auf und sie ist wohl und vergnügt und verhätschelt ihr Tochtergen, meine Frau, daß du machen mußt dir auch eine Frau anzuschaffen oder wieder zu uns zu kommen, sonst stechen wir dich aus...»

Und am 20. November 1798 heißt es: «Ich habe meine Mutter

gebeten, den Werth mehr auf die façon als aufs Gewicht zu legen, wenn sie mit aller Gewalt etwas bescheeren will. Denn ich habe meine Mutter herzlich lieb, nur ihre façons nicht, vermöge welcher sie mit dem besten Willen vielleicht die unangenehmsten Sachen sagt. Der Herzog hat ein neu billard gekauft und es unten in dem Haus meiner Mutter aufstellen lassen. Man war noch damit beschäftigt, es aufzuschlagen und meine Mutter wollte mich hinein führen, es zu besehen. Da ich in dem römischen Haus einigemale, wenn ich es besehen wollte, angehalten, gepfändet oder bebettelt worden, so meynte ich, man werde wohl ein douceur hier auch verlangen und sich geben lassen, denn es arbeiteten mehrere Leute in den Zimmern. ‹Nur mit deinen travers kann man das denken›, sagte meine Mutter. Ich dachte nur an die passion der hier beschäftigten Leute zu Biergeldern, antwortete ich, wie ich im römischen Haus und in der Grotte ein paar mal welche geben müssen. ‹Das passirt nur Leuten›, antwortete sie, ‹die solche Narren sind, allen Menschen ihr Geld aufdrängen zu wollen.›

Indessen liebt sie mich und meine Frau noch mehr wie mich. Sie hat ihr einen schönen Brillantring zur Hochzeit geschenkt, von wohl ein paar hundert Rth. an Werth, und sie hat allemal eine große Freude, wenn wir kommen und uns bey ihr aufhalten, und hat 1000 attentions, die sie sonst nicht hatte, nur nur nur nur das immerwährende tadeln und schmählen...»[137]

Zanksucht der Schwägerinnen

Eine Episode, die geeignet erscheint, den Charakter der Baronin zu offenbaren, überlieferte erneut Carl, der am 24. Januar 1799 an Fritz berichtete, daß es zu einem Streit zwischen der Mutter und der Schwägerin Sophie von Schardt gekommen sei: «Die Mutter und die kleine Tante haben sich gezankt, und die letztere will sich nicht wieder vertragen, weil meine Mutter ihr allerhand beschuldigt hat. Der Mutter fehlten Bücher, sie beschuldigte den Onkel, er habe sie, und die kam dazu (und) dies gab disput. Nun da sich aber die Bücher in meiner Mutter Schrank finden beschuldigt sie die beyden, sie haben sie ihr heimlich hineingelegt. Neues Feuer, neuer disput, Vorwürfe über Denkungsart, conduite, förmliche brouillerie. Ich finde, daß die Mutter, wenn sie über etwas streitet, nicht allein nichts einräumt, sondern auch durch Beschuldigungen Vorwürfe und Bemerkungen die nicht zur Sache gehören, ihren Gegner aus der Contenance zu bringen weiß, zumal wenn er so leicht aufkocht, wie die kleine Tante.»[138] Das ist alles glaubhaft, denn Carl wußte, wovon er schrieb; er lag oft, zu oft mit seiner Mutter in Fehde.

Das rechthaberische Gebaren der Oberstallmeisterin, das sie gerade im Familienkreise zuweilen an den Tag legt, wird durch eine Stelle in folgender Briefpassage ihres Sohnes Carl belegt – und man muß sich Goethe einmal in vergleichbarer Situation vorstellen, dem die einst so Vertraute in den Jahren ihres Zusammenseins oft kräftig zugesetzt hatte. Unter dem 12. Dezember 1800 notierte Carl für den Bruder in Breslau: «Die Mutter hat viel Sorgfalt für uns und meynt es recht gut…sie ist jetzt wieder viel freundlicher gegen mich als vor einiger Zeit wo sie noch auf mich aufgebracht war über unsern Handel» – er meint die Auszahlung des Fritzischen Anteils am väterlichen Erbe –, «weil sie meynte, ich hätte dich um dein Vermögen gebracht, theils weil ich sie nicht um Rath gefragt. So sehr mich auch die Erfahrung von letzterer Artigkeit abschrecken mußte… so wollte ich doch wir hätten ihr die Artigkeit erwiesen, sie auf irgend eine Weise zu beruhigen. Dieß war aber über meine Kräfte und jetzt vermeide ich, sie daran zu erinnern, zumal sie in ihren Äußerungen über ihre Meynungen sich kein Dementi geben mag. Sie ist noch ebenso aufgebracht über Bonaparte als sie immer war und er mag thun, was er will, so bleibt sie dabei, daß er ein infamer unbedeutender Mensch sey, und ich bin überzeugt, daß sie deinen König, wenn sie eine Armee hätte, den Krieg erklärte, daß er sich und uns nicht in den Kriegsschauplatz hineingebracht hat. Wenn ich ihr nun versichere, daß wir dabei um das unsrige gekommen wären, so bleibt sie dabei, das hätte nicht geschehen können. Ich glaube sie nähm lieber jahraus jahrein in jedes Zimmer 20 Mann Einquartierung, als von ihrer Meynung auch nur einen

Hauch abzuändern. Ich nehme mich sehr in acht, mit ihr über etwas zu disputiren, weil sie nicht discutirt, sondern gleich beleidigend wird, indem sie nicht meyne Meynung sondern meinen Verstand attaquirt, daß er sich auf solche Meynung verschnappt. Diese Art zu streiten, macht eine unvermerkte diversion, denn man vergißt auf einige Momente sein sujet um seinem angegriffenen Verstand beyzuspringen...»[139]

Dieser kräftig-klare Brief Carl von Steins verblüfft neben der nüchternen Beschreibung eines Sachverhalts, weil er mit Weitsicht die militärischen Folgen der napoleonischen Politik auf Deutschland vorwegahnt. Kaum sechs Jahre später sollte alles so eintreffen, wie hier formuliert; Charlotte von Steins Schicksal 1806 und das ihres Hauses waren hier prophetisch vorweggenommen. Bei diesen häufigen Disharmonien zwischen Carl und der Mutter mutet eine spontane Herzlichkeit, die von Charlotte ausging, schon wieder rührend an, und Carl hat es auch so empfunden: «Meine Mutter hat mich seit langer Zeit einmal herzlich umarmt und das hat mich fast bis zu Thränen gerührt, und ich bin einmal recht vergnügt von Weimar zurückgekehrt...»[140] Auch das ist also Charlotte; wenn sie wirklich ihren Eispanzer einmal ablegte, wurde die Liebe und Wärme spürbar, die sie ihrem Ältesten gegenüber empfand.

Ein Brief von Fritz

Die briefliche Überlieferung aus Fritzens Nachlaß, die hier genutzt wurde, enthält naturgemäß nur wenig eigene Schreiben von ihm. Ein aufschlußreicher Brief des Lieblingssohnes liegt etwa vom 25. Dezember 1804 vor, geschrieben zum 62. Geburtstag der Mutter: «Liebe Mutter. Es giebt drey Dinge, die ich ängstlich liebe: – meines Königs Scepter – meinen Schwiegervater – und meine Oekonomie. Drey andere, die mir am Herzen liegen Sie! – meine Frau! – und mein Glück! Alles, was mir durch letzteres zu Theil wird führt mich immer drauf zurück, daß ich es nicht hätte, wenn Sie nicht so gnädig waren, mich zur Welt zu bringen und zu erziehen, worüber ich mich alle Jahre herzinniglich freue, und meine unterthänige Danksage und Glückwünsche an einem Tag verbinde, der, wenn Sie mich lieb haben, Ihnen deßwegen selbst lieb seyn muß, nemlich Ihr Geburthstag.

Mein Helenchen vereinigt sich mit mir zu diesem festlichen Tag, die fröhlichen Stimmen Ihrer Kinder zu vermehren, und wenn auch die kleinen Geisterchen, die alle Sie Großmutter nennen und noch nennen werden, Sie in Gedanken umschweben in einem lichten Wölkchen Ihrer Einbildungskraft; so wird Sie das Erwachen aus diesem vorbedeutendem Bild, wie das Erwachen zu einem Tag, der uns allen so nothwendig war, gereuen lassen, zumal diese Engelchen noch kein solch Getös machen und Ihnen Kopfweh veranlassen, wie meine kleinen Neveux thun, was Sie aber so gnädig sind, nicht fühlen zu wollen.

Ach, soll ichs sagen? – und was werden Sie denken? –! ich fürchte sogar, Ihre gütige großmütterliche Geduld bald auf eine neue Lernprobe zu stellen: ich empfehle mich einstweilen zu Gnaden Ihren unterthänigsten Sohn Fritz.»[141]

Welch Unterschied zu den trocken-offenen Briefen von Carl! Der servile Ton hört sich heute eher unangenehm an. Originell klingt lediglich die Ankündigung eines neuen Enkelchens; ansonsten wirkt der Brief gestelzt und gekünstelt.

Zornige Testamente

Mehrfach änderte Charlotte von Stein zugunsten von Fritz ihr Testament, letztmalig am 15. September 1808: «Ich vermache meinen jüngsten Sohn Fritz von Stein den Kriegsrath, meinen Ring worauf das Souvenir von Brillanten gefaßt ist und auch den blauen Ring mit den brillantenen L. item meine Bücher und alles was ich an Betten weißzeug Silberwerck und meubles nebst porcelain habe item an Geld was ich laut der Eheberedung Morgen Gabe nehmlich 300 Rth. und der Obligation von 500 Rth. von meinem seelischen Mann habe, item 500 Rth. so ich meinen ältesten Sohn geliehen wen ich sie nicht bis zu meinen Tod selbst benöthiget gewesen, von diesen aber vermache ich Schachen hundert Rth.

Es ist nicht etwa aus blinder Vorliebe daß ich Fritzen diese Kleinigkeiten vermache sondern weil meine Söhne auf Worte vor viele Jahre in Wind gesprochen vom Ertrag der Väterlichen Güter getheilt haben zu einer Zeit als sie weit mehr eintrugen als da der Vater sie besessen der immer seine Einkünfte wieder hinein gesteckt um sie zu verbessern und kein Holz verkaufte, und Fritz über diese meine Worte die ich mir selbst nicht mehr erinnere und die sie zum Grund der Theilung gelegt haben sehr viel zu kurz gekommen ist, obgleich diese Wenigkeit von mir ihm nicht entschädigen kan; so möge es ihm segnen, solte sich auch noch Geld in meinem Vorrath finden so vermache ich diesem ihm auch.

Meine Kleidungsstücke Anzieh Wäsche Spitzen etc. gehört meinen beyden Schwiegertöchtern, mit Bitte meine Schwester Malchen in Wasung etwas zu unterstützen, und wünschte es mögte jeder von meinen Söhnen ihr jährlich 2 Carolin geben als ohngefähr so viel sie jährlich von mir bekommen. Den Lehnstuhl so mir mein lieber Sohn Carl geschenkt bitte ich ihm zu meinen Andenken wieder zu nehmen. lebt wohl lieber Kinder! Gott segne Euch und die Enkelchen. Weimar den 15. Sept. 1808. Von Stein, geb. von Schardt.»[142]

Nichts Neues, ist man versucht zu sagen: Brillanten, Silber, Möbel, Porzellan und Wäsche für den Jüngsten, Schelte und einen Lehnstuhl für den Ältesten; wenigstens die Schwiegertöchter wurden gleichermaßen bedacht.

Kritik wider Willen an Fritz

Charlottes Liebe zu Fritz machte sie blind für seine Schwächen. Einige der seltenen Beispiele, wo sie ihre «Schmälsucht» auch gegen den Lieblingssohn wendete, stammen aus den Jahren vor Helene von Steins Tod, vor 1808, und beziehen sich auf die Ehe ihres Jüngsten, in der sich, zumindest für Eingeweihte wie Charlotte, Probleme zeigten. Bezeichnenderweise dachte die Baronin angesichts von Helenes traurigem Frauenschicksal an ihre eigene, letztlich unglückliche Ehe: «Ich habe mir auch in meiner Jugend ein phantastisches Bild gemacht wie ein Ehe Mann ganz anders seyn müsse als ihn die Natur gemüthet hat, und schwerlich geht ein Mann in alle unßre Leiden ein, mit der Zeit wen Helenchen die romanhaften Begriffe über die Männer wird abgelegt haben, wird sie gewiß besser mit Deiner ernsthaften Natur simpatiesiren, da sie Verstand hat muß es eine Seite geben wo man ihr beykommen kan.»[143]

Hier verbarg sich die Kritik noch hinter wohlmeinender Parteinahme für den Sohn. Deutlicher wurde Charlotte am 8. Februar 1814. Ihr seltsamer, spürbar gebremst formulierter und von Ratlosigkeit gekennzeichneter Brief lautet: «Ich muß Dir gestehen lieber Fritz daß mir ganz sonderbar vorkomt wie Du die Begebenheiten die das Glück, Wohlstand, und Ruhe, unßres Lebens ausmachen mit einen Leichtsinn behandelst der doch Deinen ernsthaften Charakter gar nicht angemessen ist, und mich endlich über Dich ganz besorgt macht, so hast Du es seit der unglücklichen Zeit als Du den hiesigen Dienst verliesest mit Deinen Gütherkauf und Deinen Heyrathe gemacht etc. Alles was Du mir von Deiner Frau sagst ist noch keine Ursache, sich von ihr trennen zu wollen, vielmehr solltest Du suchen sie zu erziehen sie mit Liebe zu gewinnen, den da sie den Dax liebt, ist sie doch Liebe fähig und Du thätest ein gutes Werk an ihr da Du nun einmahl Dich mit ihren Charakter nicht vor der Heyrath hast vorgesehen; Diese Trennung wird Dir wieder viel Geld kosten, und endlich wirst Du den panquerot gar nicht entgehen können; Dein Gut zu verkaufen bringt Dir auch den Verlust Deiner jezigen Stelle da Du nicht mehr Landstand bist und endlich wird man das Zutrauen zu Dir verliehren da Du Dir Deine eigene Sachen nicht besser zu machen weißt; und jetzt da Humbold nicht mehr in Berlin ist, hast Du nicht einmahl einen Freund der vor Dich spräche; Du wirst vielleicht hart finden was ich Dir sage, und ist etwas wahres dran daß die Unglücklichen immer unrecht haben, also Du armer Fritz mußt auch dieses leiden, doch hielt ich vor meine Pflicht Dich drauf aufmerksam zu machen, Deinen Schicksal nicht zu trauen, Vielmehr immer lieber das sicherste als gewagtes zu nehmen.

Von Jugend auf waren alle Hände aufgehoben Dein Glück zu

machen bald wolte Dich der eine adoptiren Dir sein Vermögen mit einer reichen Nichte geben – es wurde nichts, bald wolte Dich ein anderer adoptiren und nie von seiner Seite lassen und wurde nichts – hier machte man allerhand Entwürfe was Du werden soltest – Du bliebst weg, in Schlesien gabs manche hübsche Aussicht abermahls wurde nichts erfült also hat Dich das Glück immer getäuscht, traue ihm nicht mehr sondern rette nur ein kleines sicheres Glück, Du hast den Seegen Deines Vaters der Dich vorzüglich liebte den meinigen, den Du betrübtest mich niemahls, er hat nicht gewirkt, das gehört zu die jetzigen Zeiten wo man allen Glauben ans Gute verliert.»[144] Das klingt in der Tat sehr resigniert, und der damalige Zustand des Sohnes ließ der Mutter wohl auch kaum andere Worte. Festzuhalten ist noch ihre Bemerkung: «....immer lieber das sicherste als gewagtes zu nehmen.» Das scheint eine Lebensmaxime der Stein gewesen zu sein; es ist gut, sie für das im folgenden darzustellende Verhältnis zu Goethe mitzudenken.

Beurteilt man Charlotte von Stein als Mutter ihrer beiden Söhne, so ist der Eindruck zwiespältig. Wo sich die Freunde der Baronin ein friedliches, liebliches und buntes Bild machten, einzig beeinträchtigt durch die zunehmenden Altersleiden, ergeben sich durch die Optik der Söhne, vor allem des glaubwürdigen Carl, befremdliche Einblicke.

Man muß diese Spannungen in Charlottes Charakter nicht bis ins Letzte klären wollen. Es gehört zu jeder Persönlichkeit, daß ein letzter Rest inkommensurabel bleibt. Da hier nicht die Absicht verfolgt wird, ein Idealbild zu entwerfen, mußten diese Ecken und Kanten im Wesen der Baronin gezeigt werden. Halten wir es mit Goethe: «Vergebens bemühen wir uns, den Charakter eines Menschen zu schildern; man stelle dagegen seine Handlungen, seine Thaten zusammen, und ein Bild des Charakters wird uns entgegentreten.»[145] Damit sind wir bei Goethe angelangt; ohne ihn wäre Charlotte von Stein, wäre ihre Existenz vergessen.

Vertraute Goethes

«Ach, wenn du da bist / Fühl' ich, ich soll dich nicht lieben,
Ach, wenn du fern bist / Fühl' ich, ich lieb' dich so sehr.»
JOHANN WOLFGANG GOETHE

Die Ausgangslage
Auf Einladung des Herzogs Carl August traf Goethe am 7. November 1775 in Weimar ein. Der Besuch in der Residenz an der Ilm war keinesfalls mit festen persönlichen oder künstlerischen Plänen verknüpft. Vielmehr kam die Reise dem jungen Rechtsgelehrten, der sich zu dieser Zeit in einer unbefriedigenden privaten und beruflichen Situation befand, durchaus gelegen. Eine zeitweilige Ablenkung durch das nähere Kennenlernen der bislang unbekannten Adelswelt mochte den jungen Frankfurter reizen.

Er war sechsundzwanzig Jahre alt, als er in Weimar einfuhr, und er durfte sich bereits einen berühmten deutschen Schriftsteller nennen; der «Götz von Berlichingen» hatte die literarische Gesellschaft aufhorchen, die «Leiden des jungen Werthers» die gebildete, intellektuelle Jugend in tumultuarischen Taumel fallen lassen. Seine schnell zur Freundschaft werdende Bekanntschaft mit dem jungen Weimarer Herrscher eröffnete ihm plötzlich Möglichkeiten öffentlicher Wirksamkeit, die ihn anfangs selber unsicher werden ließen.

Charlotte von Stein war im Jahre 1775 dreiunddreißigjährig, seit elf Jahren verheiratet und siebenfache Mutter. Sie hatte vier Mädchen wieder zu Grabe tragen müssen und freute sich um so mehr an der Entwicklung ihrer drei Söhne. Ihren Mann sah sie selten, was ihr wenig ausmachte, denn von Liebe im heutigen Sinne konnte bei ihrer Beziehung zu ihm kaum die Rede sein, gewiß aber von Achtung und gegenseitigem Wohlwollen.

Herr von Stein ging in seiner Tätigkeit als Oberstallmeister auf, das Hauswesen und die Erziehung der Söhne überließ er weitgehend der Gattin, die zugleich immer Hofdame der Weimarer Fürstinnen blieb. Seine Neigungen waren nicht die seiner Frau – und so lebten sie, einander tolerierend, in einem einvernehmlichen, leidlichen Verhältnis.

Erste Begegnung
Im Stadthaus der Familie Stein, nahe dem Schardtschen Palais, fand schon vier Tage nach Goethes Ankunft, am 11. November 1775, die erste Begegnung statt. Goethe war gewiß in Begleitung des Herzogs. Der erste, unmittelbare Eindruck Charlottes auf Goethe muß frappierend gewesen sein, obwohl in den folgenden Briefen zunächst nichts Konkretes überliefert ist. In einem Schreiben an Knebel vom Ende November taucht zwar Charlottes Name erstmals auf, und aus der Korrespondenz mit Herder geht noch hervor, daß sich Goethe mit Abreisegedanken trägt – «ia lieber Bruder, ich muss das stifften eh ich scheide»[146] –, aber bereits ein Brieffragment, wohl vom Anfang Januar 1776, enthält den verräterisch-dunklen Satz, daß er, Goethe, ihr, Charlotte, seine «Liebe nie sagen» könne. Zu dem Zeitpunkt hatte es offenbar bereits tiefgreifende Gespräche gegeben. Der Funke war gesprungen. War es nun Seelenliebe? Wurde mehr daraus?

Fast zwölf Jahre lang wird das Wörtchen «Liebe» in immer und immer neuen Wendungen die Briefe, Briefgen und Zettelgen an Charlotte beherrschen. Zum ersten Male war Goethe hier einer älteren, reiferen, und zugleich attraktiven Frau begegnet, einer Frau mit wie eingeborenen feinen Formen, tüchtig, offen, gradlinig, mit Bildung des Herzens und des Geistes. Charlotte, schrieb Erich Schmidt, «beurteilte den siegesgewissen, dämonischen Ankömmling erst kühl und sagte ihm trop de jeunesse et peu d'expérience nach; dann ging sie, die in einer äußerlichen Ehe gewiß oft nach dem Manna geistiger und seelischer Speise geseufzt, dem jungen Genie liebevoll gebend und nehmend entgegen.»[147]

Furioso der Gefühle
Die Existenz Goethes in diesen ersten Weimarer Jahren nach 1776

Goethe, gezeichnet von Johann Georg Melchior Kraus, 1776.

entwickelte sich furios und verknüpfte sich mit inneren Entscheidungen von grundsätzlicher Natur. Ursprünglich nur als zeitweiliger Besucher des Weimarer Hofes gekommen, fand sich Goethe bereits Ende Januar 1776 «in alle Hof- und politische Händel verwickelt». Johann Heinrich Merck in Darmstadt liest es vielleicht verdutzt: «werde fast nicht wieder weg können. Meine Lage ist vortheilhaft genug, und die Herzogthümer Weimar und Eisenach immer ein Schauplatz, um zu versuchen, wie einem die Weltrolle zu Gesichte stünde. Ich übereile mich drum nicht, und Freiheit und Gnüge werden die Hauptconditionen der neuen Einrichtung seyn, ob ich gleich mehr als jemals am Platze bin, das durchaus Scheisige dieser zeitlichen Herrlichkeit zu erkennen.»[148] Zutreffender konnte man wohl nicht charakterisieren, wie sich die Rolle des künftigen Intimus des jungen Herzogs schon nach wenigen Wochen gestaltete.

Auf Goethes Einwirken hin nimmt Herder im Februar 1776 den Ruf nach Weimar an, und dieser selbst mietete sich im März in einer eigenen Wohnung ein. Kurz vorher wurde jene bekannte, expressive Briefstelle an den Zürcher Freund, an Johann Caspar Lavater, formuliert: «Ich bin nun ganz eingeschifft auf der Woge der Welt – voll entschlossen: zu entdecken, gewinnen, streiten, scheitern, oder mich mit aller Ladung in die Lufft zu sprengen.»[149]

Ist es nur die Verlockung der Macht, der trotzige Widerstand gegen die intrigierende Weimarer Beamtenkamarilla, die enger werdende Freundschaft zu Carl August, was alles diesen Entschluß herbeiführte?

Was denn will der junge Mann alles «entdecken, gewinnen, (er)streiten»? Damit sind wir schon bei Charlotte von Stein, und es ist sicher so, daß diese Frau einen großen Anteil daran hat, daß Goethe in Weimar bleibt.

Die überlieferte Korrespondenz (leider fehlen Charlottes Briefe) ist ebenso vielsagend wie dunkel. Am 8. Januar ist erstmals die Rede von einem «süß Zettelgen» (es werden noch unendlich viele folgen), und man liest den vieldeutigen Satz: «Ich hab liebe Briefe kriegt, die mich aber peinigen weil sie lieb sind. Und alles liebe peinigt mich auch hier ausser Sie liebe Frau so lieb sie auch sind.» Mitte Januar: «Sie sind so lieb als Sie seyn dürfen um mich nicht zu plagen.» Noch eine Stufe höher am 28. Januar: «...leide dass ich dich so lieb habe. Wenn ich iemand lieber haben kann, will ich dir's sagen. Will dich ungeplagt lassen. Adieu Gold. du begreifst nicht wie ich dich lieb hab.» Tags darauf: «Sollst mich auch ein Bissgen liebhaben. Es geht mir verflucht durch Kopf und Herz ob ich bleibe oder gehe.»[150]

Welche Frau empfinge nicht gern solche funkensprühenden Briefe? Und erst die sich steigernden Anreden, verliebt und stürmisch Grenzen überschreitend: Mit «liebe Frau» hebt es an, mit «liebste Frau» und «Besänftigerinn» steigt der Ton, «goldne Frau» und einfach «liebe! liebe!» heben ihn weiter, um mit «liebe liebe Frau», «lieber Engel», «Gold» und dem abrupt immer öfter eingestreuten «du» Ende Januar einen neuen Höhepunkt zu erreichen. Goethes Einfalls- und Variantenreichtum ist immer wieder verblüffend. Mitte Februar 1776 schrieb er nach Frankfurt: «Eine herrliche Seele ist die Frau von Stein, an die ich so was man sagen mögte geheftet und genistelt bin.»[151]

Und noch drei Briefauszüge mögen folgen, die am aufgewühlten Gemütszustand des Verliebten keinen Zweifel lassen: «Wie ruhig und leicht ich geschlafen habe, wie glücklich ich aufgestanden bin und die schöne Sonne gegrüst habe das erstemal seit vierzehn Tagen mit freyem Herzen, und wie voll Dancks gegen dich Engel des Himmels, dem ich das schuldig bin. Ich muss dir's sagen du einzige unter den Weibern, die mir eine Liebe in's Herz gab die mich glücklich macht. Nicht eher als auf der Redoute seh ich dich wieder! Wenn ich meinem Herzen gefolgt hätte – Nein will brav seyn – Ich liege zu deinen Füssen ich küsse deine Hände.»

Am selben Tage, nach der Redoute, «Nachts halb 1 Uhr»: «Du Einzige die ich so lieben kann ohne dass mich's plagt – Und doch leb ich immer halb in Furcht – Nun mag's. All mein Vertrauen hast du, und sollst so Gott will auch nach und nach all meine Vertraulichkeit haben. (...) Ich habe nun wieder auf der ganzen Redoute nur deine Augen gesehn – Und da ist mir die Mücke um's Licht eingefallen. Ade! Wunderbar gehts in mir seit dem gestrigen lesen.»

Und am 4. März liest sie: «Ich bitte dich doch Engel komm ia mit auf Ettersburg. Du sollst mir da mit einem Ring ins Fenster, oder Bleistifft an die Wand ein Zeichen machen dass du da warst – du einziges Weibliches, was ich noch in der Gegend liebe, und du einziges das mir glückwünschen würde wenn ich was lieber haben könnte als dich. – Wie glücklich müsst ich da seyn! – oder wie unglücklich! Adieu! – Komm! und lass nur niemand meine Briefe sehen – Nur – NB das NB will ich dir mündlich sagen weils zu sagen eigentlich unnöthig ist – Ade Engel –»[152]

Gewiß hat Charlotte von ihrem Josias niemals solche feurigen Briefe erhalten. Zwar mäßigt, bändigt, «besänftigt» sie den stürmischen jungen Mann; aber ihre häufigen «Zettelgen» geben dem Brande doch zugleich auch ständig Öl, und sei es nur tröpfchenweise. Bereits jetzt, im März 1776, nach einem Vierteljahr der persönlichen Bekanntschaft, wird der Konflikt sichtbar, der wunderbarerweise über zehn Jahre lang – was kein Drehbuchautor erfinden würde – in der Schwebe gehalten werden wird: Gesellschaftliche Konvention, Rücksicht auf Mann und Kinder und ihre Wesensart verbieten Charlotte von Stein ein uneingeschränktes Eingehen auf dieses in seiner Offenheit geradezu entwaffnende Werben; aber sie weist es auch nicht grundsätzlich zurück. Denn welch ein Glück: Deutschlands aufregendster Dichter liegt ihr zu Füßen! Die Weimarer Hofdame ist zum ersten Male in ihrem Leben wirklich verliebt.

Der Streit der Biographen

Die spätere Bewertung des Verhältnisses in dieser Phase – Mitte 1776 – ist sehr unterschiedlich. Lena Voß, deren klugen, psychologisch wohlfundierten Argumenten man in vielen Details folgen kann, beschrieb das Dreiecksverhältnis so: Josias von Stein habe Goethe als «schöngeistigen Minnesänger» angesehen, der wegen seiner Jugend und Herkunft als ganz und gar ungefährlich einzustufen gewesen sei. In Goethes Umgang lebte seine Frau, die so oft Erkrankte und Schwächliche, sichtbar auf. «Zarte Freundschaften zwischen schöngeistigen Männern und verheirateten Frauen, in denen mehr oder weniger schwärmerische Liebe die Unterströmung bildete, galten ... in den vornehmen Kreisen allgemein als erlaubt. Daß der junge Dichter der feinsinnigen Frau von Stein den Hof machte, die neben den Herzoginnen die erste Dame der Gesellschaft war, fand man daher ganz natürlich und bewertete dies für die Baronin von Stein lediglich als einen Augenblickserfolg, wie solche das gesellschaftliche Leben einer Frau naturgemäß viele brachte.»

Frau von Stein wiederum, so Lena Voß weiter, sei 1776 die überlegen-sichere Weltdame gewesen, die zudem auf Grund ihres Altersabstandes dem jüngeren Manne herzliches Wohlwollen habe unversteckt zeigen können, zumal «bei edlen weiblichen Gemütern halb unbewußt ein leiser Hauch von Mütterlichkeit sich mischt». Und weiter: «Goethes Herz, das der Frauenliebe bedurfte, wie die Blume des Sonnenscheins, flog der anmutigen und klugen Frau sofort zu. Eine verheiratete Frau war gerade das, was er brauchte. Hier fiel die seine sonstigen Verhältnisse zu weiblichen Wesen regelmäßig störende Frage der Einreihung in die bürgerlichen Moralbegriffe von Verlobung und Heirat fort. Äußerlich frei und innerlich ungehemmt, konnte er dem Verlangen seines zärtlichen Herzens nach weiblicher Einwirkung sich voll hingeben. Charlotte war ihm ein Ersatz für seine Schwester Cornelia, die Freund Schlosser geheiratet hatte, ein Ersatz auch für Lili, die aufgegebene Braut, nach der sein Herz sich noch schmerzlich sehnte.

Bei Frau von Stein, die so klar und unbeirrt in das bunte Treiben des Lebens sah, die so sicher in allen Wirklichkeiten des Alltags sich bewegte und deren zarte Seele doch zugleich so tief und sehnsuchtsvoll am Idealen hing, fand er alles, was er für sein weiches Herz, für seine ruhelos stürmende Seele brauchte. (...)

Die Verehrung dieses gefährlichen Mannes nahm Charlotte mit anmutiger Würde entgegen, sie belohnend, indem sie dem auf dem höfischen Parkett Fremden und in der adligen Lebensführung Unbewanderten mit feinem Takt kleine Winke gab und unmerklich mit zarter Hand den übersprudelnden Stürmer zum höfischen Kavalier erzog, nicht, weil der Hofdame diese äußeren Manieren das Wichtigste waren, sondern weil die lebenskundige Frau aus innerer Überzeugung das freiwillige Sichbeugen des Einzelnen unter die gute Sitte als moralische Forderung ansah.»[153]

Das muß man alles gelten lassen. Daß Goethe jedoch zu diesem

Zeitpunkt sein Liebesgefühl zu der verheirateten Baronin als «brüderliche Neigung» gedeutet habe, will nicht recht einleuchten; die wiedergegebenen Passagen aus seinen Briefen mit ihren Andeutungen, Auslassungen und vielsagenden Notabenes sprachen auch damals eine beredte Sprache, die wenig mit Bruderliebe zu tun haben dürften. Und daß seine Gefühle für die Stein weiter im Wachsen begriffen seien, bekannte er offen im Brief vom 24. März: «Ich seh wohl liebe Frau wenn man Sie liebt ists als wenn gesät würde es keimt ohnbemerckt, schlägt auf und steht da – und Gott gebe seinen Seegen dazu – Amen.»[154]

Der Dichter zwischen zwei Frauen

Die Oberstallmeisterin mag sich in der Tat im März 1776 über ihre eigenen Gefühle noch nicht im klaren gewesen sein; mit Sicherheit ahnte sie die Konsequenzen für ihr Gemüt und späteres Leben nicht. Auch gönnte das Schicksal dem zarten Verhältnis eine zeitweilige Denk- und Ruhepause, denn vom 25. März bis zum 4. April dauerte eine Reise Goethes nach Leipzig. Die dort erneut geknüpfte Beziehung zu der schönen Schauspielerin Corona Schröter, die Goethe auch noch nach Weimar einlud, wird die Baronin von Stein, die sich in ihrer Rolle als angebetete Frau zu gefallen begann, wohl in einige Unruhe versetzt haben, zumal Goethe, vielleicht mit Hintersinn, aus seiner Begeisterung keinen Hehl machte. Am 25. März, nachts 10 Uhr, schrieb er scheinheilig nach Weimar: «Die Schröter ist ein Engel – wenn mir doch Gott so ein Weib bescheeren wollte dass ich euch könnt in Frieden lassen – Doch sie sieht dir nicht ähnlich gnug.»[155] Die erwünschte Wirkung, einige Aufregung bei Charlotte, trat prompt ein, denn ein Brief, der Goethe dann «drückte», ging postwendend nach Leipzig.

Indessen war am 3. April 1776 Jakob Michael Reinhold Lenz, Schriftsteller und Freund Goethes, im Musensitz und Poeten-Eldorado an der Ilm eingetroffen, was nun wiederum von Charlotte für kleine Eifersuchtsinszenierungen gegen Goethe genutzt wurde. Eine «Eseley» Lenzens gab Goethe dann guten Grund, den Störenfried

Selbstbildnis der Corona Schröter, um 1780.

aus der Stadt weisen zu lassen. Volker Ebersbach hat unlängst, mit
dichterischer Phantasie, die Stein als den eigentlichen Grund dieser
«Eseley» ausgemacht.[156]

Das Hin und Her, das Auf und Ab der Gefühle im Frühjahr 1776
braucht hier im einzelnen nicht dargestellt zu werden. Die Baronin
hielt Goethe gekonnt auf Distanz, verbot, schränkte ein, lockte wieder, forderte Versprechen: «Du hast recht mich zum Heiligen zu ma-

chen», murrte Goethe am 1. Mai – Lenzens «Eseley» hatte gerade ein «Lachfieber» bei ihm hervorgerufen –; «das heisst mich von deinem Herzen zu entfernen. Dich so heilig du bist kann ich nicht zur heiligen machen, und hab nichts als mich immer zu quälen dass ich mich nicht quälen will. Siehst du die treffliche Wortspiele.» Und tags darauf: «Doch da meine Liebe für Sie eine anhaltende Resignation ist, mag's denn so hingehn.»[157]

Immerhin – Wieland, mit dem Goethe nach anfänglichen Problemen bald ein herzliches, vertrauensvolles Verhältnis verband, bekam die später vielzitierten Sätze zu lesen: «Ich kann mir die Bedeutsamkeit – die Macht, die diese Frau über mich hat, anders nicht erklären als durch die Seelenwanderung. – Ja, wir waren einst Mann und Weib! – Nun wissen wir von uns – verhüllt, in Geisterduft. – Ich habe keine Namen für uns – die Vergangenheit – die Zukunft – das All.»[158] Poetisch verklärte Goethe im April diese hingeworfenen Gedankenfetzen in einem Gedicht, in dem Charlotte als Geliebte erstmals literarisch in Erscheinung trat. Bezeichnenderweise hat es Goethe zu Lebzeiten nie veröffentlicht; es tauchte erst im Nachlaß auf:

«Warum gabst du uns die tiefen Blicke,
Unsre Zukunft ahnungsvoll zu schaun,
Unsrer Liebe, unserm Erdenglücke
Wähnend selig nimmer hinzutraun?
Warum gabst uns, Schicksal, die Gefühle,
Uns einander in das Herz zu sehn,
Um durch all die seltenen Gewühle
Unser wahr Verhältnis auszuspähn?

Ach, so viele tausend Menschen kennen,
Dumpf sich treibend, kaum ihr eigen Herz,
Schweben zwecklos hin und her und rennen
Hoffnungslos in unversehnen Schmerz;
Jauchzen wieder, wenn der schnellen Freuden

Unerwart'te Morgenröthe tagt;
Nur uns armen liebevollen Beiden
Ist das wechselseit'ge Glück versagt,
Uns zu lieben, ohn' uns zu verstehen,
In dem andern sehn was er nie war,
Immer frisch auf Traumglück auszugehen
Und zu schwanken auch in Traumgefahr.

Glücklich, den ein leerer Traum beschäftigt,
Glücklich, dem die Ahnung eitel wär'!
· Jede Gegenwart und jeder Blick bekräftigt
Traum und Ahnung leider uns noch mehr.
Sag', was will das Schicksal uns bereiten?
Sag', wie band es uns so rein genau?
Ach, du warst in abgelebten Zeiten
Meine Schwester oder meine Frau.

Kanntest jeden Zug in meinem Wesen,
Spähtest wie die reinste Nerve klingt,
Konntest mich mit Einem Blicke lesen,
Den so schwer ein sterblich Aug' durchdringt;
Tropftest Mäßigung dem heißen Blute,
Richtetest den wilden irren Lauf,
Und in deinen Engelsarmen ruhte
Die zerstörte Brust sich wieder auf;
Hieltest zauberleicht ihn angebunden
Und vergaukeltest ihm manchen Tag.
Welche Seligkeit glich jenen Wonnestunden,
Da er dankbar dir zu Füßen lag,
Fühlt' sein Herz an deinem Herzen schwellen,
Fühlte sich in deinem Auge gut,
Alle seine Sinnen sich erhellen
Und beruhigen sein brausend Blut!

Und von allem dem schwebt ein Erinnern
Nur noch um das ungewisse Herz,
Fühlt die alte Wahrheit ewig gleich im Innern,
Und der neue Zustand wird ihm Schmerz.
Und wir scheinen uns nur halb beseelet,
Dämmernd ist um uns der hellste Tag.
Glücklich, daß das Schicksal das uns quälet
Uns doch nicht verändern mag!»[159]

Dieses Gedicht, später den «Versen an Lida» zugesellt, hinter welchem Namen sich Charlotte von Stein verbirgt, soll hier nicht interpretiert werden. Erich Trunz stellte es in eine Tradition mit der
im 18. Jahrhundert vielbesprochenen «platonischen» Seelenfreundschaft, die neben der Ehe als geistiges Band zwischen Mann
und Frau gesellschaftlich akzeptiert war. Schon das Barock kannte
die geistige «Seelenliebe», die wiederum von der Minne des Mittelalters gespeist und von Protagonisten wie Dante und Beatrice, Petrarca und Laura vorgelebt worden war.[160]

Die Lustigen von Weimar

Das Jahr 1776 war für Goethe von rastloser Bewegung, von folgenreichen Ereignissen in drängender Fülle bestimmt. Im April erhielt er als Geschenk des Herzogs das Gartenhaus, im gleichen Monat erwarb er das Weimarer Bürgerrecht, im Mai ritt er – eine Gewaltreise – wegen eines ausgebrochenen Brandes nach Ilmenau und
besichtigte anschließend das verrottete und verfallene dortige Bergwerk.

Das Weimarer Liebhabertheater, für das Goethe als Hofdichter
kleine Stücke schrieb und einstudierte, blühte auf, am 11. Juni trat
er als Günstling Carl Augusts in den sachsen-weimarischen Staatsdienst ein und wurde, gegen massiven Widerstand der alteingesessenen Beamten, zum Geheimen Legationsrat mit Sitz und Stimme
im Geheimen Conseil ernannt, im Juli und August berieten der Herzog und Goethe vor Ort die Maßnahmen zur Wiederbelebung des

Ilmenauer Silberbergbaues, für den Goethe im November die Verantwortung übernahm.

Dazu folgten Jagden, Feiern, Tanzen, Reiten und Spiele als furioses Stakkato in diesem außerordentlichen Jahr, dazu kamen im November die Ankunft der Schauspielerin Corona Schröter, im Dezember die Reise mit Carl August nach Dessau und der Beginn der Einrichtung einer neuen Stadtwohnung für die Familie der Charlotte von Stein.

Sie, die Baronin, war derweil im Juni wieder zur Kur nach Bad Pyrmont gefahren. Während dieser Zeit wanderten immer wieder kleine «Zettelgen», Briefe und Pakete zwischen den beiden Liebenden hin und her, liefen Boten und Bedienstete vom Haus am Stern in die Teichgasse und zurück, von Weimar nach Kochberg und umgekehrt. Ein Verhältnis begann sich zu konsolidieren, das Goethe später sein «Noviziat» nennen sollte. Das enger und enger werdende geistige Band verfestigte sich durch immer mehr Knoten.

Drei Episoden aus dieser ersten Weimarer Zeit scheinen wichtig: Daß Lili, mit ihm einst verlobt, nun Braut sei, erfuhr Goethe am 9. Juli. «Kehre mich um und schlafe fort»[161], war sein abschließender, emotionsloser Kommentar im Brief an Charlotte. Diese wiederum – zweites Beispiel – besucht ihn Anfang August auf der Rückkehr von Bad Pyrmont im Thüringer Wald, wo er sich mit Carl August in Ilmenau und Umgebung wegen der Bergbauangelegenheiten und für zahlreiche Jagden aufhielt.

Die Höhle im «Hermannstein», einem romantischen Felsen unterhalb des Kickelhahns, besuchten sie gemeinsam, und es waren bestimmt Stunden tiefempfundener Harmonie, die sie beide dort in der Natureinsamkeit verbrachten. Tage später – Goethe stand noch unter dem Eindruck des Wiedersehens nach mehrwöchiger Trennung – schrieb er ihr, es war am 8. August, aus der stillen Waldabgeschiedenheit der Berglandschaft:

«Ach, wie bist du mir,
Wie bin ich dir geblieben!

Nein, an der Wahrheit
Verzweifl' ich nicht mehr.
Ach, wenn du da bist,
Fühl' ich, ich soll dich nicht lieben,
Ach, wenn du fern bist,
Fühl' ich, ich lieb' dich so sehr.»[162]

Diesen Gedichten, den Briefen an Charlotte beigefügt oder ihnen eingeschrieben, maß Goethe so viel private Bedeutung bei, daß er sie nicht abschrieb, nicht sammelte und nicht veröffentlichte; erst mit der Herausgabe der Briefe durch Gustav Adolf Schöll ab 1848 wurden sie der Öffentlichkeit bekannt und erfreuten sich bald einer solchen Popularität, daß sie darin viele der von Goethe selbst publizierten Verse übertrafen.

Und eine dritte Kleinigkeit, die der Erwähnung wert sein mag: Anfang September 1776 berichtete Goethe an Charlotte, «ich sizze offt unter meinem Himmel in Gedancken an Sie, Sie helfen mir abwesend zeichnen, und einen Augenblick wo ich Sie recht lieb habe seh ich die Natur auch schöner, vermag sie besser auszusprechen (...) Wieland sagt meiner Zeichnung die ich ietz mache säh man recht an wen ich lieb hätte.»[163] Wieland war ein großer Menschenkenner; wie auch sollte er, der Vertraute, nicht erkannt haben, wie es um die Stein und Goethe stand?

Ein anderes Mal kam sie ihm, Goethe, wie eine «Madonna» vor, ein nächstes Mal ist ihm so wunderlich zumute, daß er – anfangs September – noch abends ins Wasser stieg, um den «Alten Adam der Phantaseyen» zu ersäufen, wie er sarkastisch an Charlotte schrieb.[164]

Durch die Brille der Psychoanalytiker
Solche Formulierungen waren für die Psychoanalytiker deutliche Ansatzpunkte, und wiewohl man manchen Theorien und Schlußfolgerungen nur wenig abgewinnen, geschweige denn ihnen folgen möchte, sei hier doch einmal Kurt R. Eissler herangezogen, der sich

intensiv mit der psychischen Struktur des jungen Goethe und seinem Weimarer Umfeld auseinandergesetzt hat.

Eine indiskrete Bemerkung Lenzens über Goethes Verhältnis zu Charlotte von Stein sei, so meinen die meisten Autoren, der Hintergrund jener «Eseley» gewesen, die zum herzoglichen Bannspruch gegen Lenz und zu seiner Abreise führten. Eissler dagegen vermutet einen viel heikleren Anlaß, nämlich eine unvorsichtige Bemerkung über Goethes versteckte Zuneigung zu der Herzogin Louise.

Lenz, in Wesen, Werdegang und poetischer Begabung dem jungen Goethe in vielen Punkten vergleichbar, habe sehr bald – nach dem Erscheinen des «Götz» und des «Werther» – erfaßt, daß er dem Genie des Freundes nichts Gleichwertiges entgegenzustellen habe. So sei er – pathologisch veranlagt – in eine Stellvertreterrolle Goethes geschlüpft, die allein ihm bei seinem weiteren Dichten und Leben innere Sicherheit zu verleihen vermochte. Als nun Charlotte von Stein den Dichter Lenz auf ihr Gut Großkochberg einlud, um mit ihm englische Sprachstudien zu treiben, seien in Goethe «unweigerlich ungute Gefühle» erweckt worden; Lenz habe ihm wie ein «ironisch verzerrte(s) Bild seiner selbst» vorkommen müssen, von dem er, Goethe, sich zwanghaft zu befreien versuchte. «Wenn man die Beziehung Goethes zu Lenz in einer tiefen Schicht untersucht, entfernt von realen Ereignissen, wo wahr und falsch, gerecht und ungerecht ihren Einfluß ausüben, kommt man zu der Annahme, daß die Verstoßung Lenzens durch Goethe ein Versuch war, eine Möglichkeit seines eigenen Schicksals zu verbannen. Am Versöhnungsfest wurden die Sünden der gesamten jüdischen Gemeinde auf einen Ziegenbock geladen, der in die Wüste geführt und dort über eine Klippe hinuntergestoßen wurde, ein Ritual, das sich auch in der griechischen Mythologie findet.

Vom Blickpunkt der Psychologie des Unbewußten aus gesehen – ungeachtet der objektiven Wirklichkeit –, war Lenz Goethes Sündenbock, der in die Wüste gejagt wurde und dazu bestimmt war, von einer hohen Klippe hinunterzustürzen.» «Das Genie, nicht durch seine Schuld, zerstört viele seiner Zeitgenossen.»[165]

Dann jener schon zitierte «Alte Adam»: Eissler entwickelt sehr ausführlich seine Hypothese, derzufolge der junge Goethe, auch noch in seinen Weimarer Jahren, von einem folgenschweren sexuellen Defekt geplagt war, der weitgehende Folgen für seine Persönlichkeit gehabt habe: «Goethe litt anscheinend an vorzeitiger Ejakulation, ausgelöst durch das sexuelle Vorspiel, besonders durch Küssen oder vielleicht sogar nur durch Küssen. Dies würde in das allgemeine Bild seiner Überemotionalität passen...»

Der solcherart Betroffene habe folglich zwanghaft nach Techniken gesucht, den Sexualtrieb unter Ausschluß des Geschlechtsverkehrs zu befriedigen. Leidenschaftliche Küsse seien eine solche Technik gewesen. Eissler folgert, daß die Stein, um des Freundes peinliche Probleme wissend, nicht nur schlechterdings sexuelle Kontakte, sondern eben darum sogar leidenschaftliche Küsse zurückwies.

«Wie viele Passagen in Goethes Briefen zeigen, wurden zwischen ihm und Charlotte von Stein Küsse ausgetauscht. Wenn meine Vermutung korrekt ist», so der amerikanische Psychoanalytiker weiter, «verhinderte sie leidenschaftliches Küssen, denn damit leistete sie einen weiteren Beitrag zu Goethes Genesung. Er lernte sozusagen die Kunst des leidenschaftslosen, bloß zärtlichen Küssens, wissend, daß das Überschreiten einer bestimmten Schwelle den sofortigen Verlust des Liebesobjekts zur Folge haben würde.»

Erst die Summierung jener beglückenden italienischen Erlebnisse (gemeint ist die Beziehung zur römischen Faustina 1788) und Eindrücke habe Goethes «Genesung» herbeigeführt. Goethes Sexualentwicklung, so Eissler, habe sich demzufolge in fünf Phasen abgespielt: «(1) In der Kindheit die bekannten sexuellen Kontakte zu der jüngeren Schwester (in Goethes Fall hinsichtlich ihrer spezifischen Natur unbestimmt) und Masturbation (sporadisch oder durchgehend?); (2) Masturbation in der Pubertät – möglicherweise von (1) getrennt durch das häufige Absinken sexueller Aktivitäten während der Latenzperiode – und Petting mit einem leidenschaftlich geliebten Mädchen (in Leipzig); (3) vermutlich bis in die Mannesjahre

fortgesetzte Masturbation, bis (4) nach seiner Ankunft in Weimar
eine Periode vollständiger Abstinenz einsetzt; (5) erster Geschlechtsverkehr im neununddreißigsten Lebensjahr und sporadisch wiederholter Geschlechtsverkehr bis zu einem unbekannten
Datum, das vor dem Tod seiner Frau 1816 liegt.»[166] Dies möge als
kürzester Einschub ausreichen, denn es ist weder möglich noch erforderlich zu wiederholen, was der Psychoanalytiker auf rund 1800
Seiten ausbreitet. Auch soll hier ja Charlotte von Stein im Zentrum
des Interesses stehen.

Im Auf und Ab der Stimmungslage
Ihr Verhältnis zu Goethe spann sich indessen im Jahre 1777 in pul-
sierender Innigkeit fort. «Das Glück des Lebens liegt dunckel auf
mir»[167], schrieb Goethe am 10. März, damit die beiden Pole erken-
nend, zwischen denen seine Existenz und seine Gefühle für Charlotte oszillierten. Er zeichnete ihr Gesicht, richtete sich im Gartenhaus gemütlich ein, behielt zwischendurch die Steinschen Kinder
über Nacht in der romantischen Klause, kam seinen Amts- und
Dienstverpflichtungen im Geheimen Conseil nach, las und schrieb
Akten – und immer wieder Briefchen, Zettelgen, Briefe an Charlotte. «Zu tische komm ich, und habe Sie sehr lieb. Das hab ich
schon offt gesagt, und mich dünckt das ist eins von den wenigen
Dingen die man ohne neue Wendung immer wieder neu zu sagen
glaubt», stand beispielsweise am 23. Mai 1777 in solch einem Briefchen.

Doch hörbar werden auch Zwischentöne. Er hatte «es» – was gewiß die Amtsgeschäfte meint – «satt», wollte in Wüsten fliehn, und
als am 16. Juni 1777 die Nachricht vom Tode der Schwester Cornelia eintraf, empfand er dies wohl wie einen Stromschlag. Seine
hoffnungsvoll-glückliche Existenz in Weimar und die Trauer um
den Verlust der geliebten Schwester flossen ein in die bekannten
Verse, die er Mitte Juli an Auguste Gräfin zu Stolberg, die Brief-
freundin, schrieb:

«Alles geben Götter die unendlichen
Ihren Lieblingen ganz
Alle Freuden die unendlichen
Alle Schmerzen die unendlichen ganz.»[168]

Fragen der Ausgestaltung der Steinschen Wohnung und Reisen mit
dem Herzog beschäftigten Goethe den Sommer und Herbst des Jahres, ein Wartburgaufenthalt schloß diesen Zeitraum ab; im Oktober war Goethe wieder zurück in seinem Weimarer Gartenhaus. Am
8. November 1777 zog der Achtundzwanzigjährige gegenüber
Charlotte ein Resümee seines bisherigen Weimar-Aufenthaltes:
«Mit einem Blick auf den Morgen da ich vor 2 Jahren zuerst in
Weimar aufwachte, und nun bis hierher ist mir wunderbar fröh-
lich und rührend geworden. Was mir das Schicksaal alles gegeben
hat, und wie nach und nach, wie man Kindern Freuden macht, dass
ich iedes Gut erst ganz ausgekostet mir so ganz eigen gemacht habe,
dass ich in die von mir ehdess entferntesten Gefühle und Zustände,
lieblich bin hienein geleitet worden.»[169] In einem weiteren Brief vom
gleichen Tage faßte Goethe den wohltuenden Einfluß, den Charlotte auf ihn ausgeübt habe, ins Bild einer Linde, der man Gipfel und
alle schönen Äste abgeschnitten habe, «dass sie neuen Trieb kriegen
sonst sterben sie von oben herein. Freylich stehn sie die ersten Jahre
wie Stangen da.»

Charlotte, stets spottsüchtig, ergänzte in ihrem Antwortbrief, in
einer ihrer zahlreichen «Dennoch»-Kritiken, das Bild um eine neue
Nuance, worauf Goethe, nochmals am 8. November, antwortete:
«Die Fortsezzung des Vergleichs hat mich sehr gedemütigt. Was
doch der Mensch mit sich vortheilhafft steht!! Ich redete vom Ver-
gangnen verlohrnen, und glaubte die Zweige sprossten schon wieder. Oh! und Sie finden, dass sie neuerdings abgehauen, dass neuerdings kein Schatten und kein Hort drunter ist o weh!»[170]

Verstimmungen zwischen beiden waren immer wieder aufgetre-
ten, auch weil der junge Liebhaber sein überschäumendes Gefühl
nicht in gleicher Weise erwidert sah, wozu Charlotte schon als auf

Contenance haltende Hofdame und ihrem kühlen Wesen nach nicht
in der Lage gewesen wäre. Sie wollte es mit Sicherheit auch nicht.

Flirt mit Corona Schröter
Aber im November 1777 führte eine ganz bestimmte Person zu einer atmosphärischen Trübung: Corona Schröter. Daß die schöne,
auf Männer ungemein bezaubernd wirkende, junge Schauspielerin
Leipzig überhaupt verließ und in das eher verlorene Provinznest
Weimar wechselte, darf wohl teilweise mit Goethes Persönlichkeit
erklärt werden.

Zwei ungewöhnliche, junge, aufstrebende Menschen, sich äh-
nelnd durch bürgerliches Herkommen und ausgeprägte Künstler-
natur – das allein verband sie schon. Ungezwungen und frei von
Konventionen waren ihre Begegnungen; man ritt, tanzte, lief
«Schrittschuh», promenierte und besuchte sich gegenseitig, trat als
bewundertes Paar Goethe-Orest und Corona-Iphigenie im Liebhabertheater auf – und «miselte», wie Goethe das unverbindliche, kokette Flirten und Augenspiel bezeichnete. Hier jedoch ging es um
mehr als um Flirt, es war in diesem einen Jahr eine Liebschaft entstanden, die in ihrer letzten Verästelung heute kaum mehr sichtbar
gemacht werden kann, aber auf das Verhältnis Goethes zu Charlotte spürbar zurückstrahlte.

Ihm, dem jungen und eitlen Mann und Dichter, der sein Licht nur
allzugern von schönen Frauen zurückgeworfen sah, gefiel das flüch-
tige Doppelspiel zwischen zwei weiblichen Sonnen. Charlotte wird
die viel jüngere Kontrahentin, die bürgerliche Aktrice, nicht vorur-
teilslos betrachtet haben; ihre Disziplin, ihre Haltung, ihr Wesen be-
wahrten sie aber vor einem diskreditierenden Fauxpas, aber ein
Stich wie jene Metapher vom 8. November, der Linde seien neuer-
lich die Triebe abgeschlagen, der war «erlaubt», gesellschaftskon-
form und – wie zu sehen war – auch wirksam.

Der Gedanke einer festen Verbindung, etwa einer Ehe, dürfte
zwischen Corona Schröter und Goethe keine Rolle gespielt haben.
Beide waren an bürgerlicher Behaglichkeit und Kindersegen nicht

interessiert. Das war die Sicht der Vernunft; das Gefühl allerdings nahm darauf keine Rücksicht.

In diese offenbar enggewordene Herzensverbindung scheint sich ab Ende 1777 in seiner entschlossen-rücksichtslosen Art der Herzog Carl August fordernd eingedrängt zu haben, was zu tumultuarischen Auftritten der drei Betroffenen geführt haben muß, die verständlicherweise nicht direkt, wohl aber vermittelt überliefert sind. Eines dieser Dokumente ist Goethes Tagebucheintrag vom 10. Januar 1779: «Abends nach dem Concert eine radicale Erklärung mit ♃ [Herzog Carl August] über Cr [Corona Schröter]. Meine Vermuthungen von bisher theils bestätigt theils vernichtet. Endets gut für uns alle, ihr die ihr uns am Gängelbande führt!»[171]

Es muß einen scharfen Wortwechsel gegeben haben; der Zwist stellte die Freundschaft zwischen dem Fürsten und seinem Günstling vermutlich auf eine harte Probe. Es ist dies eine von vielen Episoden, wo Carl August, der aufgrund seines Ranges Stärkere, Charakter und Größe bewies und an der Freundschaft zu Goethe festhielt. Die Ende 1779 folgende gemeinsame Schweizer Reise und die damit verbundene Entfernung von Corona Schröter und Weimar kühlte das gefährlich aufgeheizte Klima in dieser Dreiecksbeziehung wieder ab.

Der Weimarer Stadtklatsch freilich pflegte noch längere Zeit das pikante Gerücht, der Herzog und sein Faktotum hätten nun auch dieselbe Geliebte im Bett. Goethes einziger überlieferter Brief an Corona ist undatiert, stammt aber eindeutig aus der Zeit nach dem Ende ihrer Liebschaft. Der Text ist dunkel und auslegungsfähig genug, so daß von tiefen Empfindlichkeiten der Charlotte von Stein in dieser ja nicht verborgen gebliebenen Affäre ausgegangen werden darf. Goethe schrieb:

«Wie offt hab ich nach der Feder gegriffen mich mit dir zu erklären! Wie offt hat mirs auf den Lippen geschwebt. Ich habe gros Unrecht, daß ich es solang habe hängen lassen und kan mich nicht entschuldigen ohne an Saiten zu rühren die zwischen uns nicht mehr klingen müssen. Wollte Gott du mögtest ohne Erklärung Friede machen und mir verzeihen. Mein Zutraun hast du wieder, meine Freundschaft hast du nie verloren, auch ienes nicht.

Bin ich irre geworden; so wars so menschlich. Aber darinne hab ich am meisten gegen dich gefehlt daß ich dich die lezte Zeit nicht mit einer eifrigen Erklärung beruhigte. Ich will nicht anführen was mich entschuldigen könnte, vergieb mir, ich habe dir ia auch vergeben und las uns freundlich zusammen leben. Das Vergangne können wir nicht zurückrufen, über die Zukunft sind wir eher Meister wenn wir klug und gut sind.

Ich habe keinen Argwohn mehr gegen dich, stos mich nicht zurück, und verdirb mir nicht die Stunden die ich mit dir zubringen kan, denn so muß ich dich freylich vermeiden. Noch einmal verzeih mir! Mehr kan ich nicht sagen ohne dich aufs neue zu kräncken. Mein Herz ist gegen dich gesinnt wie du es wünschen kannst, nimm es so an. Verlangst du mehr; so bin ich auch bereit dir alles zu sagen. Adieu! Mögde doch das so lange schwebende Verhältniss endlich fest werden. G.

Dancke für Kuchen und Lied, und schicke dagegen einen bunten Vogel.»[172]

Mit diesem zeitlichen Vorgriff sei das «Ereignis» Corona Schröter hinreichend erklärt; zurück zu Charlotte und Goethe. Dieser brach im Dezember 1777 überraschend und heimlich zur Harz- und Brockenreise auf – auch das schon eine erste Flucht, die seinen Ausbruch aus beengenden Weimarer Verhältnissen signalisierte und eine Ouvertüre zur später folgenden Italienreise darstellte. Charlotte hätte eigentlich hellhörig werden müssen, aber vielleicht blieb ihrem geradlinigen Wesen die unergründliche Mentalität einer komplizierten Künstlerseele ab einer gewissen Grenze auch unzugänglich. Tagebuchartige, lange schriftliche Mitteilungen informierten die Weimarer Freundin als einzige über Goethes Reiseerlebnisse, auch dies ein Vorgriff auf später gehandhabte Gepflogenheiten auf der Italien-Reise. Kleine Küchen- und Gartengeschenke, Zutaten zum Speisezettel verzeichnen die Briefe vom Beginn des Jahres 1778 zwischen beiden Häusern. Vom Mai bis Anfang Juni war Goethe mit Carl August auf politisch wichtigen Reisen, u. a. in Berlin, Potsdam und Dessau, danach hielt sich die Stein wochenlang in Kochberg auf.

Im Februar 1779 begann Goethe die Prosafassung der «Iphigenie in Tauris» zu diktieren. Es ist Spekulation, wessen Züge – von Corona oder Charlotte – die dramatische Heldin trägt; es ist Lena Voß zuzustimmen: beide Frauen, die des Dichters Gemüt beunruhigten und seine künstlerische Phantasie aufreizten, sind in dieser Gestalt zusammengeflossen. Ein Hauptanlaß für Goethe, gerade diesen blutrünstigen Tantaliden-Stoff aufzugreifen, war gewiß sein Schuldgefühl gegenüber der schnöde verlaßnen Friederike Brion aus der Sesenheimer Zeit. In der Gestalt des Muttermörders Orest-Goethe gelang dem Dichter gleichsam eine Lossprechung von eigener Schuld, die im Grunde vor allem von Iphigenie herbeigeführt wird.

Charlotte, die «Besänftigerin», leuchtet durch. Aus der Zeit der Arbeit an der «Iphigenie» stammt eine Briefpassage an sie, die stark an jenes Schreiben erinnert, in dem Wieland 1776 lesen konnte, Goethe erkläre sich sein Verhältnis zur Oberstallmeisterin durch Seelenwanderung und er habe diese Frau in einem vorigen Leben bereits als Schwester oder Frau besessen. Aus Dornburg schrieb Goethe am 2. März 1779: «Wenn ich wieder auf die Erde komme will ich die Götter bitten dass ich nur einmal liebe, und wenn Sie nicht so feind dieser Welt wären, wollt ich um Sie bitten zu dieser lieben Gefährtinn.»[173]

Das Jahr verlief wie die vorigen: Die Stein weilte im Sommer mit den Kindern auf Schloß Kochberg, Goethe schrieb aus Weimar und von kleineren Reisen und Tagestouren. Charlotte schenkte ihm ein «Westgen», das der Dreißigjährige bei allen Feierlichkeiten stolz trug. Dann kam, mitgeteilt im Brief vom 7. September 1779, die Nachricht, daß Goethe vom Herzog den Geheimratstitel erhalten habe, «die höchste Ehrenstufe die ein bürger in Teutschland erreichen kan»; er betrete sie «wie im Traum».[174]

152

Beendigung eines Lebensabschnitts

Am 12. September 1779 reisten Carl August, der Oberforstmeister Otto Joachim Moritz von Wedel, Goethe und einige Bedienstete von Weimar ab, um über Frankfurt in die Schweiz zu gehen. Mehr als vier Monate blieb Goethe von Charlotte getrennt, die Gelegenheit nutzend, ostentativ offene Lebensrechnungen abzuschließen. Zunächst tat der Reisende allein einen Abstecher nach Sesenheim, um – nach der poetischen Selbstbefreiung in der «Iphigenie»-Dichtung – den Schlußstrich unter eine bedrückende Erinnerung an Straßburger Studententage ziehen zu können. An Charlotte, eben an sie, schrieb Goethe, er habe daselbst eine Familie vorgefunden, wie er sie vor acht Jahren verlassen, «und wurde gar freundlich und gut aufgenommen. Da ich iezt so rein und still bin wie die Luft so ist mir der Athem guter und stiller Menschen sehr willkommen.

Die Zweite Tochter vom Hause hatte mich ehmals geliebt schöner als ichs verdiente, und mehr als andre an die ich viel Leidenschafft und Treue verwendet habe, ich musste sie in einem Augenblick verlassen, wo es ihr fast das Leben kostete, sie ging leise drüber weg mir zu sagen was ihr von einer Kranckheit iener Zeit noch überbliebe, betrug sich allerliebst mit soviel herzlicher Freundschafft vom ersten Augenblick da ich ihr unerwartet auf der Schwelle ins Gesicht tratt, und wir mit den Nasen aneinander stiesen das mir's ganz wohl wurde. Nachsagen muss ich ihr dass sie auch nicht durch die leiseste Berührung irgend ein altes Gefühl in meiner Seele zu wecken unternahm. Sie führte mich in iede Laube, und da musst ich sizzen und so wars gut. Wir hatten den schönsten Vollmond.»[175]

Als nächstes besuchte Goethe, nur einen Tag später, die einstige Verlobte. Hier sein nüchterner, fast kalter Bericht: «Ich ging zu Lili und fand den schönen Grasaffen mit einer Puppe von sieben Wochen spielen, und ihre Mutter bey ihr. Auch da wurde ich mit Verwunderung und Freude empfangen. Erkundigte mich nach allem, und sah in alle Ecken. Da ich denn zu meinem ergözzen fand dass die gute Creatur recht glücklich verheurathet ist. Ihr Mann aus allem was ich höre scheint brav, vernünftig, und beschäfftigt zu seyn, er ist wohl habend, ein schönes Haus, ansehnliche Famielie, einen stattlichen bürgerlichen Rang pp. alles was sie brauchte pp. Er war abwesend. Ich blieb zu Tische. Ging nach Tisch mit dem Herzog auf den Münster...»[176] Die Reise selbst, so ergebnisreich und formend sie für Goethe und vor allem den jungen Herzog war, soll hier nicht weiter dargestellt werden. Lediglich erwähnt sei der Besuch der Karlsschule in der Nähe von Stuttgart während der Rückreise, wo Goethe am 14. Dezember erstmals mit Schiller zusammentraf, der dort noch Eleve war. Mitte Januar 1780 zogen die Weitgereisten wieder in Weimar ein, und Ende März begann Goethe am «Tasso»-Stoff zu arbeiten, in welchem Drama in der Gestalt der Prinzessin wiederum Charlottes Spuren unschwer auszumachen sein werden.

Die Erfüllung des Liebesbundes

Das Verhältnis zu ihr hatte sich bis zu diesem Jahr 1780 in jenem schwer beschreibbaren Zustand einer pulsierenden Zuneigung, oder wie es Goethe genannt hatte, in einer «anhaltenden Resignation» gehalten. Der Briefwechsel, nur einseitig überliefert, verrät dennoch an verschiedenen Stellen, daß über ihre Gefühle, über die Zukunft ihres Bundes mehrfach tiefe Gespräche geführt worden waren. In einem Schreiben Goethes vom 8. April 1780 ist beispielsweise zu lesen:

«Verzeihen Sie mir meine gestrige lezte Dunckelheit; ich bin bey solchen Gelegenheiten, wie ein Nachtwandler dem man zuruft ich falle gleich alle Stockwercke herunter. Sie haben aber recht. Und weil wir doch am abgewöhnen sind, wollen wir auch das mit aufschreiben, und am Ende vom Thau leben wie die Heuschrecken.»[177]

Hatte hier, im April 1780, Charlotte offenbar wieder einmal kühle Distanz geübt, goß sie wenig später – seit langem ihre Taktik – erneut Öl in die Flammen seiner Gefühle, indem sie ihm im Mai einen Ring zukommen ließ. Goethe bat sie daraufhin, in diesen die Initialen «C. v. S.» eingravieren zu lassen, welcher Bitte sie kokett nachkam. «Ihren Ring erhielt ich gestern und dancke Ihnen für das schöne Zeichen», schrieb Goethe am 14. Juni. «Er ist ein Wunderding er wird mir bald zu weit am Finger bald wieder völlig recht», lautete sein orakelhafter, symbolisch zu deutender Kommentar.[178] Und ein weiteres, auf Corona Schröter, die bürgerliche Konkurrentin, hindeutendes Wortspiel fügte er wenig später hinzu: «Sie haben doch wohl rathen können warum ich verlangte dass Sie mit einem v das C. und S. von einander trennen sollten; wenn sies recht auslegen ists recht artig, ich zweifle fast, Sie werden das glänzende Püncktgen nicht treffen.»[179]

Für den Ring, das Unterpfand ihrer Gefühle, revanchierte sich der Beschenkte durch eine einmalige, unwiederholbare Geste. Am 23. Juli 1780 in die Freimaurerloge «Anna Amalia zu den drei Rosen» aufgenommen, erhielt Goethe u. a. – einer der geheimnisvollen Riten des Bundes – ein Paar Handschuhe. Jeder Freimaurer kann diese als Zeichen seiner unwandelbaren Hochachtung vor dem weiblichen Geschlecht ein einziges Mal vergeben – Goethe übersandte die seinigen der Geliebten: «Ein geringes Geschenk, dem Ansehn nach, wartet auf Sie wenn Sie wiederkommen», deutete er im Brief vom 24. Juli an. «Es hat aber das merckwürdige dass ich's nur Einem Frauenzimmer, ein einzigsmal in meinem Leben schencken kan.»[180]

Am 6. September 1780, bei einem Besuch in Ilmenau, entstand auf dem «Kickelhahn», wo Goethe in der Jagdaufseherhütte auf der Kuppe des Berges die Nacht verbrachte, jenes schönste und tiefsinnigste Gedicht deutscher Poesie, das als «Wandrers Nachtlied. Ein Gleiches» benannt wurde:

«Über allen Gipfeln
Ist Ruh,
In allen Wipfeln
Spürest du
Kaum einen Hauch;
Die Vögelein schweigen im Walde.

Warte nur, balde
Ruhest du auch.»[181]

Gewiß trug auch das Überdenken seiner Beziehung zur Baronin von Stein dazu bei, diese unbeschreibliche Hochstimmung zu erzeugen, in welcher Goethe, völlig im Bann der stillen Natur, diese Verse gelangen. Der Brief an Charlotte vom selben Tage läßt eine Ahnung dieses Zustandes aufkommen:

«Auf dem Gickelhahn dem höchsten Berg des Reviers den man in einer klingernden Sprache Alecktrüogallonax nennen könnte hab ich mich gebettet, um dem Wuste des Städtgens, den Klagen, den Verlangen, der Unverbesserlichen Verworrenheit der Menschen auszuweichen. Wenn nur meine Gedancken zusammt von heut aufgeschrieben wären es sind gute Sachen drunter.

Meine beste ich bin in die Hermannsteiner Höhle gestiegen, an den Plaz wo Sie mit mir waren und habe das S, das so frisch noch wie von gestern angezeichnet steht geküsst und wieder geküsst dass der Porphyr seinen ganzen Erdgeruch ausathmete um mir auf seine Art wenigstens zu antworten. Ich bat den hundertköpfigen Gott,

Dampfende Täler bei Ilmenau, Bleistift- und Tuschzeichnung Goethes, 1776.

156

der mich so viel vorgerückt und verändert und mir doch Ihre Liebe, und diese Felsen erhalten hat; noch weiter fortzufahren und mich werther zu machen seiner Liebe und der Ihrigen.»[182]

Damit brach das Schicksalsjahr 1781 an. Gleichgültig, welcher Version man sich im folgenden anschließen mag: Die Beziehung zwischen beiden Liebenden erreichte eine neue Qualität. Einhellig bewertet die Goetheforschung seit Erscheinen der Briefe an Charlotte das Frühjahr 1781 als die Zeit, wo das Verhältnis auf eine neue Stufe gehoben wurde. Das ist auch an Goethes Briefen an Charlotte ablesbar.

Ehebruch oder nicht? Ein unendlicher Streit

Die Interpretation dieser Sachlage gestaltete sich von Anfang an völlig kontrovers. Mit Schärfe, Verbissenheit und Häme, mit Angriff und Gegenangriff wurde seit der zweiten Hälfte des vorigen Jahrhunderts eine erbitterte Auseinandersetzung von deutschen, vereinzelt ausländischen Germanisten und Philologen geführt, zunächst ausnahmslos Männern. Das scheint wichtig, denn über das individuelle Schicksal Goethes und Charlotte von Steins hinaus ging es natürlich immer auch um die gesellschaftliche Rolle der Frau im allgemeinen. In Politik und Wissenschaft, bislang fast unbestrittene Domänen des Mannes, beginnt sich das weibliche Geschlecht im 19. Jahrhundert allmählich eigene Positionen zu erstreiten. Es sind gleichzeitig die Jahrzehnte einer voranschreitenden Goethe-Heroisierung, einer Hochstilisierung des «Olympiers» durch das deutsche Bildungsbürgertum, und so konnte es nicht verwundern, daß sich an diesem herausgehobenen Paar der deutschen Klassik ein exemplarischer Streit entzündete.

Das offizielle Frauenbild der wilhelminischen Ära in Deutschland konnte durch nichts Ärgerlicheres getrübt werden, als durch die womöglich ehebrechende Adlige Charlotte von Stein und das Dichtergenie Goethe, an dessen gottähnlicher Erhabenheit nun plötzlich Makel sichtbar wurden. So reagierte Heinrich Düntzer 1873 mit verbissener Wut auf «anzügliche» Veröffentlichungen der liberalen Schriftsteller Adolf Stahr, in zweiter Ehe mit Fanny Lewald verheiratet, und Robert Keil, dem als Weimarer eine besonders schwerwiegende Götzenschändung vorgeworfen wurde. Beide Autoren hatten Fingerzeige des englischen Literarhistorikers George Henry Lewes aufgegriffen, der Goethe und die Stein unter die «berühmten Liebespaare» einreihte, die nicht beim verbalen Austausch von Platonismen stehengeblieben seien. Stahr beispielsweise schrieb 1874 in seinem Aufsatz «Aus dem alten Weimar», der in der verbreiteten «Nationalzeitung» erschien, das Verhältnis Goethes zur Baronin habe seit dem Frühjahr 1781 den «neuen Charakter einer vollständig intimen Liaison» angenommen.

«Es ist die Ehre der deutschen Wissenschaft», hielt Heinrich Düntzer, in gestelztem Deutsch dozierend, dagegen, «deren Stolz jetzt, wo unser Volk der errungenen Macht und Größe sich in jeder Beziehung würdig erweisen muß, mehr als je Redlichkeit und Treue sein sollte.» Und weiter heißt es in seinem 1876, nach der Reichseinigung, erschienenen Werk «Charlotte von Stein und Corona Schröter»: «es ist die Liebe zu unserm großen Dichter, den jeder Unparteiische um so höher ehren, um so inniger lieben wird, je mehr er ihn kennt, der aber jetzt mit kalten Blute zu einem langjährigen Ehebrecher verleumdet wird, es ist die Ehrenpflicht deutschen Frauenschutzes gegen ungebührliche Entehrung», die ihn zu dieser Publikation gezwungen hätten.[183] Jedoch nicht diese alte Polemik Düntzers mit Stahr und Keil, zwischen Männern also, deren unterschiedliche politische Ansichten und Standpunkte in die Sachdebatte hineinwirken, soll hier näher ausgebreitet werden, sondern vielmehr die Werke zweier Frauen, die, beeinflußt von der psychoanalytischen Lehre Sigmund Freuds, die Geschehnisse vom Frühjahr 1781 von ihrer Warte aus zu deuten suchten und gleichfalls zu entgegengesetzten Ergebnissen gelangten.

Lena Voß ließ 1921 ihr Buch «Goethes unsterbliche Freundin (Charlotte von Stein)» erscheinen, das im Untertitel als «Eine psychologische Studie an der Hand der Quellen» angekündigt wurde. Die Autorin folgerte, daß die Hofdame, die verheiratete Oberstall-

meisterin «im traulichen Beisammensein am Abend des 21. März»
Goethe «ihre volle Gegenliebe» gestanden habe. Dessen daraufhin
geschriebene Briefe der nächsten Märztage ließen aber keinesfalls
den zwingenden Schluß «auf sexuelle Gewährung» zu. Vielmehr
fehle es in der Folge nicht an «mannigfachen Beweisen für das Gegenteil».[184] Mit dem Liebesgeständnis Charlottes sei vielmehr die
Seelennähe beider Liebender auf die letzte und beglückendste Ebene
gehoben worden – und dabei sei es geblieben.

Bereits fünf Jahre vorher, 1916, hatte die deutsch-schwedische
Schriftstellerin Ida Boy-Ed, die seit 1865 in Lübeck wirkte und sich
auch mit Büchern über Charlotte von Kalb und Germaine de Staël
ausließ, ein Werkchen herausgegeben unter dem dramatischen Titel «Das Martyrium der Charlotte von Stein. Versuch ihrer Rechtfertigung».

Diese Autorin beantwortete die Frage: «Hat Charlotte dem
Freunde ihren körperlichen Besitz gewährt?» ebenso eindeutig:
«Die sichere Beantwortung dieser Frage ist die Überschrift am Tor-
bogen, durch den man zum Verständnis von Charlottens Bitterkei-
ten schreitet. (...) Und endlich haben mich gerade diese Bitterkei-
ten, welche der eigentliche Anlaß dieser Studie sind, viel mehr noch
als selbst Goethes Zeugnisse, zum unbedingten Glauben gezwungen, daß sie sich im März 1781 ihm ganz zu eigen gab und sich vier,
fünf Jahre lang in völliger Verbundenheit mit ihm seiner Liebe sicher fühlte.»[185] Die sexuelle Erfüllung des langen Liebesbundes sei
der unbedingt notwendige Schritt auf dem Wege gewesen, den
Goethe zur völligen Erhellung und Ergründung von Charlottes Wesen habe zurücklegen müssen. Auf beider Autorinnen Argumente
ist gelegentlich zurückzukommen. Zunächst jedoch sei hier die
Goethesche Korrespondenz des Monats März 1781 in wesentlichen
Passagen eingeblendet, jene Aussagen also, die den Stoff zu solch
gegensätzlicher Auslegung bieten.

Goethes Briefe vom Beginn des Jahres 1781
Für den Zeitraum Januar bis März 1781 sind nahezu 60 Briefe und

Briefchen Goethes an Charlotte von Stein überliefert. Warm und herzlich ist ihr Ton, von Liebe und Geliebtwerden in werbenden Wendungen immer intensiver die Rede. Vom 7. bis 15. März reiste Goethe mit Carl August zum Grafen von Werthern-Beichlingen nach Neunheiligen. Die reizende Gattin dieses Sonderlings hatte es dem wieder einmal entflammten Herzog höchlichst angetan, und auch Goethe bewunderte die schöne, geistvolle Frau. Im letzten Brief vor der Abreise nannte Goethe seine Angebetete in Weimar erstmals «meine Geliebte», woraus keine voreiligen Schlüsse gezogen werden sollten; es ist eine neue der zahlreichen Liebesformeln, derer er sich seit Jahren erfindungsreich bediente.

Dann kommt jeden Tag Post vom Abwesenden nach Weimar. Goethe dankt aus Neunheiligen «tausendmal für die Nähe Ihrer Liebe, und alles was Sie mir mitgegeben und mich hoffen lassen. (...) Noch nie hab ich Sie so lieb gehabt und noch nie bin ich so nah gewesen Ihrer Liebe werth zu seyn.»

Tags darauf: «Gestern auf dem langen Weeg, dacht ich unsrer Geschichte nach, sie ist sonderbar genug. Ich habe mein Herz einem Raubschlosse verglichen das Sie nun in Besiz genommen haben, das Gesindel ist draus vertrieben, nun halten Sie es auch der Wache werth, nur durch Eifersucht auf den Besiz erhält man die Besizthümer. Machen Sie's gut mit mir und schaffen Sie gottseelig den Grimmenstein in Friedenstein um. Sie haben es weder durch Gewalt noch List, mit dem Freywillig sich übergebenden muß man aufs edelste handeln, und sein Zutraun belohnen (... Wir sind in der That unzertrennlich, lassen Sie es uns auch immer glauben und sagen.»

Und im übernächsten Schreiben: «Ich zähle die Stunden bis Donnerstag Abends, nicht mit Ungeduld (...) sondern mit der stille der gewissen Liebe und des festen Zutrauens daß ich nicht von Ihnen entfernt bin und daß mich zur gesetzten Stunde die Gegenwart meines Glückes empfangen wird als wenn ichs nie verlassen hätte. (...) auf das Siegel drück ich einen Kuß und bin dein für ewig.»

Am 12. März, einem Montag, beantwortet Goethe, nachts «um halb 11», einen der jetzt häufigen Briefe Charlottes: «Behalten Sie ia was Sie mir gutes zu sagen haben, auch mir haben die Geister der Welt viel nüzliches in's Ohr geraunt, haben mir über mich und andre schöne Eröffnungen gethan. Donnerstag Abends hoff ich Sie allein zu finden, hoffe die ersten Stunden ganz bey Ihnen zu seyn.»

Und dann, mitten im Brief, jene vielzitierten Sätze, die zu so unterschiedlichen Auslegungen Anlaß bieten: «Meine Seele ist fest an die deine angewachsen, ich mag keine Worte machen, du weist daß ich von dir unzertrennlich bin und daß weder hohes noch tiefes mich zu scheiden vermag. Ich wollte daß es irgend ein Gelübde oder Sakrament gäbe, das mich dir auch sichtlich und gesezlich zu eigen machte, wie werth sollte es mir seyn. Und mein Noviziat war doch lang genug um sich zu bedencken. Adieu. Ich kan nicht mehr Sie schreiben wie ich eine ganze Zeit nicht du sagen konnte (...) Ich bitte dich fusfällig vollende dein Werck, mache mich recht gut! du kannsts, nicht nur wenn du mich liebst, sondern deine Gewalt wird unendlich vermehrt wenn du glaubst daß ich dich liebe.»[186]

Am Abend des 15. März 1781 scheint Goethe tatsächlich bei Charlotte von Stein gewesen zu sein, denn an den folgenden zwei Tagen klingen die Briefe an sie ebenso emphatisch wie nachdenklich: «Deine Liebe ist mir wie der Morgen und Abendstern, er geht nach der Sonne unter und vor der Sonne wieder auf. Ja wie ein Gestirn des Pols das nie untergehend über unserm Haupt einen ewig lebendigen Kranz flicht. Ich bete daß es mir auf der Bahn des Lebens die Götter nie verduncklen mögen. Der erste Frühlingsregen wird unsrer Spazierfahrt schaden. Die Pflanzen wird er aufquellen, daß wir bald des ersten Grüns uns erfreuen. Wir haben noch so keinen schönen Frühling zusammen erlebt, mögte er keinen Herbst haben.»

Und einen Tag später heißt es: «Sagen kan ich nicht, und darfs nicht begreifen was deine Liebe für ein Umkehrens in meinem innersten würckt. Es ist ein Zustand den ich so alt ich bin noch nicht kenne. Wer lernt aus in der Liebe.»[187]

Wieder ist es gleichgültig, welcher Auffassung des geheimnisvollen neuen Verhältnisses der Betrachter folgt. In beiden Fällen gilt, daß sich die Verbindung Goethes mit Charlotte auf dieser wie auch immer gearteten höheren Ebene in den nächsten Jahren fortspann und erhielt. Das gilt wohl unumschränkt seit jenem besiegelnden Zweizeiler vom Oktober 1781, nachdem im Laufe des Sommers noch einmal ein kurzes Gefühl zwischen Goethe und Corona Schröter aufgeflackert zu sein scheint. Da hatte Charlotte von Stein sogar solch einen Satz aushalten müssen: «Die Schröter kommt zu Mittage. Ich bin und bleibe einmal der Frauen Günstling, und als einen solchen mußt du mich auch lieben.»[188] Da scheint die geradlinige Charlotte Klarheit gefordert zu haben, und sie erhielt sie:

«Den Einzigen Lotte welchen du lieben kanst
Forderst du ganz für dich und mit Recht.
Auch ist er einzig dein.»[189]

Eine wichtige Etappe seines Weimarer Daseins war damit abgeschlossen, wie überhaupt diese ersten zehn Weimarer Jahre Abschlüsse brachten: Die Sturm-und-Drang-Jahre waren beendet, ehemalige Mitstreiter wie Lenz ließ Goethe zurück; eine Rüge Klopstocks zum Weimarer Leben und Treiben konterte er scharf; es folgte der Bruch mit Lavater und Jacobi. Nicht nur die Schwester Cornelia, auch Voltaire, Rousseau, Lessing, Diderot und Friedrich II., geistige Wegbegleiter und Repräsentanten einer Epoche, waren gestorben. Goethe hatte 1779 die Sesenheimer, in Straßburg Lili von Türkheim, die ehemalige Verlobte, besucht und Schlußstriche ziehen können. Erich Schmidt schrieb: «Seine teuren Toten, seine werten Entfernten, seine verblichenen Liebschaften, seine erblassenden Freundschaften, alle beerbt Frau von Stein.»[190]

Bis zur Italienreise 1786 verharrte die nun harmonische Beziehung auf dieser Höhe. Es bleibt für den Außenstehenden wohl unerheblich, ob es die ungetrübte Harmonie einer tiefen Seelenliebe oder das neue Glück eines gänzlichen, auch körperlichen Miteinanders war. Das letzte Geheimnis lüften zu wollen ist wohl ebenso anmaßlich wie vergeblich. Nach allem, was heute bekannt ist, muß ernsthaft bezweifelt werden, daß Goethe und Charlotte von Stein miteinander eine sexuelle Beziehung hatten.

Glück der Harmonie

Fest steht anderes: Ab 1781 scheint eine Steigerung der Liebesbeziehung, eine Weiter- und Höherentwicklung dieses Verhältnisses nicht mehr möglich. Wo Stagnation eintritt, ist der Anfang vom Ende vorgezeichnet. Was hätte noch eintreten, was noch vollzogen werden können?

Eine Ehescheidung war für die auf äußeren Ruf bedachte Baronin, für die auf Form und Konvention bedachte Hofdame nie ernstlich ein Thema; es wäre völlig gegen ihre Wesensart gewesen. Sie zählte zudem inzwischen 39 Jahre, Goethe dagegen stand mit 32 Jahren vor seinem besten Alter. Sein Lebenswerk, als selbstgefühlte Berufung, dominierte alle anderen Lebensäußerungen, eine Tatsache, die nach der Italienreise unmißverständlich klarwerden sollte.

Trotz allen Gleichklangs, ungeachtet des Glücks, des seligen Einvernehmens zwischen beiden, lassen sich erste, noch versteckte Spuren einer gewissen Ernüchterung schon bald nach 1782 ausmachen. Es finden sich in Goethes Briefen leise Untertöne, die Charlotte in ihrem Liebestaumel vielleicht überhörte oder möglicherweise auch nicht wahrhaben wollte. Von einer Reise in den Thüringer Wald und nach Ilmenau im Sommer 1781 schrieb Goethe einen Brief, der tief in seine Seele blicken läßt, sogar Andeutungen von «Flucht» und Ausbruch aus beengenden Verhältnissen enthält, mit denen sicher amtliche wie künstlerische Probleme gemeint waren. Goethe schrieb an Charlotte: «Ich sehne mich heimlich nach dir ohne es mir zu sagen, mein Geist wird kleinlich und hat an nichts Lust, einmal gewinnen Sorgen die Überhand, einmal der Unmuth, und ein böser Genius misbraucht meiner Entfernung von euch, schildert mir die lästigste Seite meines Zustandes und räth mir mich mit der Flucht zu retten; bald aber fühl ich daß ein Blick, ein Wort von dir alle diese Nebel verscheuchen kann.

Lebe wohl meine Liebste die Tage die ich von dir entfernt seyn muß. Gar sehr verlang ich nach einem Briefe von dir.

Jeden Abend grüs ich das röthliche Gestirn des Mars, das über die Fichtenberge vor meinem Fenster aufgeht, es muß dir über meinem Garten stehn und bald seh ichs mit dir an einem Fenster. Gute Nacht meine beste, entfernt von seiner Liebe ist nicht leben. (...) In sorglichen Augenblicken ängstigt mich dein Fus, und deiner Kinder Husten. Wir sind wohl verheurathet, das heist: durch ein Band verbunden, wovon der Zettel aus Liebe und Freude, der Eintrag aus Kreuz Kummer und Elend besteht. Adieu grüse Steinen. Hilf mir glauben und hoffen.»[191]

Im November 1781 erwarb Goethe eine Mietwohnung im Helmershausenschen Haus am Frauenplan, die er zu Ostern des folgenden Jahres bezog. «Der Ausgang durch den Garten», schrieb er schalkhaft an Charlotte, der ihn nach wenigen Minuten über die Ackerwand zu ihrem Domizil gelangen ließ, «ist nicht das geringste von den Annehmlichkeiten dieser Wohnung.»[192]

Unterirdisches Grollen

Trotz dieser erfreulichen Veränderung mehrte sich die Unzufriedenheit Goethes. In bezug auf den Herzog, der zu kostspielig lebe, notierte er für Charlotte, daß er nicht ewig der «Popanz» zu sein gedenke, trotz des Adelstitels, den ihm Carl August bei Kaiser Joseph II. im April 1782 verschafft hatte. Und immer wieder reflektierte er über ihre Liebe: «Es sind Vorstellungen die aus meiner Liebe aufsteigen, Gespenster die mir furchtbar sind, und die nur du zerstreuen kannst»[193], orakelte er am 18. Februar 1782. Und dazwischen entsteht ab und zu eines der schönen Gedichte, an denen diese Korrespondenz so reich ist, eine Botschaft für die Freundin, in der Goethe als Amor figuriert:

«Königen sagt man hat die Natur vor andern Gebohrnen,
Zu des Reiches Heil längere Arme verliehn.
Doch auch mir geringen gab sie das fürstliche Vorrecht,
Denn ich fasse von fern und halte dich Psyche mir fest.»[194]

An anderer Stelle klingt es wie ein Stoßseufzer: «Ich binn recht zu einem Privatmenschen erschaffen und begreiffe nicht wie mich das Schicksal in eine Staatsverwaltung und eine fürstliche Familie hat einflicken mögen.»[195] Ende 1782 tauchen wieder Formulierungen auf, die Charlotte von Stein hätten aufhorchen lassen müssen: «Fast mögt ich wünschen einmal durch fremde Lufft durchzugehen, und kann mich doch nicht von dir getrennt dencken.» «O liebe Lotte wenn ich dich nicht hätte ich ging in die weite Welt.»[196]

Diesem Wunsche, die mehr und mehr drückende Weimarer Welt hinter sich zu lassen, entsprach zunächst die zweite Harzreise, die Goethe vom 6. September bis zum 6. Oktober 1783 unternahm. Fritz von Stein, in dem Goethe die Geliebte sich nahe wußte, begleitete ihn und war Hauptgegenstand der täglichen Reisebriefe an die Daheimgebliebenen. Doch brachte auch diese einmonatige Fahrt nur wenig Erleichterung; am 26. November erbat sich Goethe von Charlotte «den Theil des Atlas worinne die Carten von Italien sich befinden».[197] Offenbar begannen die große Reise, die «fremde Lufft», «die weite Welt» in seinen Gedanken und Vorstellungen feste Konturen anzunehmen. Der Boden dazu war durch den italienbegeisterten Vater – ohne dessen Italienreise die des Sohnes nicht völlig zu erklären ist! –, durch eigene alte Sehnsüchte längst dazu bereitet. Charlotte merkte nichts; noch gut zweieinhalb Jahre glücklichen Miteinanders waren ihnen gegeben.

Andererseits machte es ihr Goethe auch schwer, fast unmöglich, Greifbares über seine ferneren Absichten und Pläne aus den Briefen herauszulesen. Auch im Gespräch muß er sich verschlossen gegeben haben, was Charlotte später, zu Recht, als Vertrauensbruch registrierte. Die Briefe sind unverändert erfüllt von Sehnsucht, Liebeswerben, Treueschwüren und Ewigkeitsbeteuerungen; diese Briefe der Jahre 1783/84 dürften die verliebte Frau von Stein in ihrem Gleichklang nicht ermüdet haben. Immer neue Formulierungen, immer andere Vergleiche beschwören die unsterbliche Liebe. «Meine Nähe zu dir fühl ich immer, deine Gegenwart verläßt mich nie», heißt es etwa am 17. Juni 1784 aus Eisenach. «Durch dich habe ich einen Maasstab für alle Frauen ia für alle Menschen, durch deine Liebe einen Maasstab für alles Schicksal.»[198] Das ist kaum zu überbieten. Nicht unerwähnt bleiben dürfen einige jener poetischen

Einsprengsel in der Korrespondenz, von denen zwei, in Eisenach am 23. Juni 1784 niedergeschrieben, erneut die Hineindeuter auf den Plan riefen:

«Was ich leugnend gestehe und offenbarend verberge
Ist mir das einzige Wohl, bleibt mir ein reichlicher Schatz
Ich vertrau es dem Felsen damit der Einsame rathe
Was in der Einsamkeit mich was in der Welt mich beglückt.»

Und:

«Felsen sollten nicht Felsen und Wüsten Wüsten nicht bleiben
Drum stieg Amor herab sieh und es lebte die Welt.
Auch belebt er mir die Höle mit himmlischem Lichte
Zwar der Hoffnung nur doch ward die Hoffnung erfüllt.»[199]

Noch lieber zogen die Vertreter der Ehebruch-These eine Briefpassage heran, die im Schreiben vom 23. Juli enthalten ist. Goethe notierte da, unter Bezug auf Charlottes Schwägerin Sophie von Schardt: «Sehr verlangt mich von der Kleinen und was sie dir vertraut zu hören. Nimm dich vor ihr in Acht laß sie ia keinen meiner Briefe sehen, sie ist im Falle alles zu mißbrauchen. Verschließe sorgfältig meine Blätter ich bin aus mehr als Einer Ursache sorgsam.»[200]

Seit Mai 1783 hatte Goethe den jüngsten Sohn der Freundin, den allseits geliebten Fritz, in seiner Behausung im Park aufgenommen. In ihm liebte er auch die Mutter, und diese vertraute dem Freund ihren Jüngstgeborenen an wie einem Gatten. So widerspiegelt die Goethesche Korrespondenz, wie in einem elterlichen Austausch, das Werden und Wachsen des zunächst Elfjährigen, werden seine Fortschritte beim Lesen, Schreiben und Zeichnen, seine Mutwilligkeit, sein nächtlicher Husten berichtet. Fritz, der Hausgenosse am Stern, wird im entscheidenden Jahr 1786, da der Dichter heimlich gen Süden flieht und Charlotte von Stein maßlos enttäuscht sein und hart reagieren wird, eine wichtige Rolle spielen.

Im Jahre 1785 mehrten sich die Anzeichen für Goethes Krisenstimmung. Ende April setzte eine wochenlange Depression ein, die mit Amtsüberdruß, künstlerischer Stockung und wachsender Spannung atmosphärisch und damit unklar genug beschrieben werden könnte. «Ich flicke an dem Bettlermantel», faßte es Goethe selbst, weit auslotbar, in ein Bild, «der mir von den Schulter fallen will.»[201] Eine zeitweilige Entspannung brachte der erstmalige Aufenthalt im böhmischen Karlsbad. Die Stein war vorausgereist, sorgte aber dafür, daß die Quartiere nicht allzuweit auseinanderlagen und gemeinsame Tafel gehalten werden konnte.

Im Oktober jedoch stellten sich die alten Bedrückungen bald wieder ein; «in einer Art Verzweiflung» befinde er sich, schrieb er an Charlotte, und weiter: «es will mir alle Lebensfreude ganz und gar ausgehen». Im November, da er im vorwinterlich-wolkenverhangenen Ilmenau weilte, folgte gar der trübselige Satz, an die schwere Krankheit des Sohnes der Freundin erinnernd: «Ich dencke mir den armen Ernst hier; es wäre ein Aufenthalt zum Erhängen.»[202] Im Brief vom 9. Juli 1786, kurz vor dem Aufbruch zur zweiten Karlsbad-Reise, formulierte Goethe dann jenen gewichtigen Satz an Charlotte, der seine Amtsmüdigkeit auf den Punkt brachte: «Denn ich sage immer wer sich mit der Administration abgiebt, ohne regierender Herr zu seyn, der muß entweder ein Philister oder ein Schelm oder ein Narr seyn.»[203] Goethe war nichts davon – und zog wenige Wochen später daraus die Konsequenz.

Die Flucht «vor Charlotte»

Die Wochen und Monate vor der Reise nach Böhmen 1786 verstrichen für Goethe in einer sonderbaren Stimmung. Die tödliche Krankheit Ernsts schritt unaufhaltsam voran, sein Fuß mußte «aufgemacht» werden, was Goethe um der leidenden Mutter willen und wegen des Betroffenen, den er in nächster Nähe hatte aufwachsen sehen, schwer bedrückte. Herder schien im Begriff, einem Rufe nach Hamburg zu folgen und dem ungeliebten Weimar damit endgültig den Rücken zu kehren, und der «Prophet» Lavater, von dem sich Goethe, sein ehemaliger Mitstreiter, inzwischen geistig weit entfernt hatte, besuchte die Residenz an der Ilm. «Er hat bey mir gewohnt. Kein herzlich, vertraulich Wort ist unter uns gewechselt worden und ich bin Haß und Liebe auf ewig los», schrieb er kalt und teilnahmslos an Charlotte. «Ich habe auch unter seine Existenz einen grosen Strich gemacht...»[204]

Der noch dickere «Strich» wurde ab dem 13. August 1786 in Karlsbad, lange vorbereitet, mit aller Entschlossenheit angesetzt. Der Diener Seidel, unterdessen im Weimarer Gartenhäuschen Fritz und Hausstand hütend, bekam unter dem Siegel absoluter Verschwiegenheit schriftlich genaueste Anweisungen, wie er sich bei des Herrn Außenbleiben diplomatisch zu verhalten habe. Charlotte, die zur gleichen Zeit mit dem die Flucht eiskalt vorbereitenden Goethe die Karlsbader Tage genoß, ahnte nichts. Auch hier blieb sich Goethe treu: «Er hat den Frauen, die er verließ, nie in die Augen sehen können», schrieb Burkhardt. «Eine Schwäche, die wir nicht unterschlagen wollen.»[205]

Bis Schneeberg begleitete Goethe am 19. August die heimwärts reisende Geliebte, die er lange nicht wiedersehen würde. Kein schonend vorbereitendes Wort, nicht die leiseste Andeutung kam über seine Lippen, was ihm Charlotte später schwer ankreiden sollte. Erst in den folgenden Briefen bis zur Abreise in den Süden flocht er einige nebulöse Formulierungen ein, die sie aber wohl nicht als Signale erkennen, geschweige denn deuten konnte.

So findet sich unter dem 23. August die Ankündigung, noch eine Woche bleiben zu müssen: «Und dann werde ich in der freyen Welt mit dir leben, und in glücklicher Einsamkeit, ohne Nahmen und Stand, der Erde näher kommen aus der wir genommen sind.»[206] Am 27. August folgt der Satz: «Eh ich von hier weg gehe schreib ich dir noch und hoffentlich mit freyer Seele, daß alles abgethan ist.» Am 2. September, «nachts eile», folgten die letzten Zeilen an sie aus Karlsbad, jetzt aber voller schwerer Ankündigungen, wie ein mit schwarzen Gewitterwolken verhangener Himmel; mit innerem Frösteln und Schaudern wird es Charlotte in Kochberg gelesen haben: «Morgen Sonntags d. 3ten Sept. geh ich von hier ab, niemand weiß es noch, niemand vermuthet meine Abreise so nah. Ich muß machen daß ich fortkomme, es wird sonst zu spät im Jahr. (...) Wenn du ein Packet oder eine Rolle von mir erhältst; so mache sie nicht in Gegenwart andrer auf, sondern verschließ dich in dein Kämmerlein. (...) ich will fort und sage auch dir noch einmal Adieu! Lebe wohl du süses Herz! ich bin dein.»[207]

Dieser Brief, aus Charlottes Sicht im nachhinein sicher als verlogen, heuchlerisch und unehrlich bewertet, markiert den Bruch, auch wenn der sich in den folgenden Monaten, noch ein letztes Mal, mühselig genug und nur oberflächlich kitten ließ. Er bedeutete das Ende dieser so tiefen, für beide so fruchtbaren, geistig und menschlich befördernden Liebesbeziehung. Goethe, das Genie, der erste Diener seiner künstlerischen Berufung, entwand sich rigoros, wenn auch unter Schmerzen, wieder einmal allen Zwängen, Einschnürungen und Bedrängnissen. Mit dem innerlich befreienden Italienerlebnis erreichte er in den folgenden 21 Monaten die beglückende Wiedergeburt als Künstler; mit neuer, erfrischter Schaffens- und Schöpferkraft, mit langfristigen poetischen und naturwissenschaftlichen Plänen und Ideen, gewachsen als Mann und Persönlichkeit, trat er ab 1788 in seine zweite, überreiche Lebenshälfte ein.

Die Katastrophe im Leben der Baronin von Stein

Ganz anders Charlotte; mehr und mehr wurde sie um eine Hoffnung ärmer; der glückliche Teil ihres Lebens war vorbei, und der Rest ihrer Tage sollte aus Trauer, Tragik, Trostlosigkeit bestehen.

Traumatisch war zunächst und vor allem das kommentarlose Ausbleiben Goethes. Diese Flucht begreift die 44jährige Frau als eine Flucht allein vor ihr, als einen tödlichen Treue- und Vertrauensbruch des geliebten Mannes. Es mußte für sie ein Wochen und Monate dauerndes Martyrium sein, auf untergründig hämische oder schadenfrohe Fragen nach dem Aufenthaltsort ihres Seelenfreundes mit unbewegter Miene schweigen zu müssen; eine Tortur für sie, fast ein halbes Jahr keine Nachrichten von ihm zu erhalten, die – das Leben dramatisierte noch zusätzlich – durch ein banales Versehen des Dieners Seidel nicht rechtzeitig in ihre Hände gelangten. Eine Pein für die alternde Frau, die Gewißheit zu erhalten, daß nach erfüllten, glücklichen Jahren, in denen allein ihr das uneingeschränkte Vertrauen des berühmten Dichters zufloß, der Zauber einer einmaligen Lebensliebe vorbei sei.

Ein zweiter Schlag war ihre zunehmende Migräne, die lähmende Gicht des Ehemannes Josias, der zusehends zum Pflegefall wurde. Und da war das traurige Siechtum des Sohnes Ernst, der unter den Augen der Mutter einem qualvollen Ende entgegengehen mußte.

Bei der Betrachtung von Charlottes Verhältnis zu den Söhnen stellte sich die Frage, warum sie Carl vom Tode des Bruders Ernst erst nach einem halben Jahr berichtete. Eine mögliche Antwort lautet, daß weder Gleichgültigkeit noch Gefühlskälte die Ursache waren – Charlotte von Stein war ganz einfach am Ende ihrer Kraft! Sie nahm diese Schicksalsschläge hin und hielt sie am Ende auch aus, aber sie wurde dadurch alt und resigniert, und ihr vorher schon spröder Charakter verhärtete sich zusehends.

Das kurze Nachspiel, das sich nach dem Bekanntwerden der Liaison Goethes mit Christiane Vulpius entwickelte, trug seinerseits zu dieser Ernüchterung bei; jahrelanges, eisiges Schweigen ersetzte nun die vormals innige, beredte Nähe.

Den auf- und abschwellenden Briefwechsel der Jahre 1787 bis 1788 zwischen Weimar und Italien braucht man hier nicht ausführlich darzustellen. Nach einem längeren Stillschweigen Charlottes erhält Goethe 1787 die ersten Zettel und knappen Briefe aus Weimar. Wir kennen diese Schreiben aus der Hand der verlassenen Frau nicht, doch verraten die Antworten aus Italien, daß sie voll waren von härtesten Vorwürfen.

Der im Süden zunehmend von überwältigenden Eindrücken und neuen Freunden Erfüllte bittet anfangs in beschwörenden Formeln und «fusfällig» um Vergebung, erinnert in immer neuen Wendungen an die ewige Liebe, fleht um Vergebung und Nachsicht für sein rücksichtsloses Handeln. Allmählich, wenngleich wohl nur äußerlich, scheint sich Charlotte beruhigt zu haben. Daß die fortschreitende Zeit und die weite Entfernung das Ihre zur leisen Lockerung der Beziehung beitrugen, ist ganz natürlich; daran konnte auch Goethes Tagebuch für die Freundin von Karlsbad bis Rom mit zahlreichen Zeichnungen und berichtartigen Briefen nichts ändern. Immerhin schien das zerrissene Band im Laufe des Jahres 1787 wieder notdürftig geflickt. Häufiger schrieb offenbar Fritz von Stein, was den geheimen Wünschen und bangenden Hoffnungen der Mutter sicher entsprach. Über die Korrespondenz mit dem Weimarer Freundeskreis wurden zusätzliche Grüße gewechselt, so daß Außenstehende alles in der Ordnung fanden.

Am 18. Juni 1788 traf Goethe wieder in Weimar ein. Der Empfang durch Frau von Stein war betont frostig. Besonders kränkend für Goethe war dabei die Tatsache, daß sich Charlotte ostentativ mit ihrem Hund «Luluchen» befaßte, wohl wissend, daß ihr Freund Hunde nicht sonderlich mochte; Goethe hat die Szene später literarisch verarbeitet.

Anfang September weilte der Italienrückkehrer mit einigen Freunden in Kochberg; erneut wurde er von der Baronin kaum beachtet, was ihn seinerseits immer kühler, zurückhaltender, ausweichender werden ließ.

Dazu kam ein weiterer, nun entscheidender Grund: Am 12. Juli 1788, so die Überlieferung, war Goethe im Park an der Ilm Christiane Vulpius begegnet, und es entwickelte sich rasch ein Liebesverhältnis zu dem hübschen, natürlich-festen und unkomplizierten Weimarer Bürgermädchen. Eckart Kleßmann hat kürzlich diesen Liebes- und Lebensbund beschrieben.[208]

Letzte Demütigungen per Post

Es wird wohl ewig das Geheimnis der beiden Verliebten bleiben, denen der Honigmond über dem einsamen Gartenhaus im Ilmpark schien, wie es ihnen gelang, ihr Zusammensein über Wochen und Monate geheimzuhalten. Pikanterweise erfuhr Charlotte davon erst Anfang 1789 durch ihren Sohn Fritz, der bei einem Besuch des Hauses am Stern Christiane darin wie selbstverständlich wirtschaften sah. Daß die standesbewußte Hofdame sich nun endgültig durch ein Bürgermädchen verdrängt sehen mußte, konnte sie niemals ver-

Christiane Vulpius in Goethes Wohnung im Jägerhaus. Zeichnung von Johann Heinrich Lips, 1791.

winden. Ihre Ahnungen, die sie seit Goethes heimlicher Flucht und seit der Lektüre seiner Italienbriefe und der dort entstandenen Werke geplagt hatten, fand sie nun auf das Schlimmste bestätigt; Goethe war in ihren Augen tief gesunken. Es folgten, ein letztes Mal, Vorwürfe und bittere Worte in einem Brief, bevor Charlotte von Stein zur jährlichen Kur abreiste.

Am 1. Juni 1789 antwortete Goethe:

«Ich dancke dir für den Brief, den du mir zurückließest, wenn er mich gleich auf mehr als eine Weise berührt hat. Ich zauderte darauf zu antworten, weil es in einem solchen Falle schwer ist aufrichtig zu seyn und nicht zu verletzen.

Wie sehr ich dich liebe, wie sehr ich meine Pflicht gegen dich und Fritzen kenne, hab ich durch meine Rückkunft aus Italien bewiesen. (…) Was ich in Italien verlaßen habe, mag ich nicht wiederhohlen, du hast mein Vertrauen darüber unfreundlich genug aufgenommen.

Leider warst du, als ich ankam, in einer sonderbaren Stimmung und ich gestehe aufrichtig: daß die Art wie du mich empfingst, wie mich andre nahmen, für mich äusserst empfindlich war. Ich sah Herdern, die Herzoginn verreisen, einen mir dringend angebotnen Platz im Wagen leer, ich blieb um der Freunde willen, wie ich um ihrentwillen gekommen war und mußte mir in demselben Augenblick hartnäckig wiederhohlen laßen, ich hätte nur wegbleiben können, ich nehme doch keinen Theil an den Menschen u.s.w. Und das alles eh von einem Verhältniß die Rede seyn konnte das dich so sehr zu kräncken scheint.

Und welch ein Verhältniß ist es? Wer wird dadurch verkürzt? Wer macht Anspruch an die Empfindungen die ich dem armen Geschöpf gönne? Wer an die Stunden die ich mit ihr zubringe?

Frage Fritzen, die Herdern, jeden der mir näher ist, ob ich untheilnehmender, weniger mittheilend, unthätiger für meine Freunde bin als vorher? Ob ich nicht vielmehr ihnen und der Gesellschaft erst recht angehöre. Und es müßte durch ein Wunder geschehen, wenn ich allein zu dir, das beste, innigste Verhältniß verlohren haben sollte. (...)

Aber das gestehe ich gern, die Art wie du mich bißher behandelt hast, kann ich nicht erdulden. Wenn ich gesprächig war hast du mir die Lippen verschloßen, wenn ich mittheilend war hast du mich der Gleichgültigkeit, wenn ich für Freunde thätig war, der Kälte und Nachlässigkeit beschuldigt. Jede meiner Minen hast du kontrollirt, meine Bewegungen, meine Art zu seyn getadelt und mich immer mal à mon aise gesetzt. Wo sollte da Vertrauen und Offenheit gedeihen, wenn du mich mit vorsätzlicher Laune von dir stießest.

Ich möchte gern noch manches hinzufügen, wenn ich nicht befürchtete daß es dich bey deiner Gemüthsverfassung eher beleidigen als versöhnen könnte. Unglücklicherweise hast du schon lange meinen Rath in Absicht des Caffees verachtet und eine Diät eingeführt, die deiner Gesundheit höchst schädlich ist.

Es ist nicht genug, daß es schon schwer hält manche Eindrücke moralisch zu überwinden, du verstärckst die Hypochondrische quälende Kraft der traurigen Vorstellungen durch ein physisches

Mittel, dessen Schädlichkeit du eine Zeitlang wohl eingesehn und das du, aus Liebe zu mir, auch eine Weile vermieden und dich wohl befunden hattest.

Möge dir die Cur, die Reise recht wohl bekommen. Ich gebe die Hoffnung nicht ganz auf daß du mich wieder erkennen werdest. Lebe wohl. Fritz ist vergnügt und besucht mich fleißig. Der Prinz befindet sich frisch und munter.»

Dieser Brief glich dem tiefen Schnitt eines Skalpells, das Goethe offen, mit Bedacht, ansetzte. Die Vorwürfe sind gezielt auf das innerste Wesen der Frau von Stein gerichtet, im Falle des «Caffees» auch so bewußt beleidigend, daß er, der sie kannte wie kein zweiter, davon ausgehen mußte, das Verhältnis damit endgültig und unwiderruflich aufgelöst zu haben.

Wir wissen heute, was Charlotte damals wohl noch nicht wußte: Christiane war schwanger. Auch unter diesem Gesichtpunkt ist manche Wendung dieses höchst merkwürdigen und seltsamen Briefes fragwürdig, so die vom «armen Geschöpf», so die Verwendung der Begriffe «Vertrauen» und «Offenheit».

Aus all dem steht zu vermuten, daß der am 8. Juni geschriebene Brief an Charlotte von Stein, der letzte an sie überhaupt für viele Jahre, nur noch eine bewußt hinterhergereichte zweite Demütigung darstellte. Beide Schreiben ließen ihr keine Antwort mehr zu; alle Brücken waren danach abgebrochen. Goethe schrieb:

«Es ist mir nicht leicht ein Blat saurer zu schreiben geworden, als der letzte Brief an dich und wahrscheinlich war er dir so unangenehm zu lesen, als mir zu schreiben. Indeß ist doch wenigstens die Lippe eröfnet und ich wünsche daß wir sie nie gegeneinander wieder schließen mögen. Ich habe kein größeres Glück gekannt als das Vertrauen gegen dich, das von jeher unbegränzt war, sobald ich es nicht mehr ausüben kann, bin ich ein andrer Mensch und muß in der Folge mich noch mehr verändern. (...)

Wen man die kalte, feuchte Sommerzeit, die strengen Winter bedenckt, wenn durch des Herzogs äusseres Verhältniß und durch andre Combinationen alles bey uns inkonsistent und folgenloß ist und wird, wenn man fast keinen Menschen nennen kann, der in seinem Zustande behaglich wäre; so gehört schon Kraft dazu sich aufrecht, in einer gewissen Munterkeit und Thätigkeit zu erhalten, und nicht einen Plan zu machen, der einen nach und nach loslösen könnte; wenn nun aber gar ein übles Verhältniß zu den Nächsten entsteht; so weiß man nicht mehr wohin man soll. Ich sage das so gut in deinem als meinem Sinne und versichre dich: daß es mich unendlich schmerzt, dich unter diesen Umständen noch so tief zu betrüben.

Zu meiner Entschuldigung will ich nichts sagen. Nur mag ich dich gern bitten: Hilf mir selbst, daß das Verhältniß das dir zuwider ist, nicht ausarte, sondern stehen bleibe wie es steht. Schencke mir dein Vertrauen wieder, sieh die Sache aus einem natürlichen Gesichtspuncke an, erlaube mir dir ein gelaßnes wahres Wort darüber zu sagen und ich kann hoffen es soll sich alles zwischen uns rein und gut herstellen.»[209]

Das darf man wohl angesichts der schwangeren Geliebten für blanken Zynismus halten, und Goethe kann niemals im Ernst geglaubt haben, nach den schneidenden Worten des Vorbriefes noch irgend etwas zurechtrücken zu können. Es war keinesfalls verwunderlich, daß Charlotte an den Rand von Goethes vorletzter Epistel nur noch ein entsetztes «O!!!» zu setzen vermochte. Sein Angebot zu geschwisterlicher Freundschaft, in einem ähnlichen Brief vor Jahren der Corona Schröter angeboten und von dieser akzeptiert, wurde von Frau von Stein endgültig ausgeschlagen.

Jahrzehntelanges Vernarben einer Seelenwunde
Jahre folgten, in denen man einander sorgsam mied – schon das ein fast unlösbares Problem in der kleinen Residenz. Noch komplizierter wurde es, wenn man bei Einladungen und anderen gesellschaftlichen Anlässen darauf bedacht sein mußte, denn beide verkehrten bei Hofe und in gleichen Bekanntenkreisen.

Erst Ende der neunziger Jahre begann sich ganz leise, ganz allmählich, ein neues Altersverhältnis herauszubilden. Eine zarte

Pflanze, wuchs diese neuerliche Beziehung nur unmerklich, und sie bedurfte der aufmerksamen Pflege von beiden Seiten. So wie Fritzens weitere Entwicklung lange Zeit wie ein dünnes Fädchen zwischen ihnen bestehen blieb, so spannen sich fast unmerklich über August, den heranwachsenden Sohn Goethes und Christianes, neue, zarte Gespinste gegenseitiger Anteilnahme.

Es bleibt eine der bewundernswerten Leistungen des «klassischen» Weimar, daß sich ein solch endgültig scheinender Bruch zwischen zwei Menschen, wenn auch spät und erst nach jahrzehntelangem Heilungsprozeß, in eine erneuerte Harmonie verwandeln konnte. Es kam langsam wieder zu gegenseitigen Besuchen, zu kleinen Aufmerksamkeiten und Geschenken. Man sprach, akzeptierte einander; gelegentlich aufflackernde Verstimmungen blieben im üblichen Rahmen. Goethes Dankschreiben auf die Geburtstagsglückwünsche der Frau von Stein vom 29. August 1826, ein Dokument menschlicher Größe und Weisheit, stehe abschließend und gleichermaßen symbolisch am Ende: «Neigung aber und Liebe unmittelbar nachbarlich-angeschlossen lebender, durch so viele Zeiten sich erhalten zu sehen, ist das allerhöchste was dem Menschen gewährt seyn kann. Und so für und für!»[210]

Bezeichnend für Charlottes zarte Rücksichtnahme gegenüber Goethe war ihr zu Lebzeiten geäußerter Wille, ihren Leichenzug nicht an des Freundes Haus am Frauenplan vorüberzuführen; zu gut kannte sie dessen Apprehension angesichts von Krankheit und Tod. Althergebrachte Sitte und die hohe gesellschaftliche Stellung der Dahingegangenen scheinen diesen ihren letzten Wunsch vereitelt zu haben.

Domizile

«Akkurat 20 Minuten brauch ich von ihrer Stube in meine...»

JOHANN WOLFGANG GOETHE

Dörfliche Residenz und verarmter Hofadel
Die Ärmlichkeit der Stadt Weimar und die Einfachheit der meist
ein- oder zweigeschossigen, schindelgedeckten Häuser gehörte zu
den äußeren Merkmalen der Residenz. Die gedrückte Enge Weimars fand erst allmählich, ab der Mitte des 18. Jahrhunderts, mit
dem Abriß des doppelten mittelalterlichen Mauerringes, der das
Häuser-, Hütten- und Scheunengewirr einschnürte, durch ein zunächst bescheidenes Wachstum Erleichterung. Die traditionell enge
Verflechtung von adliger und bürgerlicher Lebenswelt in der Stadt
war auch in der sozialen und Wohnsituation erkennbar. Wenn man
einmal absieht vom Schloßbereich, der, von der Ilm begrenzt, die
städtische Gemarkung nach Osten abschloß und wo sich das eigentliche höfische Leben innerhalb der Stadt abspielte, gab es
Wohnquartiere des Adels in allen Vierteln Weimars, ausgenommen
in der Jakobsvorstadt, wo sich die kleinbürgerliche und ärmere Be-
völkerung konzentrierte.

Es waren in aller Regel entweder ältere, oft noch aus der Re-
naissancezeit, seltener aus dem Barock herrührende, wenigstens
den Anschein von Repräsentanz aufweisende Bauten oder im 18.
und beginnenden 19. Jahrhundert neuerrichtete Häuser, in denen
sich die nobilitierten Familien einquartierten. Nicht wenige herzogliche Dienstwohnungen, die den weimarischen Hofangehörigen
und Beamten zur Miete zugewiesen wurden, lassen sich so beschreiben. Darüber hinaus gab es Wohnraum im Schloß, oder der
Adel besaß eigene Häuser in der Stadt.

Das Schardtsche Palais in der Nähe des Erfurter Tores war ein
solches Gebäude, das im Kern auf das 15. Jahrhundert zurückging,

von Charlottes Vater dann erworben und modern, das heißt barock, umgebaut wurde. Beispiele weiterer älterer Häuser in Weimar, die «gehobenen Wohnkomfort» aufwiesen, wie ihn der Adel erwartete, waren die als Wohngebäude genutzte Geleitschenke, in der einst der Kirchenlieddichter Salomo Franck wohnte, und der sogenannte Lutherhof, der seit 1492 bezeugt ist und in dem Johannes Daniel Falk nach den Befreiungskriegen sein berühmtes Waisenhaus einrichtete. Andere altehrwürdige Gebäude waren der Sächsische Hof, in dem die Grafen von Schwarzburg bei Weimar-Aufenthalten Quartier nahmen und in dem auch Goethe als Gast des Kammerpräsidenten von Kalb 1775 seine erste Unterkunft in der Stadt fand, sowie das Deutschritterhaus, einer der schönsten erhaltenen Renaissancebauten Weimars, den Herzog Carl August für seine Mätresse und Gattin linker Hand, Caroline Jagemann, spätere Freifrau von Heygendorff, erwerben und herrichten ließ.

Das Cranaehhaus, in dem die berühmte Malerfamilie Atelier und Wohnraum hatte, dann das sogenannte Löschhaus, schließlich das im Volksmund Palmenordenhaus genannte Gebäude, das Kotzebue- und das Brancohaus können gleichfalls dieser Kategorie zugeordnet werden. Poseckscher Hof, Frankescher Hof, Schallerscher Hof und die herzoglichen Jägerhäuser mögen diese Reihung stadtbekannter, renommierter Gebäude abschließen.[211]

Standesgemäßen und repräsentativen Wohnraum in der Stadt zu finden, der zugleich den mageren Geldkatzen der schlecht besoldeten Weimarer Hofkavaliere und Beamten entsprach, war angesichts dieser wenigen Quartiere durchaus nicht einfach. Bittere Klagen über den miserablen Zustand der Unterkünfte und über die mühselige, oft vergebliche Suche nach einem neuen, besseren Domizil sind in den Quellen häufig anzutreffen und ziehen sich bis in die Mitte des 19. Jahrhunderts.[212] Erst ab dieser Zeit entstanden in neuerschlossenen Wohnquartieren im Süden der Stadt jene von schattigen Alleen gegliederten Villenviertel, die noch heute deutlich den Charakter Weimars als einer beschaulichen Beamten- und Pensionärsstadt prägen.

Charlotte von Stein hat mit ihrer Familie immer privilegiert logiert. Ihre Kindheit verbrachte sie, wie bereits ausgeführt, in dem weiträumigen Haus ihres Vaters, das dieser 1743 großzügig und über seine Verhältnisse gehend hatte umbauen lassen und das seither als Schardtsches Palais bekannt war. Ein weitläufiger Garten erstreckte sich vor dem Gebäude bis zur angrenzenden Stadtmauer, der den Kindern gewiß ein geliebter Spielplatz war, von verschiedenen Obstbäumen bewachsen. Nach der Eheschließung bezog das frischvermählte Paar eine standesgemäße Stadtwohnung, die dem Baron von Stein als Hofbeamtem zugewiesen wurde.

Die standesgemäße Wohnung des Stallmeisters

Den einzigen Hinweis, wo diese Wohnung gelegen war, überlieferte Carl von Lyncker in seinen Erinnerungen, der als enger Spielgefährte der drei Steinschen Söhne in deren Wohnung ein- und ausgegangen war. Er habe als achtjähriger Knabe Goethe erstmals «in dem dermaligen Landschaftskollegialhause» kennengelernt, wo die Familie des nunmehrigen Oberstallmeisters seit 1764 gewohnt habe.[213]

Wilhelm Bode kommt das Verdienst zu, dieser sonst in Vergessenheit geratenen Steinschen Lokalität nachgespürt und die Zusammenhänge aufgedeckt zu haben. Erste Vermutungen, es habe sich bei dieser Wohnung um ein Quartier im ersten Stock des Geleitshauses gehandelt, stellten sich nach Lynckers Hinweis als irrig heraus. Das Gebäude am sogenannten Frankeschen Hof, direkt am heutigen «Kasseturm» gelegen, der ehemals mächtigen südwestlichen Eckbastion der Stadtbefestigung, ist vielmehr dasjenige, in dem Charlotte von Stein mit ihrer Familie dreizehn Jahre lang (von 1764 bis zum 14. November 1777) wohnte, wenn sie sich in der Stadt aufhielt.

Das Haus in der Kleinen Teichgasse war offensichtlich lange Zeit im Besitze vermögender Weimarer Bürger und gehörte zuletzt von 1775 bis 1778 dem als Bauherrn und Immobilienspekulanten bekannten Hofjäger Anton Georg Hauptmann, der seine beachtliche

Die erste Wohnung der Familie von Stein in der Kleinen Teichgasse.
Foto von Karl Schwier, um 1900.

Finanzkarriere als Hoflakai der Herzogin Anna Amalia begonnen hatte, dann Postmeister, Gastwirt und schließlich «Entrepreneur» («Unternehmer») wurde, stets in wieselflinker Art handelnd, wo er durch Bauen, Kaufen und Veräußern Gewinn witterte.

Hauptmann verkaufte das Haus 1778 für 5000 Taler an die «Landschaft», die darin ihre Akten sicher lagern wollte. Zu der Zeit wohnte in dem dortigen Quartier noch der Schatullverwalter des Herzogs Carl August, der später als Verleger und Unternehmer brillierende Friedrich Justin Bertuch, der sich zwischen 1780 und 1803 am sogenannten «Baumgarten» sein eigenes Wohn- und Produktionsgebäude errichten ließ, das, mit 90 Metern Fassadenbreite und einer großzügigen Fünfgliedrigkeit, das bedeutendste und größte klassizistische Bürgerwohnhaus Weimars wurde.

In der Teichgasse hatte Bertuch noch bescheidener gewohnt: für fünf Stuben, drei Kammern und Zubehör waren 85 Taler Jahresmiete zu entrichten. Vor Bertuch hatte der Obrist und Stadtkommandant von Laßberg, der Besitzer von Kleinkromsdorf, die Wohnung als städtische Bleibe inne; er wohnte dort zwanzig Jahre lang seit 1736.

Nicht der alte Laßberg, der ein einfacher, gutmütiger Mensch gewesen sein soll, sondern seine Tochter Christiane Henriette, kurz Christel gerufen, sorgte für Bekanntheit und Überlieferung des Familiennamens, indem sie sich, unglücklich verliebt, am 16. Januar 1778 in der Ilm das Leben nahm. Goethes Diener fanden das tote Mädchen am nächsten Morgen und brachten den Leichnam in das unweit entfernte Stiedenvorwerk, in das Charlotte von Stein und ihre Familie gerade umgezogen waren.

In das «Landschaftskollegienhaus» in der Teichgasse, das damals gewiß noch nach seinem Besitzer benannt wurde, zogen die jungvermählten Steins vermutlich 1764 ein. Das Haus lag günstig; es war für das Paar sogar ideal gelegen, denn es ist dem Elternhause der Charlotte direkt benachbart. Die Grundstücke, damals Gärten, stießen aneinander und besaßen eine verbindende Pforte. Damit übereinstimmend berichtete Fritz von Stein, daß die Gärten von Eltern und Großeltern aneinanderstießen und «ein Bassin» gehabt hätten.

Die Kinder der Steins verfügten somit über ein großes Reich; Lyncker überlieferte ja auch, daß sich die Spielkameraden von Carl und Ernst dort gern einfanden. Auch die Verbindung zwischen Charlotte und der geliebten Mutter Concordia war leicht herzustellen. Die enge wirtschaftliche Verzahnung beider Haushalte, damals nicht unüblich, läßt sich gut vorstellen; die gemeinsame Versorgung mit Lebensmitteln vereinfachte sich, bei Krankheiten war Hilfe sofort zur Stelle. Wenn Charlotte niederkam – Fritz wurde vermutlich in der Teichgasse geboren –, stand Mutter Concordia der Tochter zur Seite. Im übrigen trafen die Bedingungen, wie sie für das Schardtsche Palais beschrieben wurden, in etwa auch für das Wohnhaus der Steins zu.

Hier war es, wo Goethe zuerst mit Charlotte verkehrte, mit der Familie aß, an der Erziehung der Kinder Anteil nahm. Indes Charlotte 1776 in Bad Pyrmont kurte – Goethe mußte sich mit sehnsüchtigen Briefen an die ferne Angebetete begnügen –, versäumte er doch nicht, die Steinsche Wohnung in der Teichgasse aufzusuchen, wo er mit den «Grasaffen», wie er die Kinder liebevoll nannte, die Mahlzeiten einnahm und mit ihnen und den Hunden herumtollte. Am 5. Juli 1776 beispielsweise formulierte er in seinem Brief an Charlotte: «In deinem Zimmer schreib ich das. Habe mit den Gras affen gessen. Hudan und der kleine Lauf haben sich im Bassin gebadt und allerley Possen gemacht – hier siz ich auf deinem Canapee.»²¹⁴

Zweifellos ist das aus der Teichgasse geschrieben; auch Fritz erwähnte ja später das «Bassin», und die Liebe zu Hunden, Pferden, Vögeln war in der Familie des Oberstallmeisters selbstverständlich. Sie wird uns im Zusammenhang mit Charlottes Freizeitvergnügungen noch beschäftigen.

Selbst die Wegstrecke, die Goethe von seinem Gartenhaus bis zur Teichgasse zurückzulegen hatte, entspricht den Angaben im Briefwechsel: Am 10. November 1776 schrieb er an die Freundin: «Akkurat 20 Minuten brauch ich von Ihrer Stube in meine...»²¹⁵

Eine historische Fotografie vom Beginn unseres Jahrhunderts, aufgenommen vom Weimarer Fotografen Karl Schwier, zeigt, daß das Landschaftskollegienhaus zu dieser Zeit noch relativ gut im Stand war; einige schadhafte Putzstellen erhöhten eher noch die Romantik der efeubewachsenen Hausfassade. Bode schrieb denn auch: «Glücklicherweise steht das Gebäude noch, und es bietet dem Beschauer ein hübsches Bild. Freilich kann es weder der Photograph noch der Zeichner gut erfassen. Auf unserer Wiedergabe sehen wir im Flügel links im Obergeschosse die ehemaligen Wohnräume; sie lagen nach Süden und waren herrschaftlich; die Stuckdecken und manches Andere ist erhalten.»²¹⁶

Dem heutigen Betrachter schaudert beim Anblick der zusammengesunkenen Dachfirste; zerbrochene Ziegel, vermauerte Fenster, blinde Fensterhöhlen und vom Unkraut überwachsene Trep-

Heutiger Zustand des ehemaligen «Landschaftskollegienhauses».

pen sprechen eine deutliche Sprache: das Landschaftskollegienhaus, ein Stück Kultur- und Architekturgeschichte Weimars, ist
«entsiedelt», wie es im deutschen Beamtenjargon heißt. Gleich
einem Körper ohne Geist zerfällt es zusehends, indes im Innenhof
des ehemaligen Frankeschen Hofs, vor dem damaligen Wohnhause
der Laßbergs, der Bertuchs, der Steins, Tag für Tag ein buntes
Markttreiben herrscht, dessen Bild vietnamesische Händler bestim-
men.

Der Umzug ins ehemalige Stiedenvorwerk

Am 14. November 1777 zog die Familie von Stein in das heute nach
Charlotte benannte Haus am Eingang des Weimarer Parks um.
Hauptmann, der umtriebige «Entrepreneur», hatte es dort 1773 im
spätbarocken Stil als Husarenstall errichtet. Das Stiedenvorwerk,
wie das herrschaftliche Gebäude hieß, nahm im Erdgeschoß die

Pferdeställe der herzoglichen Husaren sowie in den Obergeschossen die dazugehörigen Futter- und Sattelkammern auf. Im ersten Obergeschoß des Hauses wurden 1777 zwei Wohnungen eingebaut, die die Familie des Oberforstmeisters Otto Joachim Moritz von Wedel und des Oberstallmeisters Josias von Stein aufnahmen, zunächst aber wohl mehr den Charakter von Sommerwohnungen hatten.

Goethe, der als Mitglied der herzoglichen Baukommission starken Anteil an der Gestaltung der Wohnungen nahm, vor allem natürlich der Steinschen, bezog am 2. August 1779 im benachbarten Hause Seifengasse 16 (das 1680 errichtet worden war) ein eigenes Quartier. Dessen niedrige Zimmer im Dachgeschoß lagen unmittelbar benachbart zu den Wohnräumen der Familie Stein; sie waren – obwohl zwei separaten Häusern zugehörig – durch eine Tür mit eben dieser Steinschen Wohnung verbunden.

Bis zum 2. Juni 1781 hatte Goethe diese Wohnung inne, die er vorwiegend als Winterabsteige genutzt haben soll. Das Faktum der ominösen Tür sollte nicht überinterpretiert werden, obschon sie zu einer Zeit nutzbar war, da sich das Verhältnis Goethes zu Charlotte merklich veränderte und von Herzlichkeit gekennzeichnet war.

Goethe hat die Einrichtung der Wohnung für die Familie des Oberstallmeisters engagiert mitbetrieben. Anfang Februar 1777 scherzte er im Brief an Charlotte, er habe nun wieder «eine Puppe», womit er «spielen» könne: «Eine Wohnung für Sie! – Wir waren Heut all auf der Sattelkammer», und «ich sinne schon auf Einrichtungen davon nur einige nicht recht gehen wollen.»[217]

Die Stein befand sich im Winter zeitweilig auf ihrem Gut in Kochberg, weilte dann wieder in der Teichgasse, indes Goethe die Bauarbeiten am Husarenstall vorantrieb; Mitte März – die Maurer begannen in der frostfreien Zeit zu arbeiten – erbat er von der Freundin «etwas das ich in Ihrem Nahmen in Grund legen kann», was er auch erhielt und einmauern ließ. Zur gleichen Zeit liefen die Umbauarbeiten an seinem eigenen Haus im Park, dem heutigen Gartenhaus.

Im August 1777, kurz vor seiner Abreise nach Eisenach, berichtete Goethe an Charlotte: «Ich hab noch heut früh die Farben in Ihre Zimmer ausgesucht, mit grün und grau gewechselt, und ein einzigs, das Besuch Zimmer Paille machen lassen. Es wird lichter dadurch.»[218]

Am 12. November 1777 war es dann soweit, nachdem der Hofmaler Johann Ehrenfried Schuhmann sein Werk beendet hatte: «Liebste Frau heute Kommt Schuhmann aus dem neuen Haus, morgen Mittag ist alles gescheuert, hoff ich. Der Windofen wird in der Kinder Stube in wenigen Stunden stehn und das Küchelgen also zum Einräumen bereit seyn. Den Heerd lass ich stehn er hindert wenig. Machen Sie sich also zum Aufbruch bereit. Ich dächte Sie fingen gleich heute an eben den Vorrath und so weiter einzuräumen. Liessen heute Nacht Wencken drinne schlafen dass er die Schlüssel zu sich nähme, und was transportirt wird in Empfang nähme, führen morgen mit Einräumen in die Stuben wie sie sauber werden fort, und könnten also auf den Freytag selbst einziehen. Ist dies Ihr Wille so schreiben Sie mir, oder was Sie wollen. So will ich noch heute früh zu Ihnen kommen und wir wollen alles abreden. Einen Windofen in Ihr grün Zimmergen können Sie immer noch haben.»[219]

Zwei Tage später erfolgte der Umzug der Steinschen Familie. Das Haus wurde neben dem Schloß Kochberg Mittelpunkt des Familienlebens, und 1798 wurde hier mit großem Pomp auch die Dreifachhochzeit des Sohnes Carl, von dessen Schwägerin und Schwager gefeiert. Herzog Carl August, obwohl erkrankt, ließ es sich nicht nehmen, dabeizusein, und wurde eigens in einer Sänfte herbeigetragen. Bis zu ihrem Tode im Jahre 1827, also ein halbes Jahrhundert lang, hat Charlotte von Stein in diesem Hause gewohnt, ausschließlich ab 1794, nachdem Carl das Gut Kochberg übernahm.

Nach dem Tode ihres Mannes und dem endgültigen Weggang der Söhne hat sie einige Räume der nun zu groß gewordenen Wohnung an Untermieter abgetreten, so zum Beispiel an die unvermählte Hofdame von Staff, mit der sie sich gut verstand und die in ihren Briefen als «Stäffchen» erscheint.

Haus der Familie von Stein. Anonyme Tuschzeichnung, nach 1804.

Auch der Nachbar Wedel war im Jahre 1794 verstorben. Die Husarenpferde im Erdgeschoß verschwanden mit dem Tode des Josias gleichfalls, ein «Traiteur» schlug zwischenzeitlich sein Lokal auf, und nach dem Einzug der Zarentochter Maria Paulowna 1804 in Weimar, die den Erbprinzen Carl Friedrich geheiratet hatte, sollte für sie, die Großfürstin, die russisch-orthodoxer Konfession war, eine kleine Kapelle an passendem Ort geschaffen werden. Dafür wurde dieses herzogliche Gebäude ausgewählt, dessen Erdgeschoßräume entsprechende Umbauten erfuhren. Alte Fotoaufnahmen zeigen noch die Eingangstür zur «Griechischen Kapelle» in der parkseitigen Fassade des Hauses.

Eine zeitgenössische Zeichnung Fritz von Steins (?) illustriert die sommerliche Idylle des leicht abschüssigen Vorplatzes; zahlreiche große Pflanzkübel, gleichmäßig vor der südlichen Hausfront plaziert, mit Orangenbäumen bepflanzt, vermittelten eine italienische Atmosphäre und spendeten angenehmen Schatten. Sie überwinterten in der Orangerie Belvedere und kamen im Mai an ihre Standorte vor dem Haus zurück. Die quadratischen Steinquader vor dem

Das «Haus der Frau von Stein» heute.

Haus dienten als erhöhte Standflächen für diese großformatigen Kübel; die von einigen Weimarern verbreitete Mär, diese Blöcke hätten den zum Ritte aufsitzenden «reifrockbewehrten» Damen des Hofes als Steigbügelhilfen gedient, mag wohl gut erfunden sein, ist aber in das Reich der Fabel zu verweisen.

Vielfach überliefert ist dagegen, daß die alte Charlotte von Stein sommers gern unter diesen Orangenbäumen saß, um mit der Großherzogin Louise, die oft zu Besuch kam, mit «Stäffchen» oder ihrer späteren Nachbarin, der Hofdame Gräfin Henckel, und anderen Freunden und Bekannten ihren Nachmittags- oder Abendtee zu genießen.

Nach dem Tode der Charlotte von Stein 1827 zog die Familie des Geheimen Legationsrats Ottokar Thon in ihre Wohnung, dessen Gattin eine Tochter des Bergrats Johann Gottfried Kirsten war, eines der in Weimar stadtbekannten «Ratsmädels». Deren Tochter Therese heiratete 1854 den später berühmten Verleger Hermann Böhlau. Diese Therese erinnerte sich noch 1910 daran, daß sich in der elterlichen Wohnung im damals so benannten «Kavaliershaus am Stern», dem heute nach Charlotte benannten Gebäude, ein «historischer Wandschrank» befand, der heilig gehalten wurde, weil «an dessen Innenseiten noch Bleistiftnotizen der Frau v. Stein standen über Bücher, die sie an Goethe verliehen hatte.»[220]

Das Gebäude wird heute noch als Wohnhaus und die Mansarde als romantisch-gastfreundliches Fremdenlogis genutzt. Der schöne delphingeschmückte Sandsteinbrunnen vor dem Haus stand ursprünglich auf dem Frauenplan und war eine Stiftung der Großherzogin Maria Paulowna. Er wurde 1859 vor das Haus der Frau von Stein umgesetzt, weshalb der ursprünglich an dieser Stelle stehende Muschelbrunnen einen neuen Standplatz in der Stadt erhielt.

Neben dem Weimarer Haus der Familie von Stein ist die bekannteste Erinnerungsstätte an Charlotte das Schloß Kochberg in Großkochberg bei Rudolstadt, das alte Familiengut der Steins. Etwa 36 Autokilometer von Weimar, ungefähr zwölf von Rudolstadt entfernt, malerisch gelegen vor den weit und weich geschwungenen bewaldeten Hügeln des Spaals, die sich in Richtung Saalfeld ziehen, beherrscht das alte Steinsche Schloß, umgeben von einem Burggraben mit fischreichem, kristallklarem Wasser, die Silhouette von Großkochberg, wenn man, aus Teichel kommend, in den Ort einfährt. Auch der niedrige Kirchturm, etwas abwärts gelegen, muß sich hier unterordnen. Mit dem Auto kann der heutige Besucher in vierzig Minuten von Weimar nach Großkochberg fahren, wenn es der Straßenverkehr zuläßt.

Es gibt zwei Wege von Weimar nach Großkochberg, einen über Blankenhain, den anderen, romantischeren, nur unwesentlich längeren über Kranichfeld und Tannroda. Beide führen über Teichel, von wo aus man die Kalksteinhügel aufwärts geleitet wird.

Beide Strecken gewähren herrliche Ausblicke über Teile des Thüringer Waldes: die Schönheiten des Ilmtales, aus dem man hinter Bad Berka bzw. Kranichfeld herausfährt, und die nicht weniger reizvollen Nebentäler des Saaletales, in die man hineinfährt – der Charme der Landschaft erschließt sich so recht freilich nur dem Wanderer, wie Goethe einer war.

Goethes Vierstunden-Wanderung

Am 12. Juni 1777 – es war ein Sonnabend – in der Frühe um acht
Uhr schrieb Goethe aus Kochberg an die im Kuraufenthalt befindliche Charlotte: «Mir ists diese Woche in der Stadt wieder sehr wunderlich gangen ich habe mich gestern heraus geflüchtet, bin um halb
sechs zu fuß von Weimar abmarschirt und war halb 10 hier, da alles schon verschlossen war und sich zum Bett gehn bereitete. Da ich
rief ward ich von der alten Dorthee zu erst erkannt und mit grosem
Geschrey von ihr und der Köchinn bewillkommt. Kästner kam auch
mit seinem Pfeifgen herab und Carl der den ganzen Tag behauptet
hatte ich würde kommen, Ernst der schon im Hemde stand zog sich
wieder an, Fritz lag schon im Schlafe. Ich tranck noch viel Selzer
Wasser wir erzählten einander unsre Wochen Fata...»[221]

Mehreres ist aus dieser so alltäglichen Briefstelle zu folgern.
Goethe bewältigte die Strecke, die heute über zumeist nicht mehr
bekannte oder kaum mehr vorhandene Marktwege der Bauern
führte, in vier Stunden. Auch wenn sie einige Kilometer weniger
umfaßte als die heutige Bundesstraße zwischen Weimar und Kochberg, bleibt es, bergauf, bergab, eine für den jungen Brausekopf typische sportliche Leistung.

Indes war diese Wanderung keine so epochemachende Anstrengung wie etwa die Besteigung des winterlichen Brockens im Dezember 1777 oder die Aufstiege zum Ätna und Vesuv während der
Italienreise. Zu Fuß wurde oft und auch weit gelaufen zur damaligen Zeit, privat wie professionell. Zwischen Weimar und Jena zum
Beispiel verkehrten Botenfrauen, die die zwanzig Kilometer umfassende Strecke, zusätzlich beladen mit etwa fünfzig Pfund Gepäck,
hin und zurück an einem Tage bewältigten.[222]

Charlotte von Stein schrieb einmal an Knebel, ihre Schwiegertochter Amélie sei zu Fuß nach Weimar gelaufen, um von den Feierlichkeiten beim Einzug der Zarentochter Maria Paulowna einiges
zu erhaschen. In diesem Falle wurde das Laufen wahrscheinlich
vom Geldmangel diktiert; der Gutsherr mag selbst unterwegs gewesen sein, und ein zweites Gefährt war in der Kochberger Wirt-

schaft nicht zu finanzieren, vielleicht standen auch keine Zugpferde zur Verfügung.

Doch zurück zu Goethes Brief vom Juli 1777: halb zehn des Abends – es ist Sommer und noch hell – liegen die Kinder schon im Bett; Fritz, der jüngste, schläft bereits; ihn hat das Spielen in der frischen Landluft, im weitläufigen Schloßgelände, das für Kinder Hunderte von abenteuerlichen Winkeln bereithält, wohl ermüdet; der zehnjährige Ernst, der «schon im Hemde stand», wird vermutlich auch gespielt haben, hatte vielleicht auch eine Unterweisung des Hofmeisters über sich ergehen lassen müssen. Carl, mit zwölf Jahren der älteste der Brüder, befand sich mit Sicherheit unter der Aufsicht Kästners und wurde darüber hinaus wohl zu praktischen Verrichtungen im Gutsbetrieb herangezogen.

Großkochberg, so malerisch es in die reizvolle bergige Landschaft eingebettet liegt, war 1777 ein kleines, ärmliches, abgelegenes Dörfchen mit etwa 300 Seelen; nur ungefähr siebzig Gebäude umfaßte der Ort. Wie von Goethes Zeichnungen überliefert ist, waren es wenig ansehnliche, kümmerliche Holzbauten von einfachster Konstruktion, typisch für eine thüringische Dorfsiedlung des 18. Jahrhunderts.

Ein abends müde eintreffender Wanderer in städtischer Kleidung, der nicht mit einer ratternden Kutsche und auch nicht auf einem Klepper eintraf, war im damaligen Kochberg gewiß ein kleines Ereignis. Wenn dieser durstige Wandersmann zudem kein Geringerer als Goethe war, Freund des Herzogs und fast Familienmitglied des Steinschen Clans, so mußte er freilich «mit grosem Geschrey» empfangen werden.

Nicht nur zu den Kindern, auch zu den Kochberger Bediensteten, zur alten Magd Dorthee, zur Köchin, zum Hofmeister und «Pageninformator» Johann Friedrich Kästner hatte der Ankömmling ein herzliches Verhältnis, denn es wurden die «Wochen Fata» ausgetauscht. Natürlich spielte der mündliche Austausch, das Erzählen von Neuigkeiten in jenen Zeiten eine andere Rolle als in unserem informationsübersättigten Dasein. Damals galt gesunde Neugier als waches Interesse; wer etwas zu erzählen hatte, dem hörte jung und alt gespannt zu.

Nicht Bier oder Wein kam auf den Tisch, sondern einfaches «Selzer Wasser» löschte den Durst. Das Steinsche Gut warf wenig ab, man lebte bescheiden, was im übrigen für große Teile des Weimarischen Adels galt und zum besonderen Fluidum der Residenz unmerklich, aber nachhaltig beitrug.

Charlotte von Stein, die natürlich nicht zu Fuß, sondern im Sommer mit einer Kutsche, im Winter mit einem Schlitten in einer etwa dreistündigen Fahrt von Weimar nach Kochberg reiste, lebte hier vor allem in den wärmeren Monaten. Dieses Refugium ermöglichte ihr den zeitweiligen Rückzug aus dem anstrengenden höfischen Treiben der Residenz. Das in Teilen bis ins 12. Jahrhundert zurückgehende Burggemäuer, umgeben von einem fischreichen Wassergraben, bot angenehmen Aufenthalt nur in der Sommer- und Herbstzeit.

Das romantische Wasserschloß

Die Wasserburg hatte im Laufe der Jahrhunderte schon zahlreiche Um- und Anbauten erfahren. Ein Adelsgeschlecht derer von Schönfeld, das den gesamten Kochberger Besitz 1580 erwarb, wandelte die Burg in eine Schloßanlage um. Der Renaissance-Westflügel wurde neu errichtet, der Ostflügel und der älteste Bereich des Bauwerks, das sogenannte «Hohe Haus», erhielten untereinander Verbindung und ein Treppenhaus.

Im Jahre 1733 kam das Rittergut in Steinschen Besitz. Charlottes Schwiegervater, 1739 verstorben, einst kaiserlicher Gesandter beim Reichstag zu Regensburg, erwarb die Gutsherrschaft mitsamt dem Schloß. Der Kaiserliche Reichshofrat Friedrich Christian Ludwig von Stein, erst 1731 in den Freiherrenstand erhoben, kaufte damit eine Feudalherrschaft, zu der neben dem Rittergut noch die Ortschaften Groß- und Kleinkochberg sowie die Vorwerke Clößwitz, Studnitz, Kuhfraß u. a. zählten. Männer, Zinsen, Renten, Pflichten, Jagden und die Patrimonialgerichtsbarkeit gehörten zum «Mannlehen» der Steins, das im Herzogtum Sachsen-Gotha, seit 1826 im Herzogtum Sachsen-Meiningen gelegen war.

Das Schloß, mit dessen barockem Umbau bereits die Schönfelds begonnen hatten, war 1733, zum Zeitpunkt des Verkaufs, noch nicht fertig. Der Weimarische Landbaumeister Gottfried Heinrich Krohne, dessen große Baukunst sich an den Schlössern Belvedere und Ettersburg bei Weimar, am Rokokoschloß Dornburg bei Jena und an der Innenarchitektur der Rudolstädter Heidecksburg ablesen läßt, baute in den Jahren 1731 bis 1732 auch am Kochberger Wasserschloß. Der Freiherr von Stein setzte den Umbau fort und ließ vor allem im Innern Verbesserungen und Verschönerungen vornehmen, um die Wohnlichkeit des Gebäudes und der Zimmer zu verbessern.

. Der Treppenturm, der das «Hohe Haus» und den Ostflügel verband, mußte 1756 wegen Baufälligkeit bis auf die untersten zwei Geschosse abgetragen werden. Der älteste Sohn des kaiserlichen Gesandten, der am 15. März 1735 in Regensburg geborene Gottlob Ernst Josias Friedrich von Stein, übernahm nach seiner Volljährigkeit das immer noch baubedürftige Schloß mitsamt dem Rittergut. Über die Mutter des Freiherrn, die Schwiegermutter der Charlotte, eine geborene Rothenhan, ist kaum etwas überliefert.[223]

Goethe weilte am 6. Dezember 1776, ungefähr einen Monat nach seiner Ankunft in Weimar, zu Besuch in Kochberg; ein Eintrag auf der Schreibplatte des von ihm genutzten Sekretärs im Schloß berichtet davon. Vom Anfang Januar 1776 datiert sein erster Brief an Charlotte von Stein. Infolge des bald inniger werdenden Verhältnisses mit der Oberstallmeisterin weilte der Dichter in diesen ersten Weimarer Jahren häufig als Besucher in Kochberg.

Irgendwann in den Monaten Juni bis August 1777, anläßlich eines Aufenthaltes bei den Steins, entstand dann jene bekannte tuschlavierte Bleistift- und Federzeichnung von der Nordwestecke des Kochberger Schlosses[224], die den auch damals schadhaften baulichen Zustand des Gebäudes belegt. Der abgebildete Flügel, gesehen vom Park über den Wassergraben, weist am Dachansatz mehrere

194

Schloß Groß-kochberg. Blei-stift- und lavierte Tuschzeichnung von Johann Wolfgang Goethe, 1777.

große Risse auf; auch die Fassade scheint in keinem guten Zustand zu sein.

Goethe mußte damals noch über einen hohen Steg oder eine Zugbrücke an der Ostseite des Schlosses gehen, um ins Innere zu gelangen. Erst Charlottes Sohn Carl, der nach des Vaters Tod Gebäude und Gut übernahm, veränderte erneut viel. Er schuf an der Südseite der Schloßanlage eine massive Steinbrücke über den Wassergraben, ließ 1820 eine neugotische Laube vor die Renaissancefassade des Westflügels blenden, von der aus ein überdachter Holzbau zum Liebhabertheater führt, das Carl von Stein um 1800 aus einem etwa seit 1740 stehenden barocken Gartenhaus gestaltete. Schloß und

Park sowie Liebhabertheater sollten nach dem Vorbild Weimars einen musischen und geselligen Anziehungspunkt bilden, der in der Tat zu Lebzeiten Carl von Steins und seiner liebreizenden Frau Amélie immer wieder Gäste aus der Weimarer Residenz und aus Rudolstadt in den ländlichen «Musensitz» lockte. Mit welcher Originalität, mit welchem Engagement und mit welchen kreativen Einfällen der doch eigentlich von Existenznöten gedrückte Schloßherr sein familiäres «Liebhabertheater» aufzog und am Leben erhielt, beschrieb Heidemarie Förster-Stahl; bis zum Jahre 1994 führt ihre Geschichte, die beweist, daß das kleine Schloßtheater, kompetent und klug geführt, über Jahrzehnte einem hohen künstlerischen Anspruch folgte und sich dadurch einer großen Beliebtheit erfreute.[225] Carl von Steins Traditionen waren damit bis in die unmittelbare Gegenwart vorbildlich gepflegt worden.

Der bauliche Zustand von Schloß Kochberg und des Liebhabertheaters, wie ihn Carl von Stein bis etwa 1830 geschaffen hatte,

Das Schloß Großkochberg im heutigen Zustand.

wurde im wesentlichen bei der umfassenden Rekonstruktion der Gebäude in den Jahren ab 1968 wiederhergestellt. So gut erhalten wie seither war das Schloß seit dem 16. Jahrhundert wohl nie. Aufopferungsvoll und mit bewundernswertem Einsatz haben die Kochberger, die Bauarbeiter der damaligen Nationalen Forschungs- und Gedenkstätten, der Kustos und seine Frau sowie ungezählte Helfer und Mitarbeiter in zehn Jahren Hervorragendes und Bleibendes geleistet. Es war «ihr» Schloß, an dem sie bauten, und es ist nicht zuviel behauptet, wenn man sagt, daß hier das Lebenswerk manch eines Beteiligten vollbracht wurde.

Charlottes Wohnräume lagen zu der Zeit, da sie Gutsherrin war, im Ostflügel und waren damit der freiherrlichen Gerichtshalterei im Westflügel benachbart. Während nach der Familienüberlieferung der Steins der zu Besuch weilende Dichter und Hausfreund im sogenannten Goethezimmer gewohnt haben soll, in dem sich auch noch viele originale Sachzeugen aus der Zeit von 1775 bis 1788 erhalten haben – so zum Beispiel der berühmte erwähnte Schreibtisch –, sind Gegenstände aus dem Besitz von Charlotte nur sehr vereinzelt und verstreut anzutreffen. Das hat mit der Nutzung des Gebäudes durch die Familie Carl von Steins und der endgültigen Verlegung der Wohnung Charlottes nach Weimar zu tun. Im «Blauen Salon» gehörten zu Charlottes Umgebung sicherlich einige barocke Stühle und eine gepolsterte Sitzbank sowie das schöne Schachtischchen mit den Elfenbeinfiguren. Es taucht vielleicht bereits auf dem Schattenriß auf, der eine Schardtsche Familienszene darstellt. Auch die wie Bücherschränke aussehenden Kastenmöbel sind wohl aus Charlottes Kochberger Zeit.

Wertvollstes und erinnerungsträchtigstes Stück im «Roten Salon», dem Gesellschaftszimmer der Steins, ist der zierliche Damenschreibtisch, der nach Goethes Entwürfen vom Weimarer Hoftischler Johann Franz Andreas Preller gefertigt wurde und ab Herbst 1779 im Steinschen Hause an der Ackerwand am Weimarer Park seinen Platz fand. Jahrzehnte später gelangte er zurück nach Kochberg, wo er, allen Verkaufsambitionen der späteren Nach-

«*Der Bauherr und seine Gesellen*». *Ölgemälde vermutlich von Carl von Stein, um 1825.*

kommen Charlottes zum Trotz, sich bis zum heutigen Tage als originales Möbel erhalten hat. Auch der bemalte Ofenschirm, mit grüner Leinwand bespannt und ein ländliches Motiv zeigend, könnte von Goethes Hand und ein Geschenk an die Hausfrau gewesen sein, das sie Anfang der achtziger Jahre erhalten haben mag. Das sich anschließende Kaminzimmer ist museal ausgestaltet und erinnert an die Baronin; den originalen Zustand eines von ihr bewohnten Raumes gibt es verständlicherweise nicht mehr.

Charlotte, die den Landsitz ihres Mannes nach dessen Tod und dem Weggang der Kinder viel seltener besuchte, nutzte zu ihrer Zeit noch den barocken Garten. Sohn Carl ließ auch den ab 1797 zu einem Landschaftspark umgestalten. Carls teilweise einschneidende Veränderungen in Kochberg hat die Mutter oft genug nicht gutgeheißen. An Fritz schrieb sie beispielsweise am 12. November 1803: «Carl zerarbeitet sich in nichts, befriedigt alle seine Phantasien, schmeist sein Geld zum Fenster hinaus...»²²⁶

Eine Aquarellzeichnung, vermutlich um 1825 von Carl geschaffen, zeigt Schloß Kochberg mit den baulichen und funktionellen Veränderungen, die er veranlaßt hatte (vgl. S. 105).

Spuren der Steins in Großkochberg

Ist man in Großkochberg auf Spurensuche nach Überlieferungen der Steinschen Existenz, so stößt man zunächst auf der Straße an den Dorffriedhof, der – kommt man aus Teichel – rechts der Straße gelegen ist. Zwei Grabfelder mit großen Kreuzen, zwischen alten knorrigen Bäumen, bezeichnen die Plätze, wo die Nachfahren von Charlotte zur letzten Ruhe gebettet wurden: Sohn Carl, der 1837 starb, ist darunter, seine Gattin Amélie und ihre Nachkommen Karl Wilhelm Felix, der das Gut seit 1860 bewirtschaftete, und Karl Felix, der letzte Steinsche Erbe auf Schloß Kochberg.

Danach lenkt man seine Schritte in die Dorfkirche, die dem heiligen Michael ihren Namen verdankt. Äußerlich unscheinbar, offenbart sie im Innern eine reiche künstlerische Ausstattung, die für eine thüringische Dorfkirche eher untypisch ist. In den Ursprüngen bis etwa auf das Jahr 1200 zurückgehend, ist sie in der 2. Hälfte des 15. Jahrhunderts spätgotisch umgebaut, 1685 und 1688 erneut verändert worden, wobei die bemalten Holztonnen entstanden. 1717 kam der beschieferte kurze Helm auf den Turm, im 18. Jahrhundert wurden die Emporen eingebaut.

Herausragendes Ausstattungselement ist der prächtige geschnitzte Altar, der um 1500 in einer Saalfelder Werkstatt entstand. Im Mittelschrein zeigt er Maria mit dem Kind und dem heiligen Michael, flankiert von den Heiligen Ursula und Bartholomäus. Hinter dem Altar befindet sich die abgesonderte Empore mit Wappentafel, die eigens für die Herrschaften eingebaut worden war; die

Steins konnten sie über eine separate Holztreppe betreten, die außen emporführte.

Josias, von einer geradezu ängstlichen Gottesfurcht beseelt, wird auf dieser Empore oft gebetet haben, wenn er in Kochberg weilte. War der Altarschrein aufgeklappt, sahen die dahintersitzenden Steins die Gemälde, welche sich auf den Außenseiten der Flügel befinden. Das rechte Bild zeigt den Heiligen Michael als Seelenwäger: ein einzelnes, rechtschaffenes Mädchen wiegt schwerer als ein ganzes Gewimmel von Hörner- und Fabelwesen auf der anderen Waagschale. Es will scheinen, als sei dieses Gleichnis, das auch Charlotte von Stein vor Augen hatte, so recht auf sie selber zu beziehen. Ihr Leben war von selbstverständlicher Pflichterfüllung gegenüber Mann und Kindern, von Arbeit und schwerem Leid erfüllt, das sie mit Würde und Fassung zu tragen verstand.

Beim Verlassen des Kirchhofs bewundere man die alte, wuchtige Linde vor dem Gotteshaus. Dieser stolze Baum, sicherlich einst aus mehreren zusammengewachsen, ist weit über 200 Jahre alt. Ihn hat Charlotte von Stein noch gesehen; er stellt eine der aus den Zeiten herübergeretteten Spuren damaligen Daseins dar.

Arbeitsplatz

«Ich hab die Hofleute bedauert, mich wundert dass nicht die meisten gar Kröten und Basilisken werden.»

JOHANN WOLFGANG GOETHE

CHARLOTTE von Schardt wurde im Jahre 1758, sechzehnjährig, als Hofdame in den Kreis der Herzogin Anna Amalia aufgenommen. Diese Existenz als Hofdame war ihre eigentliche Tätigkeit, ihr formell bis zum Tode ihrer Herrin 1807 ausgeübter «Hauptberuf». Durch die Heirat mit dem späteren Oberstallmeister von Stein erhielt Charlotte ein zweites Betätigungsfeld, einen «Nebenberuf», nämlich die Leitung der Gutsgeschäfte, um die sich ihr Mann nur sporadisch kümmerte und aus Zeitgründen nur wenig kümmern konnte.

Diese Tätigkeit auf eigenem Besitz brachte den unschätzbaren Vorteil, daß die Baronin mehrere Monate des Jahres die Möglichkeit hatte, sich vom Hofdienst beurlauben zu lassen und sich in die Großkochberger Landidylle zurückzuziehen.

Wenn wir zunächst einen Blick auf den Weimarer Hof unter Anna Amalia und Carl August werfen, seine Zusammensetzung, sein Getriebe und sein Funktionieren beleuchten, wird schnell deutlich, welch großer Glücksumstand dieser eigene und auswärtige Besitz war. Er stellte einen unschätzbaren sozialen Vorteil innerhalb des adligen Standes dar, den die meisten landlosen Weimarer Hofbeamten schmerzlich entbehren mußten und die darum in viel direkterer Weise vom Herrscher, von seinen Launen und seiner Gnade abhängig blieben.

Der Hof als feudale Institution

Der Hof ist eine jahrhundertealte Institution der fürstlich-feudalen Lebensweise. Er vereint adlige Frauen und Männer, die zur Bedienung und Unterhaltung, zur Repräsentanz und Erhaltung der fürstlichen Familie bestimmte Aufgaben übertragen bekommen. Die geringe Größe des Landes Sachsen-Weimar-Eisenach und seine knappen finanziellen Möglichkeiten diktierten den engen Rahmen des beschränkten und kleinen Weimarer Hofes. Er umfaßte gegen 250 Personen und war damit, etwa verglichen mit dem pompösen Hofe des französischen Königs oder auch mit dem schon wesentlich bescheideneren des preußischen Königs, von geradezu spartanischer Kargheit. Die Hofstellen in Weimar waren nicht zahlreich und zudem schlecht bezahlt, aber für viele land- und besitzlose Adlige die einzige Existenzgrundlage. Mit den Posten war oft freies Logis in fürstlichen Unterkünften verbunden, eventuell auch Teilnahme an der fürstlichen Hoftafel, freie Lieferung von Brennholz und anderer Naturalien. Es gab bescheidene Jahresgehälter, Alterspensionen und von Zeit zu Zeit fürstliche Gnadengeschenke.

Ein harter, von Intrigen durchsetzter Dauerkampf um die Absicherung eigener Pfründe mußte die Folge sein. Kinder, Verwandte, Freunde wünschten untergebracht und versorgt zu werden, wozu man sich der Gunst des Fürsten zu versichern hatte. Devotes Verhalten und Denunziantentum beherrschten den Hofalltag und konnten den Hofdienst zur psychischen Qual werden lassen. Viel hing ab von der Intelligenz, der Persönlichkeit des regierenden Fürsten; er bestenfalls konnte einer schlechten Atmosphäre wehren; gänzlich unterbinden vermochte er sie nicht, wie auch der Fall Carl Augusts, sicher eines der besseren Beispiele, zeigt.

Carl von Stein, Charlottes Ältester, wurde, letztlich aus Geldnot der Familie, als Junker in herzoglich-mecklenburgischen Diensten untergebracht, natürlich auch aus Standesgründen. Seine deprimierenden Berichte an den Bruder Fritz erhellen, wie es am Schweriner Hof zuging. Aus Ludwigslust schrieb er am 8. August 1790:

«Der Herzog ist ein unglücklicher Mann, er hat immer Langeweile, und genießt die Vortheile nicht die Geld und Geburth geben. Ich esse wenig, trinke bey Tafel keinen Wein, weil er sehr schlecht ist, und spielen thu ich auch nicht. Der Herzog hat beständig was auszusetzen drüber, und macht mich übler Laune. Der ewige discours ist, die Sachsen haben diesen, die Sachsen haben jenen Fehler. Bald habe ich einen lahmen Arm, bald eine lahme Zunge, welche er nachmachen will, kurz er ärgert mich im eigentlichen Verstande.»[227]

Ein tiefer Widerwille gegen höfisches Dasein erfaßte Carl während dieser harten Lehrjahre, und es wird im folgenden noch ein Bericht des mit klarem Blick urteilenden Mannes anzuführen sein, der den tristen Ablauf eines gewöhnlichen Weimarer Hoftages unter Carl August köstlich überliefert.

Die vier Höfe zu Weimar

Vor allem *Carl Augusts* Hof folgte einer genau festgelegten Etikette, auf die besonders Herzogin Louise, Carl Augusts Gemahlin, größten Wert legte, während der regierende Herr und Fürst selbst sich vor allem in seinen ersten Regierungsjahren, seiner noch ungefestigten Persönlichkeit nachgebend, Poltrigkeiten und Rüpeleien leistete, eine ständige Quelle leidigen und die Umgebung schwer bedrückenden Ehezwists, der den Hof zeitweilig regelrecht lähmte.

Der «Hofetat» gliederte sich in folgende Personen: Als Oberhofmarschall und Chef aller Hofämter stand seit Anna Amalias Regentschaft Friedrich Hartmann von Witzleben an der Spitze. Er war der Besitzer der Elgersburg bei Ilmenau, konnte sich eine sechsspännige Equipage und einen Schwarm von buntlivrierten Heiducken leisten, wenn er durch Weimar fuhr. Carl August übernahm ihn 1775 trotz zunehmender Nachlässigkeit und Trägheit in der Amtsführung.

Die zweite Hofcharge bekleidete die Oberhofmeisterin der Herzogin-Mutter, eine Frau von Schlotheim, die auch Charlotte von Steins Vorgesetzte wurde. Den dritthöchsten Hofposten versah der Hofmarschall Johann Wilhelm Christian von Schardt, Charlottes Vater, dessen Skurrilitäten bereits im ersten Kapitel ausführlich skizziert worden sind. Danach folgte der Oberkämmerer, ein Herr von Göchhausen, aus der Familie der durch die «Urfaust»-Abschrift bekannten Hofdame der Anna Amalia, schließlich der Ober-stallmeister, welche Stelle schließlich Charlottes Mann, Josias von Stein, erhielt. Wie man sieht, war die Familie Stein gut vertreten. Zu den Hofchargen zählten weiterhin zwei Landjägermeister für den Weimarer und ein Landjägermeister für den Eisenacher Landesteil, denen jeweils ein Oberforstmeister unterstellt war. Später kam noch ein Oberjägermeister hinzu.

Anfang des 19. Jahrhunderts waren die Dienste innerhalb der herzoglichen Familie wie folgt verteilt: Den Hof des Herzogs Carl August leitete inzwischen der Baron Wolfgang Gottlob Christoph von Egloffstein, dem dreizehn Kammerherren zur Verfügung standen. Dazu gehörten weiterhin fünfzehn Kammer-, Hof- und Jagd-junker und fünf Pagen mit zehn Lehrern.

Dem Stallmeister, der dem herzoglichen Husarencorps integriert war, unterstanden zwei weitere Stallmeister und etwa 50 Stallbe-dienstete. In der Küche, die ein französischer Mundkoch dirigierte, fanden sich 22 Hofbedienstete, in der Hofkapelle weitere 36 Perso-nen.

Dem Herzog Carl August standen persönlich vier Kammerdie-ner, ein Leibjäger, drei Jagd-, vier Kammer- und 21 Hoflakaien zur Verfügung, verstärkt durch zwei Heiducken, zwei Laufer und zwei Mohren, deren exotische Namen genannt zu werden verdienen: François l'Eveillé und Domain la Fortune.

Den *Hof der regierenden Herzogin Louise* leitete als Oberhofmei-sterin Maria Henriette von Wedel, der drei Hofdamen zur Seite standen: Adelaide und Isabelle von Waldner sowie ein Fräulein von Riedesel.

Über einen *dritten, eigenen Hof* verfügten der Erbprinz Carl Fried-rich und seine Gemahlin, die russische Großfürstin Maria Paul-owna. Dieser bestand aus dem leitenden Oberhofmeister Wilhelm Ernst Friedrich von Wolzogen, dem Schwager Schillers, sodann aus der Oberhofmeisterin, der bärbeißigen Gräfin Ottilie Henckel von

Donnersmarck, der Großmutter von Goethes späterer Schwiegertochter Ottilie von Pogwisch, sowie einem aus Rußland mitgebrachten orthodoxen Beichtiger und einer gleichfalls von dort mitangereisten Hofdame. Ein Kammerherr und zwei weitere Damen komplettierten diesen Hofstaat.

Zur *vierten und kleinsten Hofhaltung* ab 1776 zählte Charlotte von Stein. Der Herzogin-Mutter Anna Amalia, sozusagen im Ruhestand, ganz auf musisch-künstlerische Betätigung ausgerichtet und kaum mit «staatsoffiziellem Protokoll» belastet, diente zunächst als Oberhofmeister der dichtende und sentimentale, komponierende und singende, zu Spiel und Spaß aufgelegte Friedrich Hildebrand von Einsiedel-Scharfenstein. Dazu kamen lediglich noch zwei Hofdamen: die bereits erwähnte Louise von Göchhausen und eben die Baronin von Stein.

Dieser an und für sich überschaubare Personenkreis – der Verwaltungsapparat, «Civiletat» genannt, und die militärischen Instanzen, das «Armeetat», seien der Einfachheit halber hier ausgeklammert – war ein schier undurchdringliches Knäuel von divergierenden, sich kreuzenden politischen, persönlichen und sonstigen Interessen, Neigungen und Zielsetzungen – die Hauptursache für jenen bereits angedeuteten permanenten Stellungs- und Grabenkampf der beteiligten Personen, hinter denen in der Regel noch ein versorgungshungriger Familienclan, eine Legion postensuchender Freunde und Protégés in Lauerstellung lagen.[228]

Angesichts dieser verzwickten Situation nötigte es allen Biographen von Charlotte von Stein Achtung ab, mit welch diplomatischem Geschick, mit welcher Geradlinigkeit und Charakterstärke sie sich jahrzehntelang durch dieses Dickicht zu bewegen verstand. Dazu seien hier einige konkrete Beispiele eingestreut.

Ämtergerangel beim Regierungsantritt Carl Augusts
Karl Friedrich Siegmund Freiherr von Seckendorff-Aberdar, als Offizier, Musiker und Literat dem jungen Weimarer Herzog aufgefal-

len und mit großen Ämterversprechungen in die Ilmresidenz gelockt, kam im Dezember 1775 in Weimar an und mußte mit Erschrecken erkennen, daß alle ihm zugesagten Posten und die Gunst des Fürsten bereits vergeben waren – an den Bürgerlichen Goethe! Auf einer schlecht besoldeten Kammerherrenstelle sitzengeblieben, wurde Seckendorff in den folgenden Jahren dennoch ein unentbehrlicher Mitstreiter bei den künstlerischen, vor allem musikalischen und theatralischen Leistungen des Weimarer Musenhofes, ehe er, einen sichereren Boden und höheres Einkommen suchend, in Preußens Dienste wechselte. Seine klagenden Briefe aus der Weimarer Zeit an den Bruder beschreiben Weimars Hoftristesse. Über den bei Carl Augusts Regierungsantritt ausgebrochenen und sich über Monate hinziehenden Titel- und Ämterschacher schrieb er im März 1776:

«In kurzem werde ich der einzige Kammerherr sein, zwar mit einer für jetzt genügenden Besoldung, aber ohne Aussicht auf künftige Erhöhung, weil man die Gehälter der Hofleute, die man für ebenso unbequeme, als unnütze und kostspielige Wesen hält, so niedrig stellen wird, daß die meisten die Lust verlieren müssen, in diesem Range zu glänzen. Diese Leute machen ja ohnedies nur Schwierigkeiten, steifen sich immer auf Formen, deren man sich entledigen will, kleben an einem unbequemen Luxus, der der Freiheit des Menschen widerstrebt.

Was Teufel soll man mit den Leuten anfangen? Sie ausrotten und sie mitsammt der Erinnerung an ihr lästiges Dasein in die Erde versenken. Das ist so ungefähr der Plan, der zur Ausführung kommen wird. Du siehst, daß meine zwei Knöpfe, meine rothen Absätze und meine Höflingsmienen hier Contrebande sind, und ich sie besser gegen eine Peitsche, Courierstiefel, einen großen Säbel und einen polnischen Federhut vertauschte, hätte ich dabei nicht ein ungeschicktes Aussehen, das ich nur durch den Besuch einer benachbarten Universität verliehren könnte, deren Modelle so gesucht sind, wie die Köpfe des Seneca, der Venus von Medici und andere Antiken, womit Du Dein Zimmer schmücken würdest. Unter solchen Umständen habe ich die sich mir darbietende Gelegenheit einer anderweiten Versorgung nicht ganz von mir weisen zu sollen geglaubt...

Vergnügungen gibt es hier gar nicht; die Gesellschaft besteht aus einer Anzahl Müßiggänger, die nur an die Karte und andere Mittel denken, ihre schon schwache Börse zu leeren.»[229]

Seckendorff, eben noch bitter und ironisch, schildert an anderer Stelle sehr plastisch die zwei Parteien, in die sich der Weimarer Hof teilt: die des Herzogs sei die geräuschvolle, die der Herzogin Louise die ruhige.

«Man läuft, jagt, schreit, peitscht, galoppirt in der ersten, und – sonderbar genug – bildet man sich ein, es mit Geist zu thun, und zwar wegen der Schöngeister, die daran Theil nehmen; es gibt keine Ausgelassenheit, die man sich nicht erlaubte.

Die zweite langweilt sich meist, sieht alle ihre Plane durch die erstere durchkreuzt, und das gesuchte Vergnügen schwindet gewöhnlich, wenn man es anspricht. (...) Man tanzt viel, wird nicht müde, Komödie zu spielen, aber ich weiß nicht, was die Fröhlichkeit hindert; die Intriguen, die Furcht vor dem Zukünftigen, die Eifersüchteleien und die geheimen Kabalen lassen Niemanden zu rechtem Genuß kommen und benehmen allen Vergnügungen ihren Reiz. Einer überredet den anderen, daß er sich amüsire, während unter zehn kaum einer ist, der nicht den Tod im Herzen trägt.»[230]

Johann August Ludecus, Schatullier der Herzogin Anna Amalia, berichtet im Januar 1783, daß «die Redouten ... wieder den Anfang genommen» haben, und: «die Noblesse circulirt in fortwährenden Assembleen». Carl August gab sich auf seine Art großzügig: «Frau von Stein, Werthern, Seckendorff und Schardt haben vom Herzog kleine Galanterien und jede einen Wildschweinskopf bekommen.»[231]

Wie sehr um die fürstliche Gunst am Weimarer Hofe gekämpft wurde, bekam auch Knebel zu spüren, der 1774 die Stelle eines Erziehers beim Prinzen Constantin, dem Bruder Carl Augusts, antrat. Mit Verleumdungen und Mißtrauen begegneten die eingesessenen Adligen, selbst futterneidisch nach der vakanten Stelle schielend, dem arglosen jungen Mann. Der hielt sich nach seiner Verabschiedung aus dem preußischen Militärdienst Ende 1773 vierzehn Tage in der thüringischen Residenzstadt auf, angelockt vom Ruf des kunstsinnigen Hofes der Anna Amalia, und wurde, als adliger Offizier, natürlich auch bei Hofe vorgestellt.

Dem Minister von Fritsch gefiel die ruhige und sachliche Art des Ansbachers; einige Höflinge versuchten dem Fremdling gerade daraus einen Strick zu drehen. Knebels Bruder Carl Friedrich warnte brieflich: «Fritsch (ein Regimentskamerad) schrieb mir gleich nach Deiner Abreise von Weimar, daß sein Bruder, der Geheime Rat, Dich außerordentlich gelobt hätte. Seinem Hof hättest Du aber nicht ganz so gefallen. Man begehrt an den Höfen immer zu lachen, und Du hättest, vermutlich durch das Studieren, eine ernsthafte und rhebarbarative Miene angenommen, die sie scheuten. Sie wollten zwar gelehrte Leute haben, aber noch mehr muntere Köpfe. Ich antwortete hierauf, daß das Unangenehme Deiner Situation und die Kränklichkeit Deines Körpers an Allem schuld sei, und man würde sehen, daß Du, sobald diese beiden Übel gehoben wären, auch munter und aufgeweckt sein könntest. Id quod verum est. Ich verschwieg Dir diese Sache dazumal, weil ich Dich nicht im Stande glaubte, unangenehme oder nur nicht angenehme Dinge zu vertragen. Du wirst meines Erachtens wohl tun, den Geheimen Rat Frisch, der doch gewiß Dein großer Freund ist und die Gegend kennet, über diese Sache selbst zu Rate zu ziehen.»[232]

Knebel war nichtsahnend in ein Ränkespiel hineingeraten, das sich zwischen der regierenden Herzogin und dem Erzieher des Erbprinzen Carl August, dem Grafen Görtz, abspielte. Anna Amalia argwöhnte, daß der Gouverneur des künftigen Herrschers zu viel Einfluß auf diesen und damit auf die Landespolitik bekommen habe, welcher Entwicklung sie durch die Schaffung einer zweiten Erzieherstelle – eben der für Prinz Constantin – vorbeugen wollte. Knebel wurde hier als Mittel zum Zweck benutzt, was er natürlich in den wenigen Wochen seines Aufenthaltes nicht zu durchschauen vermochte.

Herzog Carl August von Sachsen-Weimar und Eisenach. Ölgemälde von Ferdinand Jagemann, 1805.

Hof-Alltag unter Herzog Carl August

Einladungen des Landadels nach Hofe, wenn sie die Residenz besuchten, waren die Regel. Wie sich ein solcher Tag gestalten konnte, berichtet Carl von Stein im Januar 1802 an seinen Bruder Fritz:

«Gestern Mittag zu Hofe eingeladen war ich der einzige Fremde exclusive die Frln. von Staff, Carlsruher Hofdame, die auf dem Schloß hier wohnt. Die Herzogin und ihre Kinder waren wie gewöhnlich sehr artig. Ich saß zwischen ihr und der Prinzeß. Des Herzogs Ausdruck von ennuis und Verachtung der Menschheit trug ihn ins Zimmer, ohne mich anzusehen, und nach einer Art Bewegung seines Körpers, als wenn er mein tiefes Compliment eingesogen, stellte er sich vor die Herzogin, die mit dem Erbprinz und mir sprach, wie eine spanische Wand und drehte uns den Rücken zu.

Den Mittag nahm ich mir als der einzige eingeladene männliche Gast einigemale die Freyheit, über die Tafel hinüber meinem Wohlthäter für seine Speisen etwas zu erzählen oder zu sagen. Ein paar fatale Blicke und einige Monosyllaben versetzten meine Beredsamkeit außer Cours, als wären es übergebliebene Speisen. Ich kam nach Tafel mit ihm, der Herzogin, dem Prinzen und der Frln. Staff allein am Camin stehend bey einem allgemeinen Stillschweigen wieder in den Fall aufs neue den discours von den Toden erwecken zu müssen, bedauerte, daß Serenissimus keinen Spaß an Schlittenfahrten fänden, glaubte sie nach Belvedere zu dejeuner haben reiten sehen mit einer polnischen Mütze auf dem Haupt.

Responsum: Ich habe keine polnische Mütze, die Nation will ich Ihnen übrigens überlassen ... ich erwähnte, daß man bey Schwarzburg ein so den weißen Haaren ähnliches langes Moos gefunden, daß man zum Spaß Perrücken draus machte.

Responsum: In den Fuchsröhren kann man das auch aus den Fuchsbälgen. Die Miene womit er die Stirn voll Runzeln und die Unterlippe der Nasenspitze nähernd mich abfertigte und die Stellung vermöge welcher er beyde Rockschöße hoch erhoben seinem Kaminfeuer eine Ehre erwieß, die ich befürchtete mir auch wiederfahren zu können, machte, daß ich aus Bescheydenheit ihm weder Wort noch Blick adressirte, sondern der guten Herzogin, die mich wegen der Nachricht von der Schwangerschaft der Frau von Gleichen in Rudolstadt frug, antwortete, daß es zugleich auch in Rücksicht des Credits Gleichens als des letzten seines Stammes und Besitzer von Lehngütern ein großer Vortheil wäre, beerbt zu seyn.

Ist denn Gleichen derangirt, frug der Herzog. – O nein, er hat sehr gute Umstände. – Wie kann ihm dann sein Credit Freude machen? – Wenigstens kann mans, antwortete ich, mit in Anschlag bringen, weil die Freude über einen noch unbekannten Erben sehr unbestimmt ist, solange man noch nicht weiß, wie er ausfällt.

Der Erbprinz trat in dem Moment näher und die Herzogin meinte freundlich, daß mans im generellen unter die angenehmen Umstände rechnete. Die Herzogin sprach noch allerhand, machte ihr Compliment und ging. Er blieb, und nachdem er noch mit Wolzogen auf und ab gegangen, gieng er fort, ohne eine Seele zu grüßen, und ließ mir nicht einmal die Ehre durch eine Verbeugung ihm meinen stummen Dank für seine – gastfreundliche Mahlzeit abzustatten. Er soll es sehr übel nehmen, wenn man absagen läßt, und doch ist es eine wahre debauche für mich, mit übel gelaunten Gemüthern vis a vis mich zu geniren, denn man consumirt seine Lebenskräfte und Geisteskräfte bey ihnen, einen Genus zu finden, den sie nicht gewähren können...»[233]

Der Weimarische Hof hielt sich, zunächst bedingt durch den Schloßbrand von 1774, häufig auswärts auf. Die Schlösser von Belvedere und Ettersburg in der Nähe der Stadt waren Sommerdomizile, die allerdings in dem kaltfeuchten Thüringer Frühlings- und Herbstklima keinen immer angenehmen Aufenthalt für den begleitenden Hof boten. Aus Belvedere zum Beispiel schrieb Seckendorff am 2. November 1778 an den Bruder: «Wir sind hier immer noch auf dem Lande, der Kälte und der Feuchtigkeit zum Trotz, von denen wir in den den Hofkavalieren eingeräumten, schlecht möblirten Löchern zu leiden haben, und wir werden erst in vierzehn Tagen wieder nach der Stadt hereinziehen können.»[234]

Neben Ettersburg und Belvedere gehörte der sommerliche Landaufenthalt des gesamten Hofes in Wilhelmsthal bei Eisenach zur jährlichen Gewohnheit des Fürsten. In den wildreichen Wäldern des Thüringer Waldes konnte Carl August ausgiebig seiner Jagdleidenschaft nachgehen. Diesem Zug schloß sich Charlotte von Stein meist nicht an, sondern zog sich auf ihr Großkochberger Gut zurück.

Die Favoritin der Herzogin

Diese zeitweilige, auch örtliche Distanz der Baronin zum Weimarer Hof bot fast unschätzbare Vorteile für die Hofdame der Herzogin.

Carl Augusts Ehe mit Louise, deren Wesen wohl sehr empfindsam, aber wenig sinnlich ausgerichtet gewesen sein soll, geriet schon sehr bald nach der Hochzeit in eine schwere Krise. Der Pflicht des Weimarer Herrscherpaares, einen männlichen Erben in die Welt zu setzen, unterzog sich die Darmstädter Landgrafentochter, doch hat sie gewiß unter der fordernden Sexualität des robusten Herzogs schwer gelitten.

Sieben Kindern, von denen ihr nur zwei Söhne und eine Tochter blieben, schenkte sie nach jeweils schwerer Geburt das Leben.

Kränklich und geschwächt, hat sie die in den neunziger Jahren zur festen Liaison ausgewachsene und als Ehe «linker Hand» legitimierte Verbindung Carl Augusts mit seiner Mätresse, der Schauspielerin Caroline Jagemann, wohl zumindest als physische Erleichterung im Eheleben empfunden.

Herzogin Louise von Sachsen-Weimar und Eisenach. Ölgemälde von Johann Friedrich August Tischbein, 1795.

Wie sehr sie aber zugleich und dennoch der Nähe und Liebe eines anderen bedurfte, verraten die leidenschaftlichen, werbenden Briefe, die Louise, im öffentlichen Erscheinungsbild ebenso spröde und verhalten, wie im privaten Verkehr plötzlich ungestüm und heftig lustig, jahrelang an Charlotte von Stein schrieb. Einige bezeichnende, vielsagende Passagen stellte Wilhelm Bode 1910 zusammen:

Oktober 1789: «Bin ich denn so nachlässig und unbeständig, daß Sie mich einer Veränderung gegen Sie fähig halten können? Entfernen Sie diese Vorstellung aus Ihrem Herzen, denn ich habe sie nicht verdient. Sie lieben mich, meine teure Stein, gewiß so sehr, wie ich Sie stets geliebt habe.»

September 1790: «Ich komme von der Promenade und bedauere, diesen schönen Abend ohne Sie genossen zu haben. (...) Ihr Mann wird Ihnen Alles erzählen, was hier vorgeht; ich aber werde Ihnen Nichts mehr sagen, als was ich Ihnen schon so oft gesagt, daß ich Sie von ganzem Herzen liebe, meine teure Stein, und daß ich Sie mein ganzes Leben lieben werde. – Lassen Sie doch in Zukunft, ich bitte Sie, das ‹Madame› und das ‹ganz untertänig› aus Ihren Briefen!»

September 1791: «Jetzt sind acht Tage von den vier Wochen vorüber, die Sie abwesend sein wollten. Vergessen Sie nicht, daß Sie mir versprochen haben, dann hierher zurückzukommen! Ich zähle alle Augenblicke, wo ich nicht mit Ihnen bin, und es fällt mir schwer, von Ihnen getrennt zu sein, meine liebe, meine sehr liebe Stein. Unterdessen bewahren Sie mir einen Platz in Ihrem Herzen; das meinige gehört Ihnen, und Niemand hat den Platz, den Sie darin haben.»

September 1792: «Ich fühle alle Tage mehr, wie lieb Sie mir sind, denn niemals habe ich für Jemand soviel Freundschaft gefühlt wie für Sie, und nie werde ich mich gegen Sie ändern, sondern ich werde Sie mein ganzes Leben lieben, bis zum letzten Athemhauche.»

Oktober 1792: «Die Tugend ist nur das Eigentum Einzelner (...) Ich habe das Glück gehabt, ihr in Ihnen zu begegnen, und dies macht mich sehr glücklich. – Vergessen Sie nicht, daß Sie mir versprochen haben, Michael wiederzukommen. Sie fehlen mir überall und Sie haben keine Freundin, die Sie zärtlicher und beständiger liebt, als ich es tue. Ich bin sehr ungeduldig, Sie wieder zu sehen, meine sehr liebe Stein…»

August 1793: «Wie geht es Ihnen, meine teure Stein? Denken Sie auch an mich? Sechs Tage sind es, daß Sie weg sind, und es scheinen mir sechs Wochen. Nennen Sie mir ein Mittel, daß ich Sie weniger liebe! Denn vor närrischer Liebe quäle und beunruhige ich Sie. – Ich weiß, daß ich Ihnen oft wunderlich und seltsam erscheinen muß, aber ich gebe Ihnen mein Wort, daß Dieses sich ändern wird und daß, wenn mit Ihrer Ankunft mein Mißtrauen verschwunden ist, ich mich gegen Sie ausgesprochen und Ihnen einmal Alles, was ich mit dem Herzen habe, gesagt habe, ich ganz geheilt sein werde. (…) Sie sprechen in Ihrem letzten Briefe wieder von der Verschiedenheit unseres Alters, aber diese ist doch nicht so groß, daß sie ein Hindernis der Freundschaft sein könnte. Wäre ich noch mißtrauisch, was ich nicht mehr bin, so würde ich glauben, Dies sei nur ein Vorwand, dessen Sie sich bedienten, um mich nicht mehr zu lieben, denn es scheint mir, daß, wenn man wahrhaft liebt, weder Alter, noch Gesundheit ein Hindernis der Freundschaft sei.»

September 1793: «Ich wohne noch unten, da meine Zimmer oben noch nicht in Ordnung sind. Das gefällt mir wegen meiner einsamen Spaziergänge bei Mond- und Sternenschein, aber noch lieber würde ich sie mit Ihnen machen, meine liebe und sehr liebe Stein. Hören Sie nie auf, mich zu lieben.»[235]

Charlotte von Stein, jederzeit die höfischen Formen wahrend und achtend, entzog sich sachte diesem stürmischen Werben ihrer Fürstin, und man wird ihr recht geben: eine solche delikate Zuneigung der regierenden Herzogin konnte die Rolle einer Hofdame auf dem heiklen Parkett, auf dem man sich mit der Familie des Herrschers und dem übrigen Hofe bewegen mußte, aufs höchste komplizieren. Neid und Mißgunst schärften Augen und Ohren der Mitlebenden und trieben in einer solch schwülen Atmosphäre schnell ihre Blüten.

Nach der Jahrhundertwende erlosch die besondere Gunst der Herzogin für Charlotte. Leiser Schmerz klingt durch, als diese am 23. November 1805 an ihren Sohn Fritz schreibt: «Ich habe gar kein Interesse mehr am Hof die regierende Herzogin hat gegen mich immer mehr geändert, die Gore ist jetz ordentlich Favorittin, alle Woche geht sie einmahl zu ihr und wiedrum alle Dienstage die Gore zur Herzogin und ich komme jetz gar nicht mehr im Fall die Abende wie sonst bey ihr zuzubringen...»[236]

Neid und Kabalen am Hofe
Im Vergleich zu diesen subtilen Problemen wirkt die banale Mißgunst, die aus einigen Briefen der Hofdame Louise von Göchhausen, der «Kollegin» von Charlotte, spricht, schon wieder lächerlich. Nach dem Einzug der Großfürstin Maria Paulowna 1804 in Weimar tauchten natürlich auch neue Gesichter aus deren Begleitung an der Hoftafel auf. «Ich höre», schrieb die Göchhausen am 14. Oktober, «die Rußischen Kammerleute, und was dazu gehört, sollen entsetzlich viel und gut eßen, dazu kommt noch die immer großen und verschiedenen Tafeln bey Hof, daß ich kaum begreife, wie wir andern noch etwas zu beisen bekommen. Auch giebt's mit unter schlechte Bißen, und die geistigen Tischreden des guten Vater Wieland sind gewöhnlich das beste, was man dabey genießt.»
Ein Jahr später, am 4. November 1805, findet sich eine Stelle, die auch die Konkurrenz der Hofdamen im Umkreis der Großfürstin belegt –, es sei denn, man wollte den alten Aristokratinnen bürgerlich-krämerisches Gebaren unterstellen: «Der Zufluß von Fremden ist so groß, daß ich glaube, dies ist die Veranlassung, daß zwei der angesehendsten hiesigen Damen sich entschlossen – einen Gasthof anzulegen.
Die Gräfin von Henckel und die Fr. v. Egloffstein, die Mutter, haben das große Hauptmann'sche Haus an der neuen Straße für 6000 Thlr. (es ist erst halb ausgebaut) gekauft. Dies soll ein brillanter Gasthof werden und Hôtel de Russie oder der russische Hof genannt werden. Daß dies zu mancherlei Späßen Anlaß giebt, können

Sie denken. Indeß der Ausgang giebt den Thaten ihren Namen.»[237]
Der «Russische Hof», um an diese Bemerkung der Göchhausen anzuschließen, existiert noch heute in Weimar.

Goethe, von der hoferfahrenen Charlotte von Stein beim Betreten dieses unsicheren Grundes anfangs ganz unmerklich an die
Hand genommen, erkannte sehr schnell den hohlen und häufig genug lähmenden Geist dieser leeren und zeremoniösen Betriebsam-
keit. Gegenüber der Freundin machte er aus seiner Abneigung kein
Hehl. Nach einem bei Hofe verbrachten Tag im September 1776 –
man hatte sich in Tiefurt verlustiert – schrieb er ihr indigniert: «Ihr
Mann war guter Humor, machte possierliche Streiche mit der Ober-
hofmeisterinn. Ich hab die Hofleute bedauert, mich wundert dass
nicht die meisten gar Kröten und Basilisken werden.»[238]

Ähnliche Eindrücke sammelte er 1780 auf der Rückreise von der
Schweiz, als er in Begleitung des Herzogs Carl August im Januar,
also in der schlechtesten Jahreszeit, verschiedene deutsche Residen-
zen besuchen mußte: «So ziehen wir an den Höfen herum, frieren
und langeweilen, essen schlecht und trincken noch schlechter. Hier
iammern einen die Leute», bemerkte er aus Homburg; «sie fühlen
wie es bey ihnen aussieht und ein fremder macht ihnen bang. Sie
sind schlecht eingerichtet, und haben meist Schöpse und Lumpen
um sich.»[239]

In Ilmenau, im September 1780, ließ er sich einmal vom erfah-
renen Oberstallmeister zahlreiche Anekdoten zum Thema erzählen:
«Abends sezte Stein sich zu mir und unterhielt mich hübsch von alten Geschichten, von der Hofmiseria, von Kindern und Frauen
pp.»[240] Und im Brief an Charlotte vom 27. Mai 1781 findet sich der
Stoßseufzer: «... komme so bald als möglich wieder. Denn die Hofnoth steh ich nicht den ganzen Tag mit aus.»[241] «Hofmiseria» und
«Hofnoth» mögen mit beigetragen haben, daß Goethe 1786 flucht-
artig nach Süden aufbrach. Charlotte von Stein jedenfalls scheint
mit ihm einer Auffassung gewesen zu sein, was die negativen Aus-
wüchse «höfischen Wesens» bedeuteten. Zu Knebel äußerte sie am
1. Mai 1784 sarkastisch: «Ich lese jetzt Mosers ‹Über Regenten und

Minister›. Es ist sehr unterhaltend und Wasser auf die Mühlen Dererjenigen, die Pieks auf Fürsten haben. Die Belege zu seinen Erfahrungen sind immer recht passend und witzig.»[242]

Ein untadeliger Ruf

Sie jedenfalls folgte in ihrem vieljährigen Hofdienst dem untrüglichen Kompaß ihrer Lebensklugheit, ihres feinen Taktes und ihrer kühlen Selbstbeherrschung, Tugenden, die ihr einen unangefochtenen Ruf sicherten. An Knebel, der selbst häufig und zuweilen schwer in Widerspruch zum Weimarer Hof geriet, schrieb sie am 20. April 1785, nachdem dieser wieder einmal seine Meinung über das fürstliche Milieu unverblümt dargelegt hatte:

«Es ist sonderbar, daß eben, da ich Ihren Brief erhalte, ich stilltraurig über denselben Gegenstand nachdachte, davon Sie mir schreiben. Aber leider ist's da auf der einen Seite, wo unser Freund [d. i. Goethe] die Hoffnung aufgegeben, Nichts zu ändern, weil Nichts zu hoffen ist und moralisch-unrichtiger Takt und Töne in unserm System herrschen. Aber als ein weiser Mann wird er sich's wohl mit der Zeit zurechtlegen.

Überdies geht unser Freund seinen ihm gehörigen Weg. Sie andere Philosophen wissen ja, daß gewisse notwendige Gesetze in der moralischen Natur so gut als in der physischen mit denen Dingen verknüpft sind. So kann ein Verständiger, Edler, Großmütiger, Wohltätiger, Uneigennütziger keinen vergnüglichen Teil mit dieser Welt haben; oder wenn er ihn genießen will, so muß er seinen Himmel verlassen.

Diese Menschen bleiben nun einmal Die, welche man wie den einigen Gott im Geist und in der Wahrheit verehrt. Keine irdischen Altäre werden ihnen nicht gebaut.»[243]

Das Charisma des Hofes zu Weimar

Dieses überwiegend schwarz gezeichnete Bild des Hoflebens wäre im Falle Weimars nicht korrekt, wollte man nicht würdigen, was gerade diesen Hof über die Grenzen des Ländchens hinaus so anzie-

Anna Amalias «Tafelrunde». Aquarell von Georg Melchior Kraus, um 1776.

hend und so sympathisch erscheinen ließ. Es waren dies die liebenswürdige Offenheit und Aufgeschlossenheit der Herzogin-Mutter Anna Amalia, ihre ausgeprägte Geselligkeit und ihr Kunstverstand, die eben in ihrem Kreis borniert-aristokratische Grenzen nicht zuließ und die bürgerlichen Künstler und Gelehrten an ihren gastfreien Tisch zog. Es waren weiterhin die Großzügigkeit des Herzogs Carl August, die Hilfsbereitschaft der Herzogin Louise, die sie, trotz aller von ihr streng beachteten altadligen Prinzipien, an den Tag legte. Es waren die häufigen Diners und Bälle, das Liebhabertheater, das später neuerrichtete Schauspielhaus, das jugendlich-ungezwungene Leben, die aufgeklärt-liberalen Regierungsgrundsätze, denen man in Weimar im wesentlichen folgte. Selbst die Hofsprache – am preußischen Hofe in Berlin und Potsdam beispielsweise, unter Friedrich dem Großen, galt das Deutsche als verabscheuungswürdig, weil als Sprache des Pöbels – entsprach einer moderaten Auffassung, wenngleich sie keinesfalls als schön bezeichnet werden kann. Carl von Lyncker erinnerte sich:

220

«Die Hofsprache, sowie Die der angesehenen Familien, durfte zwar deutsch sein, aber die Mode erforderte, daß dies Deutsch soviel als möglich mit französischen Wörtern und Phrasen ausgeschmückt sei; daher wußten sich schon manche Hofgänger und -gängerinnen etwas damit, ihre Rede mit viel französischen Wörtern, deren Bedeutung sie oft ganz falsch verstanden, schmücken zu können. So z. B. ließ sich ein Fräulein v. Laßberg bei einem Besuche in unserem Hause vernehmen, wie sie von der Mama eine grande Gronde erhalten habe, weil man ihre terriere coëffure nicht für gousteus gefunden habe. Ja, ich erinnere mich, in diesem Bezug noch späterhin als Page hinter dem Stuhle der hochseligen Herzogin gehört zu haben, wie ein alter Titular-Geheimerat, der die Hoftafel hatte, einen dicken Mann beschreiben wollte und von ihm sagte: er ist ein filou so stark, wie der Herr Obermarschall v. Witzleben (der ihm gegenüber saß)! Dergleichen verfehlte Ausdrücke belustigten gar viele Gesellschaften.»[244]

Auch Charlotte von Stein hat das gesellige Leben des Hofes genossen und keineswegs nur unter seinen belastenden Seiten gelitten. Dazu war sie auch viel zu pragmatisch und vernünftig. Ein Sonett über das Hofleben, das ihr im Januar 1789, bei der Lektüre der «Pensées d'Oxenstierna», in die Hände fiel, habe sie sehr «belustigt». Da ihr zu dieser Zeit wenig nach Lustigsein der Sinn gestanden haben dürfte, sei der Text hier eingeschoben:

«Servir le souverain et se donner un maitre,
dépendre absolument des volontés d'autrui,
demeurer en des lieux, où on ne voudroit être,
pour un peu de plaisir souffrir beaucoup d'ennui,
ne témoigner jamais ce qu'en son coeur on pense,
suivre les favoris sans pourtant les aimer,
s'appauvrir en effet, s'enrichir d'esperance,
louer tout se qu'on voit, mais ne rien estimer,
entretenir un grand d'un discours, qui le flatte,
ravi de voir un chien, caresser une chatte,
manger toujours fort tard, changer la nuit en jour,

n'avoir pas un ami bien que chacun on baise,
être toujours debout, et jamais à son aise
fait en abrégé, comme on vit à la cour.»[245]
Josias von Stein verdiente als Oberstallmeister ein Jahressalär
von 2000 Talern. Seine Zeit mußte er überwiegend bei Hofe ver-
bringen, oder er nutzte sie, um, stets pflichtbewußt, über Verbesserungen und Neuerungen an den herzoglichen Gefährten nachzu-
denken. Das Rittergut Großkochberg wurde aus diesen Gründen
verpachtet, und die Baronin von Stein sah sich bei ihren sommerli-
chen Aufenthalten genötigt, in der Gutswirtschaft nach dem Rechten zu sehen und da, wo es ihr erforderlich erschien, bessernd ein-
zugreifen. In diesem ihrem «Nebenberuf» war sie allerdings weniger erfolgreich als in ihrer Tätigkeit als Weimarische Hofdame.

Die Hofdame als Landwirt
Sie überwachte die Einhaltung des Pachtvertrags, den Verwalter, die
Arbeit der Jäger und Holzknechte. Sie betrieb mit Eifer die Ver-
schönerung der Park- und Schloßanlagen und versuchte auch, die
ökonomischen Fragen des Gutes zu lösen, was ihr schwer genug ge-
fallen sein dürfte. Bis zum Jahre 1793/94 quälte sie sich mit dieser
Bürde herum, dann übernahm ihr ältester Sohn Carl die Geschäfte.
Da dieser verschiedene Bewirtschaftungsfragen, vor allem beim
Baumbestand, anders regelte als einst Vater und Mutter, wurde das
Thema zu einem ständigen Zankapfel zwischen Charlotte und Carl.
    Goethe blieb immer skeptisch, ob diese landwirtschaftliche
Mühsal für eine Hofdame sinnvoll sei, geschweige denn erfolgreich
bewältigt werden könne. Zwar half er nach Kräften, so zum Bei-
spiel im November 1777, und sparte nicht mit guten Ratschlägen:
«Die Bäume sind angekommen 30 an der Zahl, gute Kirschbäume
auch wenige Obst Bäume guter Sorten. wie und wann sollen sie
nach Kochberg? sie müssen wohl gepflanzt und sonderlich gegen die
Haasen mit starcken Dornen verwahrt werden.»[246] Ein leichtes
Lächeln läßt sich beim Lesen solcher gutgemeinter Hinweise nicht
unterdrücken; Landwirte waren beide nicht.

Charlotte folgte dem freilich gern, und auch aus dem Briefwechsel mit Freund Knebel ist mehrfach zu belegen, wie eifrig sie sich befleißigte, die vielfältigen Probleme des Gutes zu bewältigen. Dem in Tiefurt gleichfalls «landwirtschaftenden» Knebel bot sie im Oktober 1776 «etwas Kartoffelsamen» an [247], was immerhin bemerkenswert bleibt, denn die neue, noch exotische Wurzelknolle war in den weimarischen Landen erst seit etwa 1750 eingeführt. Hier war es wohl Josias, der allem Neuen interessiert und aufgeschlossen nachging und die Samen besorgt hatte.

Im August 1784 – sie war den ganzen Sommer über mit großem Eifer in Kochberg tätig gewesen – schrieb sie Knebel, wieder einmal ihrem Hange zu grübeln und zu sinnieren nachgebend: «Die Natur hat sehr weise den Menschen sein Brot im Schweiß seines Angesichts zu essen gegeben; dabei kann das Moralische unverdorben erhalten werden, und wem eine Ahndung eines göttlichen Funkens gegeben war, kann immer bei'm prächtigen Morgen, im Fortgang der Arbeit und der milden Abendkühle seinen Geist erheben und vergißt so sein Leben dahin.» [248] Ein anderes Mal, im Schicksalsjahr 1788, hatte sie die besten Milchkühe, die zu kaufen waren, nach Kochberg bringen lassen. Stolz berichtete sie an Knebel: «Indessen Stein in die Kirche und Fritz nach Rudolstadt gewandert ist, sitz' ich im grünen Stübchen (bin erst ein paarmal im Garten herumgetrappt), und trinke Kaffee mit ganz prächtigem Rahm... Von Herzen gern schenkte ich Ihnen auch eine Portion ein...» [249]

Ihr Stolz auf den selbstproduzierten fetten Rahm ist verständlich, und auch Goethe fand dieses emsige Sich-nützlich-Machen besonders liebenswert: «Der Eifer wie du in Kochberg deine Haushaltung angreiffst von dem mir Stein mit Vergnügen erzählt», lobte er sie am 28. Juni 1784, «vermehrt meine Neigung zu dir, läßt mich deine innerlich thätige und köstliche Seele sehn. Lotte bleibe mir und was dich auch interessiren mag, liebe mich über alles.» [250]

Am Ende hatte aber Goethe doch recht, wenn er zu Carl August vom «Kochberger Wirtschaftskreuze» sprach, bei dem die Stein das Übel nur teile, ohne es beheben zu können. Er zeigte sich, verallge-

meinernd, überzeugt, «daß ein Mensch der seine Lebzeit am Spiel-
tisch zugebracht hat, nicht ein Bauer werden kann».[251] Auch er als
Dichter mußte diese Erfahrung machen; sein Gut in Niederroßla
verkaufte er nach kurzer Zeit wieder, da er es, auch mit der wirtschaftlich begabten Christiane, ökonomisch nicht halten konnte.

Charlotte von Steins «Arbeitsplatz», ob als Hofdame oder Guts-
besitzerin, war stets ausgefüllt. Ernstes, verantwortungsvolles Tun
entsprach ihrem Charakter; Halbheiten waren ihre Sache nicht.
Goethe erklärte am 30. Juli 1804 im Brief an Zelter, warum die
Überarbeitung seines «Götz» nicht vorankomme: «Was man nicht
liebt, kann man nicht machen. Da ging mir ein Licht auf und ich sah
recht gut ein, daß ich die Arbeit bisher als ein Geschäft behandelt
hatte...»[252] Die Baronin von Stein tat ihre Arbeit stets mit ganzer
Kraft.

Freizeit

«Was wollte ich mich an meinen Büchern freuen, wenn ich
schreiben könnte... Es ist eine zauberische Sache, um's
schön Schreiben...»

CHARLOTTE V. STEIN

LIEBHABEREIEN und Freizeitbeschäftigungen einer adligen Dame des ausgehenden 18. Jahrhunderts waren Legion und sind schwer mit heutigen Verhältnissen zu vergleichen. Bälle, Assembléen, Theateraufführungen wechselten einander ab, man traf sich unter Gleichgestellten und -gesinnten beim Spiel oder dem Modegetränk der Zeit, dem Tee, der im Zuge der Chinabegeisterung die vornehmen europäischen Schichten erobert hatte. Schmuck, Schminke und sonstige Toilette benahm einer aristokratischen Frau einen Großteil ihrer freien Zeit, und allein die komplizierten Verrichtungen zum Vorbereiten und Fertigstellen der üblicherweise aufwendigen, hochgetürmten Frisuren würden umständlich zu beschreiben sein.

Freilich wurden diese Tätigkeiten keinesfalls als Freizeitbeschäftigungen, sondern als «Arbeit» betrachtet. Auch dabei haben die hoch- oder höhergestellten Weiblichkeiten des damaligen Adels aus heutiger Sicht – die man eben nicht als moralischen Maßstab anlegen darf – viel leeres Tun praktiziert, und man möchte gar nicht das sicherlich extreme Beispiel einer Marie Antoinette heranziehen, um die ungeheure Geldverschwendung für Pomp und Festivitäten und Spielereien aufzuzeigen, zu der es dabei kam.

Diese Lebensweise finden wir bei Charlotte von Stein nicht. Die begrenzten finanziellen Möglichkeiten sowohl des Weimarer Hofes als auch des Steinschen Familienbudgets erlaubten derartige Kapricen nicht. Zugleich lenkte aber auch die musische Atmosphäre, die seit Anna Amalias Anwesenheit die Weimarer Verhältnisse ganz entscheidend prägte, die Interessen in diese Richtung. Das Beispiel der Fürstenfamilie, die sich bildender Kunst, Theater und Literatur mit großer Neigung und Hingabe öffnete, beeinflußte selbstverständlich den ganzen Hof. Charlottes ernsthaftes Wesen, das flüchtiges Tändeln und Tun verabscheute, ihre auf Pflichterfüllung ausgelegte Erziehung taten ein übriges.

Die Anwesenheit von Autoren wie Wieland, Goethe, Herder und zuletzt Schiller erforderte die Auseinandersetzung mit ihren Gedanken und Werken; schließlich wollte man mitreden können. Bei Charlotte führte die jahrelange, enge Verbindung mit Goethe, das intensive Teilhaben an seinen Studien, an der Entstehung seiner Gedichte, seiner Dramen, seiner naturwissenschaftlichen und sonstigen Schriften zu einem Höhenflug, zu dem die zwar intellektuell begabte Baronin nicht hätte ansetzen können, hätte es Goethe und dieses Phänomen «klassisches Weimar» nicht gegeben.

So ist auch das Freizeitverhalten, sind die Liebhabereien dieser Hofdame eingebettet in die Besonderheiten der kleinen Residenz, die sich damit deutlich abhob vom Alltag anderer, von der Größe her vergleichbarer deutscher Höfe. Weimars schwer beschreibbarer Genius loci prägte während Jahrzehnten natürlich auch die Stein, und wen wollte es wundern, wenn da – wo selbst der Leibkoch der Anna Amalia, François René Le Goullon, schriftstellerisch dilettierte – auch andere Persönlichkeiten sich in den Künsten versuchten.

Die fünf Vergnügen der Charlotte von Stein

Charlotte von Steins Privatvergnügen haben mit fünf Themenkreisen zu tun: Während die Teilnahme am geselligen Leben – Teegesellschaften, Ausritte, Festlichkeiten und Feiern – noch in ihre «berufliche Sphäre» hineinspielt, während die häufigen Kuren und damit verbundene Reisen nach Bad Pyrmont, ins Karlsbad oder nach Wiesbaden und Ilmenau ihrer schwachen Konstitution geschuldet waren, stellte das Pensum ihrer ausgebreiteten Lektüre schon ein wirklich privates Hobby dar, das den tatsächlichen gesellschaftlichen Anforderungen weit vorauseilte.

Aus dieser Lektüre, aus dem lebendigen Umgang mit schreibenden Freunden und Verwandten, vor allem aber Goethes, erklärt sich der unbezähmbare Drang von Charlotte, selbst zur Feder zu greifen; darauf ist noch ausführlich zurückzukommen. Mit dem Versuch zu dichten korrespondierte der Wunsch zu zeichnen; auf Beispiele dieser Tätigkeit – auch sie in gebildeten Weimarer Bevölkerungsschichten weitverbreitet – wurde bereits (vgl. S. 45) eingegangen.

Charlotte von Steins fünfte Liebhaberei, menschlich anrührend, ist ihre lebenslang zu beobachtende Tierliebe. Die Schicksale ihrer Hausgenossen füllten ihre Korrespondenz.

Von vielen Weimar-Chronisten, auch von ihr selbst, ist überliefert, daß sich nach 1777 der Vorplatz ihres reizvoll gelegenen Hauses an der Ackerwand zu einem beliebten gesellschaftlichen Sommertreffpunkt entwickelte und es auch bis zum Lebensende der Oberstallmeisterin blieb. «Gestern abend bekam ich allerlei Zuspruch vor meiner Tür bei'm Teetisch; Herzogin, Prinzeß [Caroline], Henriette [von Knebel], Wieland, Reinhold, einen großen Zirkel. Ich sitze alle Abend unter den Orangenbäumen», schrieb sie etwa am 7. Juli 1809 an Knebel.[253]

Vor allem Herzogin Louise saß sommers häufig bei ihrer Favoritin, solange diese ihren Rang behauptete. Der sonnenüberflutete Platz, noch heute in der warmen Jahreszeit mit großen Steinlorbeer-Pflanzkübeln geschmückt, war damit einer der bekanntesten Treffpunkte der Hofgesellschaft im Grünen, denn der Park breitete sich unmittelbar vor den Augen der dort Sitzenden aus, und man genoß die Ruhe und das Gezwitscher der Vögel. «Wenn Sie die Nachtigallen recht hören wollen», freute sich die naturverbundene Charlotte gegenüber Freund Knebel, «so kommen Sie auf einige Tage in meine Wohnung, und ich will Ihnen die Sänger an alle Ecken des Hauses bestellen.[254]

Neben dem Tee gab es bei solchen Gelegenheiten natürlich auch Kaffee, Charlottes Lieblingsgetränk. Welch kuriose Rolle dieses damals noch illustre, nicht unumstrittene Getränk beim endgültigen Bruch mit Goethe spielte, wurde mit dem ausführlichen Zitat aus seinem letzten Brief an die Freundin gezeigt. Zu dieser Zeit hielt sie sich gerade im «Wiesbade» auf. Da das jährliche Reisen zu den Kurorten einen Teil ihrer Freizeit ausmachte, sei hier noch eine typische Stelle aus ihrer Korrespondenz eingefügt.

An Knebel berichtete sie am 13. Mai 1789 aus Wiesbaden: «Gestern abend kam ich in der Kühlung an ließ Mainz nebst dem schönen Rhein und den mit Blüten überschütteten Bäumen hinter mir, um nun in einem abscheulichen Nest zu wohnen. Die Wanzen verfolgten mich die Nacht, so daß ich mich endlich auf die Erde gelegt habe. Heute bin ich anders logiret, aber ich sehe schon: hier sind meine zwei Hauptfeinde, die Spinnen und Wanzen, zu Hause.» Und weiter: «Heut habe ich die Bekanntschaft mit der Quelle gemacht. Sie ist in dem Haus, wo wir wohnen [im ‹Goldenen Adler›], steckt in einem Winkel und präsentiert sich sehr unappetitlich. In den anderen Häusern muß sie hingeleitet werden. Die Bäder sind recht ekelhaft; das Beste aber ist, daß man sein Bad immer behält. Das Wasser ist sehr heiß und schmeckt ziemlich salzig.»²⁵⁵

In den beginnenden neunziger Jahren, da es, bedingt durch die Krankheit ihres Mannes und die Distanz zu Goethe, ruhiger um die Oberstallmeisterin wurde, zog sie sich auf stille, kontemplative Beschäftigungen zurück. Nur Wenige hatten noch teil an ihrem privaten Dasein, auch das sicher ein bedrückender Zustand für die einst im Mittelpunkt geselligen Lebens stehende, jetzt alternde Frau.

«Nun bin ich wieder hier seit acht Tagen in meinem freundlichen Kabinettchen und sehe aus der schönen Aussicht meines Fensters das mannichfaltige bunte Laub abfallen und freue mich, wenn es auch an mich kommen wird, denn es ist mir, als bedürfte ich eines langen Schlafs, um von der Welt auszuruhen. – Übrigens bin ich mit Niemand mehr als mit meiner Schwester und der Herzogin Luise; es sind beide recht treue Seelen.»

Sie suchte in diesen verzweiflungsvollen Jahren, da sie vom Schicksal so vielfach geplagt wurde, die Einsamkeit. Das Gewimmel der immer häufiger einfallenden Weimar- und Goethebesucher mied sie verständlicherweise. «Das will alles so recht den hiesigen

Verstand genießen, den ich bis am Hals satt habe!» Und über einen Theaterbesuch – sie war nie eine leidenschaftliche Bühnenfreundin gewesen – räsonierte sie im November des gleichen Jahres 1790:

«...aber eigentlich kann ich dem nachgespielten menschlichen Leben keinen Genuß abgewinnen; vielmehr weckt mir's manches Weggelittene wieder auf.» Was ihr in ihrer jetzigen Bedrückung dagegen Spaß bereitete, gestand sie im Dezember dem Freund Knebel: «Ich treibe noch immer allerhand, um das Leben so hinaus zu bringen. Ich spiele ein wenig die Gitarre, welche Einsiedel so gut ist, mir zu lernen; ich reite auch wieder fleißig, auf englisch, welches mir viel besser behagt... Gestern ritt ich ins Webicht, da war's gar schön, und mein Pferd ist so verständig, und mein Spitz so treu. Er läuft mit, heult aber, wenn ich dem Pferd schön tue, vor Eifersucht.»[256]

Auch ein Pianoforte wurde angeschafft; eine große Nürnberger Zither hätte sie gerne noch gekauft, jedoch reichten dazu ihre Einkünfte nicht aus – Fritz' Reisen mußten finanziert werden. Im Gitarrespiel stellten sich dazu leider nicht die gewünschten Fortschritte ein.

Der Hunger nach Büchern

Ihr Leben lang hat Charlotte von Stein viel und erstaunlich Vielfältiges gelesen. Selbst im Alter, da die Augen den Dienst zu versagen begannen, der quälende Kopfschmerz das Entziffern und Erfassen der Schrift bei Kerzenlicht zusätzlich erschwerte, ließ sie nicht ab von dieser Gewohnheit, die zum Bedürfnis geworden war.

Zuhause in Weimar, als Gutsherrin in Kochberg oder auf Reisen, war sie stets von Büchern umgeben oder begleitet. Im schicksalsschweren Jahr 1812, als sie im Juli in Ilmenau Schlackenbäder nahm, schrieb sie an Knebel: «Ich wohne in der tiefsten Einsamkeit, recht nach Wunsch, denke aber fleißig an meine guten Freunde in der Ferne... Von Krieg und Politik erzählt mir Niemand. Einen alten Poeten habe ich mir mitgenommen, den Chronegk, lese jetzt auch Kotzebues Reise nach Italien, die sehr amüsant ist, aber der Autor präsentiert sich etwas gemein.»[257]

Betrachtet man einmal allein die Autoren und Titel, die, eigentlich nur beiläufig und deshalb nicht umfassend, in ihrer Korrespondenz mit Goethe, mit Knebel, mit ihren Söhnen erwähnt werden, so ergibt sich schon aus diesem eingeschränkten Blick eine verblüffende Breite und Vielfalt ihres beständigen Bücherkonsums. Es war selbstverständlich, daß sie sich mit Goethes, Wielands, Herders und natürlich auch Schillers neuen poetischen Produktionen kritisch auseinandersetzte. Als ihr der Freund Goethe sein Gedicht «Gesang der Geister über den Wassern» zuschickte, kommentierte sie den Text gegenüber Knebel: «Dieser Gesang ist nicht ganz Ihre und meine Religion. Die Wasser mögen auch in ihrer Atmosphäre auf- und absteigen, aber unsere Seelen kann ich mir nicht anders als in die unendlichen Welten der ewigen Schöpfung verkettet denken.»[258] Da spielten Erfahrungen in den Brief hinein, die sie und Goethe beim gemeinsamen Studium der Schriften Spinozas gesammelt hatten. Sie las sodann Rousseau und Voltaire, und zwar sehr genau: «Ich habe einen Brief von Rousseau an Voltaire über das Erdbeben übersetzt und vortreffliche Sachen darin gefunden. Das Übersetzen macht überaus deutliche Begriffe, und in den Verwirrungen des Lebens sind sie immer gut.

Wollen Sie ein Naturkundiger werden, so sucht der Abbé Souslavie, der über das mittägliche Frankreich geschrieben, einen Reisegefährten und will auch in Kalabrien untersuchen, was für Eingeweide die Erde herausgewühlt hat. Er hat es ins ‹Journal de Paris› setzen lassen. Wenn ich ein Mann und ungebunden wäre, ich ging mit ihm!»[259] Das ist gewiß ein bemerkenswerter Traum der einundvierzigjährigen Frau.

Aus dem beginnenden Jahre 1804 erfährt man, daß sie Jean Pauls «Neujahrswunsch an mich selbst» komplett ins Französische übersetzte, eine von ihr offenbar häufig praktizierte Übung. Danach widmete sie sich, trotz oder auch wegen beständigen Kopfwehs, nur astronomischen Büchern, um sich «von dieser Erde hinweg» zu machen und sich «so in die Unendlichkeit» verlieren zu können.

Wichtige, epochemachende Theateraufführungen – als Teil ihrer

Literaturbeschäftigung – ließ sie natürlich nicht verstreichen. Über die ersten «Tell»-Inszenierungen im März 1804 schrieb sie an Knebel: «‹Tell› hat bis beinahe 11 Uhr gespielt. Man ermüdet auch des Schönen! Schiller tut seinen Stücken Schaden, daß er sie über das Genießungsvermögen anhält. Die zwei ersten Akts haben Wielanden gefallen, dann hat er geschimpft und getobt.

Auf den Sonnabend, wenn ich bis dahin ausgehen kann, will ich wenigstens die ersten Akts sehen.»[260] Als 1808 der von Charlotte zutiefst gehaßte Napoleon in Weimar weilte, hielt sie sich ostentativ zurück; allein ins Theater ging sie. «Von den hiesigen Begebenheiten dieser Tage laß' ich mir auch nur erzählen und sah von Allem Nichts als nur in der Komedie die Reihe der Kaiser und Könige in der Wirklichkeit, wie sonst in der Laterna magica: Schöne Rarität, schön Spielwerk!

Die französischen Akteurs haben mir in manchen Seiten gefallen. Nur erstaune ich, daß Napoleon die Verwegenheit hat, sich den ‹Caesar› vorspielen zu lassen. Ich habe mir den ‹Caesar› vom Shakespeare herbeigeholt. Der läßt den Cassius sagen:
And why should Caesar be a tyrant, then?
Poor man! I know, he would not be a wolf,
But that he sees the Romans are but sheep.
He were no lion, were not Romans hinds.
Those that with haste will make a mighty fire
Begin it with weak straws.
Es ist nichts Neues unter der Sonne, wie Salomo sagt.»[261] Das ist Charlotte von Stein, wie sie leibt und lebt! Hier kamen ihr natürlich die einst mit Goethe betriebenen Shakespeare-Studien zugute und in Erinnerung: sie hatten beide die Werke des englischen Klassikers im Original gelesen.

Knebel war ihr über die Jahre nicht nur Beichtvater und Seelentröster, sondern bei antiken Autoren auch gern konsultierter Gesprächspartner: «Ich sehne mich, Sie einmal zu besuchen», gestand sie am 30. März 1811. «Ich habe Ihnen so Vieles von der griechischen Vorwelt zu fragen, weil ich zeither die ‹Reisen des Antenor›

*Carl Ludwig von Knebel. Lithographie von Johann Joseph Schmeller,
1820.*

lese, eine Nachahmung des ‹Anarcharsis›, und nicht herausfinden
kann, was der Franzose hinzugesetzt hat.»[262] Knebel, Lukrez-Über-
setzer und notorischer Vielleser, war dazu in der Tat der beste Gesprächspartner.

Die Stein las den «Anton Reiser» und die Geschichte des von der
Trenck, die Reise der Sophie La Roche nach London, sie studierte

Gibbon, in dem sie sich beispielsweise 1788 die Geschichte der Entstehung der christlichen Religion vornahm, sie las Sophokles' Leben und Äschylos' «Agamemnon». «Ich freue mich über die Wahrheit und Einfachheit der griechischen Stücke immer mehr.»[263]

Der Drang zu dichten
Die wissensdurstige Hofdame blieb nicht beim Aufnehmen geistiger Güter stehen. Der intellektuelle Genuß des Umgangs mit Goethe, mit Herder, mit Knebel erweckte bei ihr weitere Wünsche, die in einem Brief an den Vertrauten vom 10. Januar 1788 plötzlich unverhüllt zu Tage traten: «Vorgestern war ich bei Herders, der mir nicht heiter vorkam. Er war bei seinem vierten Band der ‹Ideen›; es freute ihn aber nicht. Was wollte ich mich an meinen Büchern freuen, wenn ich schreiben könnte, und an dem Geld, das ich dafür kriegte! Es ist eine zauberische Sache um's schön Schreiben!»[264]
Und tatsächlich, Charlotte von Stein versuchte sich im «schönen Schreiben», in der bewunderten Dichtkunst. Neben der in den neunziger Jahren entstandenen Komödie «Neues Freiheitssystem», von Schiller angeregt, an der Heinrich Düntzer, bezogen auf die einfache Figur eines spinnenden Mütterchens, der Autorin «Sinn für die Tugenden des niedern Volkes» hervorzuheben für wichtig befand[265], ist eine kleine, harmlose «Matinee» überliefert, «Rino» betitelt.
Darin spöttelt die dichtende Baronin über die magische Anziehungskraft Rino-Goethes auf die ihn verehrende Damenwelt. Adelheid (Herzogin Anna Amalia), Thusnelde (Louise von Göchhausen), Kunigunde (Frau von Werthern) und Gertrud (Charlotte von Stein) stellen am Ende unisono fest, allesamt dicke Briefbündel von dem vergötterten Dichter erhalten zu haben. Gertrud resümiert:
«Ich bin ihm zwar gut, doch, Adelheid, glaub mir's nur:
Er geht auf aller Frauen Spur!
Ist wirklich, was man eine Kokette nennt!
Gewiß ich hab' ihn nicht verkennt!
...

Er hat mir wohl so mancherlei gesagt,
Daß, hätt' ich es nicht reichlich überdacht,
Ich wär' stolz auf seinen Beifall worden.
Doch treibt ihn immer Liebe fort:
Ein neuer Gegenstand an jedem neuen Ort!
Die schönen Augen sind gleich seine Orden,
Vor die muß er manch treues Herz ermorden.
So ist er gar nicht Herr von sich,
Der arme Mensch! Er dauert mich!»[266]

Das Trauerspiel «Dido»

Der alte Streit um Charlottes Rolle in Goethes Leben und das Für und Wider um ihr Verhalten nach 1789 entzündete sich jedoch vor allem an ihrem Trauerspiel «Dido», das sie im Winter 1794/95 niederschrieb und in dem sich der ganze leidenschaftliche Zorn und die abgrundtiefe Enttäuschung über das Ende ihrer Beziehung zu Goethe noch einmal äußerten. Zugleich spiegelt der Text den Widerwillen der Verfasserin gegen die politisch-militärische Entwicklung in Frankreich, in der sie instinktiv eine Gefährdung der bestehenden Verhältnisse, des Weimarer Fürstenhauses und damit auch ihrer Freundin, der Herzogin Louise, heraufziehen sah.

So ergriff sie den von Justinus überlieferten Stoff um die verwitwete Königin Dido von Karthago, die vom barbarischen Afrikanerkönig Jarbas zur Frau begehrt wird; dem steht ein Gelübde der Dido entgegen. Vor allem Vergil hatte sich in der «Aeneis» des Themas angenommen, dabei aber ein Liebesverhältnis zwischen Dido und dem sagenhaften Trojaner Aeneas entwickelt.

Das paßte im Jahre 1794 gar nicht zu den Intentionen der Stein, die vermutlich die Treue der liebenden Frau über den Tod hinaus hatte thematisieren wollen. So entstand ein Fünfakter, der – für eine Bühnenaufführung keineswegs gedacht noch geeignet – die Frustration der verwitweten und vereinsamten Frau aufnahm und gegen Goethe wie auf weitere Personen des Weimarer Hofes zornige und scharfe Angriffe richtete. Auf der anderen Seite agieren makellose Idealgestalten, umstrahlt von der Aureole moralischer Lauterkeit. Keine Entwicklung von Charakteren wird gezeigt, keine dramatische Wendung vorbereitet; fertige, feste, unvereinbare Meinungen und Figuren prallen apodiktisch aufeinander – Gut und Böse sind säuberlich geschieden.

Da sind zunächst die «Guten»: Dido (Herzogin Louise), Elissa (Charlotte von Stein), der Priester Albicerio (Herder); dann die «Bösen»: Jarbas (Carl August), Aratus (Bertuch) und Dodus (Knebel, dessen Begeisterung für die französische Revolution die Verfasserin hierbei abzustrafen gedachte). Vor allen anderen aber wird Ogon (Goethe), Hofdichter des Jarbas, gänzlich zuschanden karikiert.

Die zweite Szene des dritten Aufzugs stellt ein Gespräch zwischen Ogon und Elissa dar: es ist die Schlüsselszene des handlungsarmen Geschehens. Ogon versucht Elissa für die Interessen und Partei des Jarbas zu gewinnen. Charlotte von Stein verarbeitete in diesem Dialog deutlich identifizierbare Passagen aus Goethes letzten Briefen an sie und vermutlich auch Gesprächsfragmente, die bei Goethes erstem Besuch im Steinschen Hause nach dem Bruch, im Sommer 1794, dort gesprochen worden sein könnten:

«OGON Ist's erlaubt, schöne Elissa? Aber ich bin wohl hier zuviel?

ELISSA Sehr willkommen. Die Sonne ist am Himmel hinunter; die glänzenden Sterne gehen bei mir auf.

ARATUS (zum Ogon, bei Seite) Hilf mir! ich kann nicht zur Sache kommen.

OGON Ihr seid wie die Kinder, wißt nichts anzugreifen.

ARATUS Und du fällst vielleicht mit der Thür ins Haus, oder klopfst so leise an, daß man dich gar nicht versteht. Ich sah dich immer das Rechte verfehlen, und meist deine Effekte falsch calculiren.

ELISSA Was machen sich die Göttersöhne für Vorwürfe?

OGON (zum Aratus) Du bist auch grob wie ein Göttersohn. (Zur Elissa) Höre mich einmal, Elissa, mit dem Vertrauen, das du mir vormals gönntest, und willige ein dich eine Weile unsrer

Führung zu überlassen, und durch unsre Führung leite alsdann die Königin. Sie muß die Vermählte des Gätulischen Königs werden.

ELISSA Sie muß? Hast du das Gelübde vergessen, das sie den Göttern that, als wir aus Tyros flohn?

OGON Gelübde thun wir uns selber, und können uns auch wieder selbst davon entbinden.

ELISSA Wer sich nicht treu bleibt, bleibt's auch den Göttern nicht.

ARATUS (zum Ogon) Du kannst mit den Frauens noch am besten zurecht kommen; ich überlasse dir hier die Ausführung und will unsre übrigen Gesellen beim Albicerio wieder aufsuchen.

OGON (der sich im Zimmer überall umsieht) Du bist ein gleichförmiges Wesen. Jahre lang sah ich dies Zimmer nicht, und noch ist alles auf dem alten Fleck. Es ist doch wahr, die Frauen können eine langweilige Existenz ertragen.

ELISSA Sag lieber eine ruhige, für die uns die Götter zum Ersatz dessen, was sie den Männern vorausgaben, einen geschickteren Sinn schenkten.

OGON Und das machst du wohl zur Tugend?

ELISSA Nicht so wie du, der sich zur Tugend anmaßt, was ihm am gemüthlichsten ist.

OGON Du betrügst dich.

ELISSA Einmal betrog ich mich in dir, jetzt aber sehe ich allzugut, ohngeacht des schönen Kammstrichs deiner Haare und deiner wohlgeformten Schuhe, dennoch die Bockshörnerchen, Hüfchen und dergleichen Attribute des Waldbewohners, und diesen ist kein Gelübde heilig.

OGON Diese falschen Vorstellungen kommen von einem dir ungesunden Trank her, den ich dir immer verwies. Gönne dir nur von dem rechten geistigen Erdensaft, und du wirst dich bald mit dem schönen Bild, das du dir von mir machst, vertragen lernen.

ELISSA (lachend) Ich möchte meine Sicherheit nicht in deine Hände legen, da deine Moral von deiner Küche abhängt.

OGON Dies gehört nicht zur Sache, die ich mit dir abhandeln wollte. Du weißt, daß ich dich einmal liebte. Es ist schwer die Wahrheit zu sagen, ohne zu beleidigen; aber echte menschliche Natur ist schlangenartig, eine alte Haut muß sich nach Jahren einmal wieder abwerfen; diese wäre nun bei mir herunter. Laß uns jetzt in ein politisches Verhältniß zusammen treten! arbeite mit mir zum Besten der Königin!

ELISSA Es ist vergeblich, daß du mich um deiner Nichtliebe willen zu etwas bringen willst, das ich nicht einmal um deiner Liebe willen gethan hätte. Nach der Ehre, in deinem politischen Verhältnisse zu stehen, strebe ich nicht, und ich verehre die Grundsätze der Königin. Lebe wohl!»[267]

Das wimmelt von Anspielungen: Wieland und Knebel wurden in der Aufregung tatsächlich grob und auffahrend; der Vorwurf der Treulosigkeit richtete sich natürlich gegen Goethe; Männern insgesamt sei eigen, sich das, was sie gern hätten, zur Pflicht zu machen; Goethe sei einer wilden Sinnlichkeit verfallen, was auf sein Verhältnis mit Christiane Vulpius abzielte. Mit der Wendung: «Dies gehört nicht zur Sache» hat Goethe wohl oft unangenehme Fragen abgewiesen, und die Metapher von der Schlangenhaut verwendete er in der Tat häufig und gern. Düntzer hat den Text des Trauerspiels mit weiteren Anmerkungen versehen, die auf reale Begebenheiten und wörtliche Wendungen in der Korrespondenz zwischen Goethe und der Stein verweisen.

Reaktionen auf das Trauerspiel
Engen Freunden gab die Verfasserin das Manuskript zum Lesen. So erhielt es 1796 Elise Gore, die einst von Herzog Carl August heiß begehrte Tochter des englischen Kaufmanns und Malers Charles Gore, nach ihr Charlotte von Schiller und damit ihr Mann.

Seit jener denkwürdigen Begegnung im Juni 1794, im Rahmen der «Naturforschenden Gesellschaft» in Jena, waren sich Goethe und Schiller schnell nähergekommen. Da letzterer über seine Frau vom Zerwürfnis Goethes mit Frau von Stein wußte, mutet Schillers überschwängliches Lob nach der Lektüre der «Dido» etwas sonderbar an, denn die sprachlichen, kompositorischen und sonstigen künstlerischen Schwächen des Trauerspiels konnten ihm nicht entgangen sein.

Am 2. Januar 1797 schrieb er also an Charlotte von Stein:

«Ungern gebe ich Ihre Composition aus den Händen theure Freundin. Sie hat mich unbeschreiblich interessiert und in jeder Rücksicht. Ausser dem schönen stillen sanften Geist, der überhaupt darinn athmet, und ausser dem vielen, was im einzelnen vortreflich gedacht und ausgesprochen ist, ist es mir und zwar vorzüglich, durch die Individualität und Lebendigkeit theuer geworden, womit sich eine zarte und edle Weibliche Natur, womit sich die ganze Seele unsrer Freundin darinn gezeichnet hat.

Ich habe weniges, ja vielleicht noch nie etwas in meinem Leben gelesen, was mir die Seele, aus der es floß, so rein und klar und so wahr und prunklos überliefert hätte, und darum rührte es mich mehr als ich sagen kann. Aber so individuell und wahr es auch ist, daß man es unter die Bekenntniße rechnen könnte, die ein edles Gemüth sich selbst und von sich selbst macht, so poetisch ist es bey dem allen, weil es wirklich eine productive Kraft, nehmlich eine Macht beweißt, sein eigenes Empfinden zum Gegenstand eines heitern und ruhigen Spiels zu machen und ihm einen äußern Körper zu geben.

Von dieser Seite, ich gestehe es, hat es mich auch überrascht, denn ob ich gleich diese Empfindungsweise in meiner Freundin gar nicht neu finde, so war mir die Entdeckung doch in der That neu, daß sie ihren Gefühlen soviel poetisches Leben einhauchen, soviel Gestalt geben könnte.

Meine Frau sagt, daß Sie das Mscrpt copiren lassen wollen. In diesem Falle wünschte ich es noch einmal der Orthographie wegen vorher anzusehen, worinn es einige kleine Unrichtigkeiten hat. Wollten Sie dann auch mir eine Copie davon schenken, so geben Sie

240

mir einen schönen Beweis Ihrer Freundschaft und Sie sollen es nie bereuen, dieses liebe Bild von Ihnen selbst in meine Hand gelegt zu haben.

Ich bin recht ungeduldig Sie bald zu sehen und Ihnen dasjenige mündlich vielleicht lebendiger auszudrücken, was ich in diesem Brief nur sehr unvollkommen habe mittheilen können.»[268] Da kommt doch der Eindruck auf, als genieße Schiller die heimliche Mitwisserschaft um persönliche Schwächen und Fragwürdigkeiten des großen Freundes, der doch immer ein dichterischer Konkurrent blieb. Schließlich ist überliefert, wie eminent wichtig für Schiller die Gewißheit war, dem großen Vorbild Goethe im dramatischen Fache überlegen zu sein.

Charlotte von Stein hatte das Manuskript schon 1796, wohl Mißbrauch fürchtend, zurückgefordert, lieferte der befreundeten Charlotte von Schiller aber 1798 eine saubere Abschrift, die diese später mit der Notiz versah: «Von einer ungenannt sein wollenden Freundin nicht zum Druck bestimmt 1803.» Noch immer fürchtete man einen Eklat bei Bekanntwerden des vielerorts verletzenden Textes. Schillers Tochter, Emilie von Gleichen-Rußwurm, die die Abschrift dann erbte, stiftete das Manuskript dem Freien Deutschen Hochstift in Frankfurt am Main. Erst nachdem August Karl Freiherr von Stein-Kochberg, Königlich-Preußischer Geheimer Oberregierungsrat und Domherr des Hochstifts Naumburg, und Enkel von Charlotte, am 20. März 1865 seine Druckerlaubnis erteilte, durfte das Stück veröffentlicht werden. Bei einer Frankfurter Festrede zu Goethes 118. Geburtstag, gehalten von Otto Volger, genannt Senckenberg, wurde der Druck den Goethefreunden vorgestellt.

Der Festredner, beseelt von einem demokratischen, antiaristokratischen Grundverständnis, ging mit der Weimarer Wirklichkeit zur Zeit Goethes und dann auch mit der Autorin von Stein scharf ins Gericht. Zunächst habe sie, «ein guter Engel», den zugereisten, unerfahrenen Frankfurter in freundschaftlicher Verbundenheit gestützt und verehrt: «Dieser seltsamen Mischung von Freundschaft und Liebschaft mit einem wahrhaft hochherzigen, edlen Weibe verdankte es Goethe, daß er im Hofleben und seinem Sumpfe nicht unterging.» Erst die Liaison mit dem Bürgermädchen Christiane Vulpius – die Verbindung mit einer adligen Dame hätte die Stein «ihm ohne Zweifel gestattet» – habe, so Volger, die verlassene und maßlos enttäuschte Baronin bis zur Weißglut gereizt:

«Es erwachte in ihr eine furchtbare Leidenschaft, unter welcher die Freundschaft erlag, die gekränkte Weiblichkeit die Oberhand gewann und sich, nach Bundesgenossenschaft suchend, den neidischen und zurückgesetzten Hofkreisen bereitwillig anschloß, um mit verläumderischer Zunge an dem schwer verklagten Dichter durch das kleinlichste, widerwärtigste, niedrigste Geklatsch eine unersättliche Rache zu kühlen.»

Volger meinte, daß das Trauerspiel in dieser Form niemals verfaßt worden wäre, wenn die Verfasserin tatsächlich «den heitern Lebensmut und die besonnene Ruhe der Elissa besessen» hätte. So aber sei ein schlechtes Stück entstanden, das allein «einen tiefen Blick in die wild aufgestachelte Eifersucht der merkwürdigen Frau» gestatte; Goethe jedenfalls gehe aus diesem «Feuerbache der Eifersucht unversehrt» hervor.[269]

Ähnlich wertete Lena Voß dieses Stück und betonte zugleich, daß man nicht nur die Karikatur Goethe-Ogon zu sehen, sondern auch die ergreifenden Klagen der liebeenttäuschten Charlotte-Elissa mitzulesen habe. «Dido» sei «wichtig als seelisches Selbstporträt».[270]

Lyrische Versuche

Vermutlich noch bekannter als das «Dido»-Trauerspiel von 1794 ist die dilettantische Überarbeitung der zweiten Fassung von Goethes Gedicht «An den Mond» aus Charlotte von Steins Feder (1786), die die Entrüstung ästhetischer Richter und philologischer Moralapostel wachrief. Goethes und Charlottes Verse seien hier gegenübergestellt:

«Füllest wieder's liebe Thal
still mit Nebel Glanz
lösest endlich auch einmal
meine Seele ganz.

Breitest über mein Gefild
lindernd deinen Blick
wie der Liebsten Auge mild
über mein Geschick.

Daß du so beweglich kennst
dieses Herz in Brand,
haltet ihr wie ein Gespenst
an den Fluß gebannt.

Wenn in öder Winternacht
er vom Tode schwillt
und bei Frühlingslebens Pracht
an den Knospen quillt.

Seelig wer sich vor der Welt
ohne Haß verschließt,
einen Mann am Busen hält
und mit dem genießt.

Was den Menschen unbewußt
oder wohl veracht
durch das Labyrinth der Brust
wandelt bei der Nacht.»[271]

«Füllest wieder Busch und Tal
Still mit Nebelglanz,
Lösest endlich auch einmal
Meine Seele ganz.

Breitest über mein Gefild
Lindernd deinen Blick
Da des Freundes Auge mild
Nie mehr kehrt zurück.

Lösch' das Bild aus meinem Herz'
Vom geschiednen Freund
Dem unausgesprochner Schmerz
Stille Tränen weint.

Mischet euch in diesen Fluß!
Nimmer werd' ich froh:
So verrauschte Scherz und Kuß
Und die Treue so.

Jeden Nachklang in der Brust
Froh' und trüber Zeit,
Wandle ich nun unbewußt
In der Einsamkeit.

Selig, wer sich vor der Welt
Ohne Haß verschließt,
Seine Seele rein erhält
Ahnungsvoll genießt.

Was dem Menschen unbekannt
Oder wohl veracht't
In dem himmlischen Gewand
Glänzet bei der Nacht.»[272]

Mond zwischen Bäumen. Bleistiftzeichnung von Johann Wolfgang Goethe, um 1778.

Dieses Gedicht, von Goethe vor der Veröffentlichung noch umge-arbeitet, wurde von beiden Liebenden – wie unlängst Gabriele Ruhl-Anglade mutmaßte – als «Symbol ihrer Beziehung» verstan-den. Gerade deshalb habe Charlotte von Stein eben diese Verse um-dichten müssen.[273]

Goethes «heilige» Verse umzumodeln, selbst wenn dies die Stein tat, schien manchem Goetheforscher ein Sakrilegium. «Dilettantis-mus ärgster Sorte», ohne die «Spur eines tieferen Gedankens oder Gefühls», «das unsäglich Prosaische im Schaffen dieser illegitimen Tochter Apolls», «dem nach Inhalt und Form armseligen Protest der Frau von Stein» – so lautet eine kleine Blütenlese dieser vernichtenden Verdikte.[274]

Ein schmerzerfülltes Gedicht schrieb sie nach Goethes Flucht nach Italien nieder. Wenngleich einige Reime nicht fließen, stehe es doch hier als ein letztes Beispiel aus ihrem poetischen Mühen und als ein weiteres Selbstdokument:

«Ihr Gedanken fliehet mich,
Wie mein Freund von mir entwich!
Ihr erinnert mich der Stunden,
Mit ihm liebevoll verschwunden.
O wie bin ich nun allein!
Ewig werd ich einsam sein!

Wenn mein Aug' die Träne quillt
Und der Schmerz das Herz aufschwillt
Wenn es Dich den Lüften nennet,
Aus der Brust der Atem brennet,
Bleibt doch alles um mich leer!
Keine Antwort wird mir mehr!

Ach, ich möchte fort und fort
Eilen und weiß keinen Ort!
Weiß mein Herz an nichts zu binden,
Weiß nichts Gutes mehr zu finden:
Alles, alles floh mit dir!
Ich allein, verarmt in mir!

Was mir seine Liebe gab,
Hüll' ich wie in's tiefe Grab.
Ach, es sind Erinnerungsleiden.
Süßer, abgeschiedener Freuden,
Was mich sonst so oft entzückt
Und ich an mein Herz gedrückt.

Schutzgeist, hüll mir auch noch ein
Seines Bildes letzten Schein,
Wie er mir sein Herz verschlossen,
Das er sonst so gern ergossen,
Wie er sich von meiner Hand
Stumm und kalt fast weggewandt!»[275]

Mit Zeichenstift und Pinsel
Von den Zeichenversuchen der Charlotte von Stein wurde bereits
berichtet; diese Liebhaberei hatte Goethe nachhaltig bei ihr angeregt. Zeichnen und Malen waren in Weimars gebildeten Schichten
damals weitverbreitet und erhielten in der «Freien Zeichenschule»
ihre öffentliche Institution. Goethe und die Stein schickten einander ihre liebevoll-ernsthaft verfertigten Blätter zu. Im Hause der Familie Stein gab es sogar eine «Mahlstübgen» benannte Räumlich-
keit für diese Lieblingstätigkeit.[276] «Das Landschäfftgen gefällt mir
recht wohl», lobte denn zum Beispiel Goethe am 7. Oktober 1785
einmal; «du hast würcklich etwas von der Oeserischen Manier er-
hascht und recht glücklich angewendet.»[277]
    Auch im Porträtieren von Familienangehörigen versuchte sie
sich. Daß sie ihr Selbstporträt, auf das bereits eingegangen wurde,
als Teil der mit Goethe betriebenen physiognomischen und psycho-
logischen Studien auffaßte, verrät ihr enthusiastischer Brief an Knebel vom Beginn des Jahres 1788: «Ich bitte Sie, machen Sie mir die
Freude und zeichnen Sie meinen Charakter! Schon einmal hat ihn
Einsiedel gemacht, vor vielen Jahren, aber Sie haben's besser, denn
ich bin nicht mehr so gut.
    Alsdann will ich mein Gesicht dazu zeichnen. Ich finde es sehr
schwer, eines Menschen Charakter zu machen, und ist eine rechte
Übung des Verstandes, um so mehr, da so Viele keinen haben, und
Widersprüche und Inconsequenzen einen irre machen.»[278] Erst drei
Jahre später, am 10. Januar 1791 – es ist unklar, ob mit der gerade
erwähnten Bitte im Zusammenhang stehend – teilte sie ihm mit:

Charlotte von Stein am Schreibtisch, von ihr selbst gemalt. 1922 im Besitz von Wolfgang Bach in Weimar.

«Mein Bildchen für Sie ist beinahe fertig, aber ähnlich sieht mir's nicht. S'ist aber artig angezogen und aufgesetzt. Ich habe mir nur zweimal gesessen, und da mußte ich den Spiegel wieder weggeben, den ich geborgt hatte.»[279]

Von einem letzten zeichnerischen Versuch, einer Kopie, vermeldet ein Brief an Fritz vom März 1809: «...Ich habe eine Zeignung vor Dich angefangen nehmlich ich kopire Deines Vaters Bild en mignature mit Silberstift der Mahler Ruhl wolte in mignature da ich fragte 4 Louisd'or dafür haben, ich will sehen ob ichs zeignen kann, die Farben haben aber so geschwärzt, daß es mich irre macht.» Ende April meldete sie stolz den Erfolg ihrer Bemühungen: «Ich habe das große Oelgemälde von Deinem Vater mit Silberstift en miniature

247

kopirt und ist recht ähnlich geworden.»[280] Vom Verbleib dieser gewiß an Fritz nach Breslau geschickten Miniatur scheint nichts bekannt zu sein.

Die Tierfreundin
Noch weniger als für Charlottes Zeichnen und Malen haben sich Goethe-Philologen für einen Charakterzug interessiert, den man gleichwohl für erwähnenswert halten darf: ihre ausgeprägte Tierliebe. Mag es mit ihrer Überzeugung von der Seelenwanderung zusammenhängen, mit ihrer Erziehung, dem Beruf ihres Ehemannes, oder einfach nur Ehrfurcht vor dem Leben gewesen sein – die tierische Kreatur schätzte und behütete sie, ein sympathischer Zug, der sich bei der alternden, einsamer werdenden Frau verständlicherweise verstärkte.

In Kochberg hielt sie Tauben, die sie selber betreute. «Ihre Tauben wissen gar nicht wie ihnen geschieht dass das Fenster sich nicht öffnen will», scherzte Goethe am 21. August 1779; sogar ein zahmes «Eichhörngen» war im Schloß heimisch und «ist wohl».[281] Im schweren Kriegswinter 1814 zupfte Charlotte von Stein nicht nur Scharpie für die Verwundeten, sie hatte auch ein Herz für Tiere: «Der lange Winter ist allen Pflanzen und Geschöpfen unhold. Gestern brachte mir die Staff einen sterbenden Hasen in die Stube, der vor Hunger keine Kraft mehr hatte und den sie aus Mitleid aus dem Park mitnahm. Wir wollten ihn füttern, aber er nahm's nicht mehr. Er wurde auf Heu gelegt und ist darauf sanft gestorben.»[282]

Jahrzehntelang besaß sie Hunde, Katzen und Kanarienvögel. Der Frau Knebels, gleich ihr eine wahre Tiernärrin, schilderte sie 1812 ihr Leid: «Mein zahmes Kanarienvögelchen kam leider durch die Jungfer Schmitten um, schon den zweiten Tag, als sie bei mir war. Sie hat es nur leise mit der Fußspitze berührt, und es war im Augenblick hin. Goethe behauptet, es sei durch einen elektrischen Schlag, denn es stand auf dem wollenen Teppich vor dem Kanapee, wo ich saß, indem sie mit dem Fuß auf den Teppich trat und es auch gleich tot war, ohne die geringste Verletzung an ihm bemerken zu können.

Goethe hat mir gleich ein anderes Kanarienvögelchen geschenkt, das sehr angenehm singt; aber übrigens ist er spröde gegen mich, und wenn ich ihn küssen will wie meinen vorigen, beißt er mich in die Lippen. Indessen täusch' ich doch manchmal meinen Schmerz über den Verlust des vorigen und danke es dem Geber gar sehr, daß er meine Liebe auf ein anderes Freundchen wenden wollte.» Wenige Tage später ergänzte sie das für sie wichtige Alltagsproblem: «Mein Kanarienvogel ist bei weitem nicht Das, was mein voriger war, gibt aber doch Hoffnung von einem Verhältnis zu mir, denn er haßt und beißt mich, was er kann.

Der Tod des ersteren sowohl als das Geschenk des jetzigen haben beide etwas Merkwürdiges; die gute, bedächtige Schmitten mußte das Unglück haben, ihn totzutreten, und Goethe, ganz außer Art ihn vermissend, mir einen anderen schenken! Wenigstens täuscht mich doch manchmal sein Gesang.»[283] In der Tat, Kanarienvögel blieben zwischen Goethe und Stein lebenslang ein gemeinsames Thema, wenn inzwischen auch ein prosaisches.

Zwei Jahre später ereilte ihren neuen gefiederten Liebling ein ähnliches Schicksal. An den vertrauten Altersfreund Knebel ergehen die Worte: «Grüßen Sie recht schön Ihre liebe Frau und sagen ihr: sie würde wohl teil an meinem Hänschen nehmen, den sie mir so erfreulich gerettet und mir der Himmel nicht gegönnt hat. Vorigen Dienstag hat mir ihn Stäffchen zu ihrem eigenen großen Leidwesen zwischen die Tür geklemmt, daß er gleich hin war. Und den Augenblick vorher hatte er mir auf dem Schoße und auf dem Kopfe gesessen und wollte eben mit mir frühstücken. Ich konnte vor Leid weder frühstücken, noch den übrigen Tag etwas zu mir nehmen, und schmerzt mich noch, ob mir schon Goethe seinen Kanarienvogel wieder geschenkt. Der erste war auch von ihm, aber so ein liebes Tierchen ist der jetzige nicht; er beißt mich, was er nur Kraft hat.»

Nichts Neues, mag der weise Jenenser Freund beim Lesen dieser

Zeilen gedacht haben, und tröstete sie hochpoetisch. «Daß Sie meinen Vogel der Proserpina auf den Schoß setzen, ist ein sehr hübscher Gedanke», schrieb sie zurück. «Noch denke ich alle Tage an das liebe Tier, und wenn ich jung wäre, würde ich ihn auch beweinen. Nun ich alt bin, kann ich keinen Schmerz mehr mit Tränen auslöschen.»

Im gleichen Brief schloß die 72jährige eine Frage an, die so typisch für sie ist, daß kein besserer Abschluß zu diesem Kapitel gefunden werden könnte: «Was ist denn das für ein Tier, der Schimpanse? Neulich fand ich einen kleinen Aufsatz oder Abhandlung von einem gewissen Leopold Reichard aus Freiburg, der sich überzeugt hat, daß der Mensch von einem Orang-Utan und einer Schimpanse entstanden sei, sogar der Name Eva rückwärts gelesen Affe hieß. Er führte manche genialische Beweise darüber...

Die Handlungen der Menschen sind doch ziemlich bestialisch und könnten einen solchen Ursprung verraten.»[284]

Freunde

«...wir haben uns über die Franzosen so entzweit, daß er in acht Tagen nicht wieder zu mir kommen will.»

CHARLOTTE VON STEIN

WOLLTE man Charlottes Weimarer Freundeskreis während ihrer Zeit mit Goethe darstellen, so würde er sich als fast identisch mit dem des Freundes beschreiben lassen. Viel geselliger Verkehr spielte sich im «Saale» der großen Steinschen Wohnung an der Ackerwand ab, und so wundert es nicht, daß sich mit der Hausherrin auch teils engere persönliche Bindungen anknüpften. Selbst der herzoglichen Familie war in dieser «hoffernen» Umgebung ein lockerer, unzeremoniöser Umgang möglich. Herzogin Louise nutzte das gastliche Haus der Steins gern, um ihrer Favoritin Gesellschaft zu leisten.

Den Schatten der in Weimar bekannten, duftenden Orangenbäumchen vor dem Steinschen Anwesen suchten auch andere Damen des Weimarer Hofes oft und gern auf, um mit der Oberstallmeisterin zu plaudern. So war zum Beispiel die Gräfin Eleonore Maximiliane Ottilie Henckel von Donnersmarck, die strenge und gefürchtete Oberhofmeisterin der Großfürstin Maria Paulowna und Großmutter der Ottilie von Pogwisch, Goethes späterer Schwiegertochter, häufig bei der Stein zu Gast, um sich mit ihr über Hofneuigkeiten auszutauschen. Vom 30. Juli 1814 berichtet Charlotte beispielsweise: «Gestern Abend war es schön unter den Orangenbäumen vor meiner Türe, und der beinahe volle Mond grad gegenüber! Bis um zehn Uhr saß ich da, Gräfin Henckel mit mir, ermüdet von der Hoflast.» [285]

Die gesellschaftlichen Zirkel

Nach dem Bruch mit Goethe und dem Tode des Ehemannes war es um die Witwe ruhig geworden. Um in der großen Wohnung angenehme Gesellschaft zu erhalten, richtete sie das sogenannte «Nonnenstübchen» ein, in dem sie einen Untermieter aufnahm. Das war über viele Jahre hinweg Albertine Auguste von Staff, genannt «Stäffchen», die nach langem Hofdienst am Karlsruher Hof in ihre Heimatstadt Weimar zurückgekehrt war, wo sie nun ihren Lebensabend verbrachte. Ihr Vater hatte hier einst als herzoglicher Oberjägermeister gedient. Mit «Stäffchen» war die alte Baronin von Stein eng befreundet.

Charlotte von Ahlefeld, geborene von Seebach, gehörte zum nächsten Kreis der Oberstallmeisterin, nachdem sie 1821 nach Weimar zurückgekehrt war und hier, ebenso bescheiden wie fleißig ihrer leichten literarischen Produktion lebend, in die Rolle einer trefflichen, weil künstlerisch tätigen Gesprächspartnerin hineinwuchs. Die Ahlefeld erwarb sich so viel Vertrauen der oft kranken und eingeschränkt lebenden Charlotte, deren Augen und Hände häufig den Dienst versagten, daß sie für diese die Korrespondenz, zum Beispiel mit Knebel, weiterführte.

Die nächsten Verwandten

Den wichtigsten Freundeskreis bildeten auch im Alter die Verwandten, die Frauen der Brüder Karl und Ludwig sowie besonders die Schwester Louise und deren Kinder. Carl von Schardt, der Weimarische Kammerherr und Regierungsbeamte, vermählte sich 1778 mit Sophie von Bernstorff, der Nichte der Gräfin gleichen Namens. Charitas Emilie von Bernstorff, die vermögende Witwe des ehemaligen dänischen Außenministers, schlug 1779, angelockt durch die Erzählungen der Gattin Schardts, in Weimar ihren ständigen Wohnsitz auf. In ihrem gastfreien Haus nahe dem Frauenplan, wo sie mit ihrem Sekretär Johann Joachim Christoph Bode bald ein geselliges Zentrum in der Residenz schuf, verkehrten gern Schriftsteller wie Wieland und Herder, die Mitglieder des Hofes und die gebildeten Besucher Weimars. Die Stein, auch durch verwandtschaftliche Bindungen zugehörig, war in diesem Zirkel nicht selten anzutreffen.

Zu ihrer Schwägerin Sophie bestand ein herzliches Verhältnis, auch Charlottes Söhne Carl und Fritz verehrten die «kleine Tante», wie Sophie von Schardt wegen ihres zierlichen Wuchses liebevoll genannt wurde. Sie sorgte mit ihrem quirlig-romantischen Naturell oft genug für Unruhe in der Familie. Ihrem etwas schwerfälligen, wenig begabten Gatten geistig weit überlegen, suchte sie Ersatz in Kapricen. Sie war beständig verliebt, meist in anwesende Ausländer, oder verlor sich in eine phantastische Wunsch- und Scheinwelt. Ihre heimliche Konversion zum Katholizismus – die empörte Reaktion der «protestantischen» Charlotte auf diesen Schritt wurde bereits erwähnt – erboste die gesamte Familie, besonders den unbeweglichen Gatten, und rief bei den Bekannten Kopfschütteln hervor. Die Ehe Carl von Schardts blieb kinderlos. Als die «kleine Tante» am 30. Juli 1819 starb, widmete ihr Charlotte von Stein, welche die Schwägerin trotz aller Unwägbarkeiten ihres Charakters immer gemocht, ja geliebt hatte und ihr letztlich nichts nachtrug, folgenden Denkspruch:

«Des Geistes Funcke steigt zum Urlicht wieder hin
Indeß des Körpers Bau die Elemente nehmen
Getreu doch bleybt Dir hier des Angedenckens Sinn
Der Herzen, die noch trauernd um Dich schweben.»[286]

Ihren zweiten Bruder Ludwig, «Louis» genannt, schätzte Charlotte wenig; der war ein Bruder Leichtfuß und reichlich unbedarft. Dessen Frau, Sophie von Rheinbaben, nach langer Brautschaft erst 1798 geheiratet, gehörte nicht lange zum Freundeskreis der Stein; bereits 1804 starb sie.

Eine ungleich wichtigere Rolle spielte die verwitwete Schwester Louise, die nach dem Tode ihres zwielichtigen Mannes Carl von Imhoff 1788 vier Kinder zu versorgen hatte. Diese Kinder, drei Mädchen – der Sohn starb im gleichen Jahre wie die Mutter –, verehrten nach dem Tode Louises 1803 in Charlotte von Stein, in ihrer Tante, das weibliche Familienoberhaupt.

Die Älteste, die 1776 geborene Amalie von Imhoff, vermählte sich 1803 mit Karl von Helvig, einem pommerschen Adligen von

Stralsund, der es erst in schwedischen, nach 1815 in preußischen Militärdiensten bis zum General brachte. Amalie von Helvig, dichterisch begabt und schon vor der Eheschließung mit ihrem Gedicht «Schwestern von Lesbos», das Schiller in seinem «Musenalmanach» veröffentlichte, hervorgetreten, schrieb und publizierte auch in den folgenden Jahrzehnten, wobei sie mit so bekannten Autoren wie Friedrich de la Motte Fouqué und Friedrich Schlegel zusammenarbeitete. Charlotte von Stein stand den dichterischen Ergüssen und der Persönlichkeit ihrer Nichte allerdings oft reserviert gegenüber: Amalie sei «in sich selbst verliebt» und habe zu wenig Takt.[287] Die zweite Tochter ihrer Schwester, Katharina von Imhoff, «Käthe» genannt, heiratete 1810 den Kaufmann Karl de Ron; aus dieser Familie ihres Mannes entstammte auch der in der deutschen Militärgeschichte des 19. Jahrhunderts bekannte Generalfeldmarschall Graf Roon. Die dritte Tochter, wie ihre Mutter Louise benannt, vermählte sich 1817 mit einem Herrn von Kloch.

Die Frauen im «klassischen» Weimar bildeten Familiengruppen: Neben den Damen Kalb – Seckendorff – Ilten – Lichtenberg, neben den weiblichen Vertretern der Werthern, der Keller und Bechtoldsheim bildete die Gruppe Schardt – Stein – Bernstorff eine weitere Gemeinschaft, die gegen Ende des 18. Jahrhunderts vielleicht sogar über den größten Einfluß am Weimarer Hofe verfügte. Charlotte von Stein stellte in ihren letzten Lebensjahren das anerkannte Haupt dieses Familienclans dar.

Neben der Familie sind aus dem Kreise der näheren Bekannten und Freunde der Baronin von Stein noch drei Namen zu erwähnen, die besondere Aufmerksamkeit verdienen: Johann Georg Zimmermann, Charlotte von Schiller und Carl Ludwig von Knebel.

Johann Georg Zimmermann als Arzt
Der bekannte und seinerzeit beliebte Kurarzt in Bad Pyrmont, der Leibarzt des britischen Königs, hatte auch im Falle der Stein seine weitläufige Korrespondenz bedenkenlos zu Indiskretionen genutzt. Charlotte wußte das wohl nicht. Als Arzt, dem man Vertrauen ent-

gegenbrachte, kamen ihm viele Dinge zu Ohren, und den Rest konnte er sich, als guter Psychologe, zusammenreimen; Bernhard Suphan nannte ihn deshalb auch den «Spürer».[288]

Charlotte von Stein traf ihn 1773 und 1774 bei ihren beiden Badereisen nach Pyrmont; der belesene und weltgewandte Erzähler gefiel und gewann Eindruck, schließlich Vertrauen. Auch möchte man nicht ausschließen, daß Charlotte von Stein und Zimmermann im Sommer 1774 ernste Gespräche geführt haben, bei denen sie, die kränkelnde, von schweren Schwangerschaften gezeichnete Frau, als Patientin kam und ihn, den renommierten Modearzt, um Rat anging, wie dem Problem denn künftig wenn nicht abzuhelfen, so doch wenigstens zu steuern sei. Immerhin hatte sie am 13. April 1774 ihr siebtes Kind, eine Tochter, zur Welt gebracht; bereits drei Wochen später, am 7. Mai, trug sie das Neugeborene wieder zu Grabe.

Wie schon drei Mädchen vorher – 1766, 1769 und 1770 – verstarb dieses Kind im zartesten Alter. Nach 1774 bekam Charlotte von Stein, zweiunddreißig Jahre zählte sie, keine Kinder mehr. Ob und welchen Rat ihr der Arzt gegeben hat, wissen wir nicht. Ob und von welchen Konsequenzen die Ehe mit Josias nach der Rückkehr aus Bad Pyrmont betroffen war, wissen wir auch nicht. Lediglich das Faktum ist zur Kenntnis zu nehmen: Nach 1774 gab es im Leben der Baronin von Stein keine Schwangerschaften mehr, und das könnte mit einem Rat des Arztes Zimmermann zu tun gehabt haben. Wenn es so wäre, würde sich allein daraus erklären, daß Charlotte gegenüber diesem Manne große Dankbarkeit empfand.

Das beste Bild dieser in sich zerrissenen Persönlichkeit überlieferte kein Geringerer als Goethe im dritten Teil von «Dichtung und Wahrheit»: «Zimmermann war gleichfalls eine Zeit lang unser Gast. Dieser, groß und stark gebaut, von Natur heftig und gerade vor sich hin, hatte doch sein Äußeres und sein Betragen völlig in der Gewalt, so daß er im Umgang als ein gewandter weltmännischer Arzt erschien, und seinem innerlich ungebändigten Charakter nur in Schriften und im vertrautesten Umgang einen ungeregelten Lauf ließ. Seine Unterhaltung war mannichfaltig und höchst unterrichtend; und konnte man ihm nachsehen, daß er sich, seine Persönlichkeit, seine Verdienste, sehr lebhaft vorempfand, so war kein Umgang wünschenswerther zu finden. Da mich nun überhaupt das was man Eitelkeit nennt, niemals verletzte, und ich mir dagegen auch wieder eitel zu sein erlaubte, das heißt, dasjenige unbedenklich hervorkehrte, was mir an mir selbst Freude machte, so kam ich mit ihm gar wohl überein, wir ließen uns wechselweise gelten und schalten, und weil er sich durchaus offen und mittheilend erwies, so lernte ich in kurzer Zeit sehr viel von ihm.

Beurtheil' ich nun aber einen solchen Mann dankbar, wohlwollend und gründlich, so darf ich nicht einmal sagen, daß er eitel gewesen. Wir Deutschen mißbrauchen das Wort eitel nur allzu oft: denn eigentlich führt es den Begriff von Leerheit mit sich, und man bezeichnet damit billigerweise nur einen der die Freude an seinem Nichts, die Zufriedenheit mit einer hohlen Existenz nicht verbergen kann. Bei Zimmermann war gerade das Gegentheil, er hatte große Verdienste und kein inneres Behagen; wer sich aber an seinen Naturgaben nicht im Stillen erfreuen kann, wer sich bei Ausübung derselben nicht selbst seinen Lohn dahin nimmt, sondern erst darauf wartet und hofft, daß andere das Geleistete anerkennen und es gehörig würdigen sollen, der findet sich in einer übeln Lage, weil es nur allzu bekannt ist, daß die Menschen den Beifall sehr spärlich austheilen, daß sie das Lob verkümmern, ja wenn es nur einigermaßen thunlich ist, in Tadel verwandeln. Wer ohne hierauf vorbereitet zu sein, öffentlich auftritt, der kann nichts als Verdruß erwarten: denn wenn er das was von ihm ausgeht, auch nicht überschätzt, so schätzt er es doch unbedingt, und jede Aufnahme die wir in der Welt erfahren, wird bedingt sein; und sodann gehört ja für Lob und Beifall auch eine Empfänglichkeit, wie für jedes Vergnügen. Man wende dieses auf Zimmermann an, und man wird auch hier gestehen müssen: was einer nicht schon mitbringt, kann er nicht erhalten.

Will man diese Entschuldigung nicht gelten lassen, so werden wir diesen merkwürdigen Mann wegen eines andern Fehlers noch weniger rechtfertigen können, weil das Leben anderer dadurch gestört, ja vernichtet worden. Es war das Betragen gegen die Kinder. Eine Tochter, die mit ihm reis'te, war, als er sich in der Nachbarschaft umsah, bei uns geblieben. Sie konnte etwa sechzehn Jahr alt sein. Schlank und wohlgewachsen, trat sie auf ohne Zierlichkeit; ihr gleichmäßiges Gesicht wäre angenehm gewesen, wenn sich ein Zug von Theilnahme darin aufgethan hätte; aber sie sah immer so ruhig aus wie ein Bild, sie äußerte sich selten, in der Gegenwart ihres Vaters nie.

Kaum aber war sie einige Tage mit meiner Mutter allein, und hatte die heitere liebevolle Gegenwart dieser theilnehmenden Frau in sich aufgenommen, als sie sich ihr mit aufgeschlossenem Herzen zu Füßen warf und unter tausend Thränen bat, sie da zu behalten. Mit dem leidenschaftlichsten Ausdruck erklärte sie: als Magd, als Sclavin wolle sie zeitlebens im Hause bleiben, nur um nicht zu ihrem Vater zurückzukehren, von dessen Härte und Tyrannei man sich keinen Begriff machen könne. Ihr Bruder sei über diese Behandlung wahnsinnig geworden; sie habe es mit Noth so lange getragen, weil sie geglaubt, es sei in jeder Familie nicht anders, oder nicht viel besser; da sie aber nun eine so liebevolle, heitere, zwanglose Behandlung erfahren, so werde ihr Zustand zu einer wahren Hölle».[289] Ob Charlotte von Stein diese Sicht auf Zimmermann teilte, darf bezweifelt werden; ihr war der helfende Arzt in erster Linie wichtig gewesen, und diese Verdienste lobte Goethe ja unumschränkt.

Freundin von Schillers Frau

Eine mütterlich-freundschaftliche Beziehung pflegte Charlotte von Stein zu den Töchtern der Witwe des Landjägermeisters von Lengefeld, zu Karoline und Charlotte. Karoline heiratete später einen Freiherrn von Beulwitz; nach dem Scheitern dieser Ehe verband sie sich 1794 mit ihrem Vetter Wilhelm von Wolzogen. Charlotte von Lengefeld wurde 1766 in Rudolstadt geboren, wo die Familie ihren Wohnsitz hatte. Allein die geographische Nähe zum Steinschen Rittergut in Großkochberg erklärt schon den regelmäßigen gesellschaftlichen Verkehr der benachbarten Adelsfamilien. 1786/87 begann sich Charlotte von Lengefelds Beziehung zu Schiller zu entwickeln. Welchen wichtigen Part die Baronin von Stein beim Zustandekommen des Lebensbundes zwischen der Rudolstädter Adligen und dem schwäbischen Bürgersohn spielte, ist bereits gezeigt worden. Am 22. Februar 1790 fand in der Kirche von Wenigenjena die Trauung statt.

Es ist verständlich, daß auf dem Boden jahrzehntelanger Bekanntschaft und Vertrauens die Freundschaft zwischen beiden Frauen Bestand hatte, zumal auch die spätere Umsiedlung der Familie Schiller nach Jena, dann nach Weimar die örtliche Nähe den freundschaftlichen Verkehr begünstigte.

Der «Urfreund» Knebel

Der wichtigste und treueste Freund, der Charlotte von Stein in ihrer zweiten Lebenshälfte verläßlich und fest durch alles Leid, durch alle Tiefen des Lebens bis hin zum Tode begleitete, hieß Carl Ludwig von Knebel. Nur zwei Jahre jünger als sie, darf er gleich ihr als eine der markantesten Persönlichkeiten des «klassischen» Weimar gelten; er hat, wie sie, ein Leben lang in engen, vertrauten Verhältnissen zu Goethe gestanden und kann mit Fug und Recht sowohl als sein wie auch als ihr «Urfreund» bezeichnet werden. Und auch sein Verhältnis zum großen Freund Goethe erlebte, wenngleich nicht in extremer Weise, Schwankungen, die sich am Ende zu einer harmonischen Altersfreundschaft wandelten – wie bei der Stein.

Johann Peter Eckermann überlieferte unter dem 17. Februar 1832 ein Gespräch mit Goethe, das sich unter anderem mit dem Thema Produktivität befaßte: «Im Grunde aber sind wir alle kollektive Wesen, wir mögen uns stellen, wie wir wollen. Denn wie weniges haben und sind wir, das wir im reinsten Sinne unser Eigentum nennen! Wir müssen alle empfangen und lernen, sowohl von denen, die vor uns waren, als von denen, die mit uns sind.(...)
Es ist im Grunde auch alles Torheit, ob einer etwas aus sich habe

oder ob er es von andern habe; ob einer durch sich wirke oder ob er durch andere wirke: die Hauptsache ist, daß man ein großes Wollen habe und Geschick und Beharrlichkeit besitze, es auszuführen; alles übrige ist gleichgültig.»[290]

Carl Ludwig von Knebel, mit dem Charlotte von Stein, mit dem Goethe fast lebenslang verbunden war, konnte diesem hohen Anspruch, der Eckermann gegenüber formuliert wurde, nicht im vollen Maße gerecht werden. Bereits aus einer frühen Zeit ihrer Bekanntschaft, aus dem Jahre 1778, ist eine Goethesche Charakterisierung des Freundes überliefert, die lapidar und zugleich prägnant ist. Goethe schrieb am 15. Dezember 1778 in sein Tagebuch: «Knebel ist gut aber schwanckend und zu gespannt bey Faullenzerey und Wollen ohne was anzugreiffen.»[291]

Es ist bekannt, daß Goethe und auch Charlotte solchen Charakteren kritisch, ja ablehnend gegenüberstanden. Knebel dagegen, der, im Goetheschen wie Steinschen Sinne, noch weitere «Unarten» an sich hatte – er rauchte stark, war ein Polterer und Verehrer Napoleons –, blieb stets im engsten Freundeskreis beider. Als 29jähriger Mann, nach seiner Entlassung aus preußischem Militärdienst, beruflich zunächst ziellos, widmete sich Knebel nun seiner Liebhaberei, der deutschen Gegenwartsliteratur. Wielands Stern lockte ihn nach Weimar, wo er 1773 vierzehn Tage weilte und zahlreiche Bekanntschaften schloß, dann bei Hofe vorgestellt wurde und dort einen guten Eindruck hinterließ. Auch mit der Stein knüpfte er erste Bande.

Zurückgekehrt ins Nürnberger Elternhaus, erreichte ihn im Mai 1774 das schriftliche Angebot des weimarischen Ministers Jakob Friedrich Freiherr von Fritsch, die Stelle eines Gouverneurs beim zweitgeborenen Prinzen Constantin von Sachsen-Weimar zu übernehmen. Kein Mann schneller Entschlüsse, zögerte er; erst nach Wochen nahm er an und reiste ab, um sein Amt anzutreten. Einer der Zufälle, dem wir das Phänomen «klassisches Weimar» verdanken, war damit eingetreten, denn Knebel sollte durch seine subtile Kenntnis der zeitgenössischen Literatur und ihrer Autoren die er-

sten Fäden knüpfen zwischen Carl August, dem künftigen Herrscher des Ländchens, und dem Frankfurter Bürgersohn, der zu dieser Zeit noch keine festen Lebenspläne hatte.

Knebel waren nur wenige Wochen Eingewöhnungszeit in Weimar gegeben, denn schon am Ende des Jahres 1774 brachen die zwei
Prinzen zu der standesüblichen Kavalierstour auf. Begleitet wurden
sie von den beiden Erziehern, dem Grafen Görtz und Knebel, vom
Stallmeister Josias von Stein und dem Leibarzt Engelhardt. Auf der
Fahrt nach Paris wurde am 12. Dezember in Frankfurt für wenige
Stunden Halt eingelegt. Hier vermittelte Knebel die persönliche Be-
kanntschaft zwischen Goethe und dem Erbprinzen Carl August,
später ausführlich in «Dichtung und Wahrheit» beschrieben. Diese
Verbindung hergestellt zu haben, war «in einem tatenarmen Leben
eine Tat, die Folgen hatte», schrieb Effi Biedrzynski.[292] Man sah,
sprach, schätzte einander und konnte sich nur schwer trennen. Carl
August, darin ein Naturtalent, erkannte schnell den bedeutenden
Menschen. Was folgte, war die Einladung Goethes nach Weimar.
Wie Zimmermann hatte somit auch Knebel seinen Anteil am Zustandekommen des Bundes zwischen Goethe und der Stein.

In den geselligen und künstlerischen Aktivitäten des damaligen
Weimar fühlte sich Knebel bald sehr wohl. Seine hochgewachsene
Gestalt, seine tiefe Stimme galten als unentbehrlich bei den Liebha-
beraufführungen der theaterspielenden Hofgesellschaft. In der Inszenierung der «Iphigenie auf Tauris», in Gozzis «Glücklichem
Bettler», im «Triumph der Empfindsamkeit» und in «Erwin und El-
mire» spielte er wichtige Rollen, und, was Goethe ein Leben lang an
ihm schätzte, er begleitete mit kritischem, förderndem Blick die Entstehung der Werke des Freundes. Ungeachtet der Kritik Goethes an
seinem Charakter blieb dieser wohltuende, freilich von zeitweiligen
Empfindlichkeiten begleitete Einfluß Knebels eine seiner bedeutendsten Leistungen, auch darin der Rolle der Stein in Goethes Leben vergleichbar. Dazu vermochte er zu vermitteln, auszugleichen
und Spannungen abzubauen – ein für die derzeitigen Weimarer Verhältnisse unschätzbarer Vorzug.

Der liebenswerte Sonderling
Nach der Beendigung seiner Erzieherarbeit zerschlug sich Knebels Hoffnung, einen Posten im weimarischen Staatsdienst zu erhalten. Goethe und der Herzog hielten ihn charakterlich dazu nicht für befähigt. Das empfand er als schwere Demütigung. Eine fluchtartige Schweizer Reise folgte, anschließend eine freiwillige zweieinhalbjährige Abwesenheit von Weimar. Das unzufriedene Dasein verstärkte seine schrulligen Züge, prägte seine Erscheinung als Sonderling weiter aus.

Therese Heyne, die das Knebelsche Haus in Nürnberg besuchte, schrieb an ihre Eltern: «Herr von Knebel ist ein sonderbarer Mann, nun wohl 40 Jahr; was er bekleidet für ein Amt, ist nicht herauszubringen.(...) Er muß sonderbare Schicksale gehabt haben, aber recht mag ich ihn nicht, er hat so etwas Schwermütiges, Unruhiges, als hätt' er ein bös Gewissen, dann scheint er mir zu geniemäßig; bald füllt sich sein Auge mit Tränen und sieht sanft, bald sieht er streng und wild, dann steht er auf und geht einmal hastig die Stube hinab, seufzt tief und gebrochen, setzt sich wieder und ist heiter. Seine Schwester ist auch sanft und schwermütig, sie lieben sich zärtlich; die Eltern, die sehr alt sind, lassen die Beiden viel allein. Gut muß er sein: er geht so sanft mit seinen Bedienten um, sie scheinen ihn so zu lieben. Er ist ein unzusammenhängender, sonderbarer Mann...»[293]

Fast täglich schrieb er Briefe nach Weimar, u. a. an Charlotte von Stein, und im Sommer 1784 kehrte er, den Bitten seiner Freunde, darunter wieder die Baronin, endlich Gehör schenkend, nach Weimar zurück, siedelte aber, immer noch unstet und mürrisch, im August bereits in die benachbarte Universitätsstadt Jena über, wo er im Schloß einige Zimmer erhielt.

Herder, der Menschen- und Seelenkenner, gab dem Unzufriedenen den einzig richtigen Rat: «So sehr Sie es aber auch verbergen mögen: so sitzt eine geheime Unruhe in Ihnen, wie das Küchlein im Ei; und um Gottes willen machen Sie nicht, daß es Wärme gewinne. Nehmen Sie sich etwas Bestimmtes zu tun vor; dies ist der einzige

Weg, die Gedanken sowohl als Begierden abzutun oder wenigstens zur Form unsrer selbst zurückzuzwingen. Gleich viel was es sei; aber der Mensch muß Tagarbeit haben; sein inneres Wesen ist zu weit und zu unbestimmt zum Kreise seines äußeren Daseins. Verzeihen Sie meiner flachen Philosophie; sie ist aber die Erfahrung meines Lebens und selbst der vergangenen Wochen und Tage, in denen ich nur ein iniquae asellus zu Treibereien von außen gewesen. Ich eile wie ein verschmachteter Hirsch zur Quelle eilt, zu irgend einer zusammenhängenden Arbeit. Machen Sies auch so, Lieber, wir wollen in zwei verschiedenen Bahnen laufen, zu einem Ziel.»[294]

Diesem guten Ratschlag folgend – der übrigens auch von der Stein hätte stammen können –, nahm Knebel an verschiedenen diplomatischen Reisen Carl Augusts teil, besuchte gemeinsam mit Goethe und Charlotte von Stein das Karlsbad und allein auch wieder seine fränkische Heimat. Solange Goethe in Italien weilte, bewohnte Knebel in der wärmeren Jahreszeit das Gartenhaus im Park. Dort lernte ihn im August 1787 Schiller kennen, der einen freilich wenig schmeichelhaften Bericht darüber an Körner schrieb:

«Diese Tage bin ich auch in Göthens Garten gewesen beim Major v. Knebel seinem intimen Freund. Göthens Geist hat alle Menschen, die sich zu seinem Zirkel zählen, gemodelt. Eine stolze philosophische Verachtung aller Speculation und Untersuchung, mit einem biß zur Affectation getriebenen Attachement an die Natur und einer Resignation in seine fünf Sinne, kurz eine gewiße kindliche Einfalt der Vernunft bezeichnet ihn und seine ganze hiesige Sekte. Da sucht man lieber Kräuter oder treibt Mineralogie als daß man sich in leeren Demonstrationen verfienge. Die Idee kann ganz gesund und gut seyn, aber man kann auch viel übertreiben.

Aus diesem Knebel wird hier erstaunlich viel gemacht und unstreitig ist er auch ein Mann von Sinn und Karakter. Er hat viel Kenntnisse und einen planen hellen Verstand. – Wie gesagt er kann recht haben, aber es ist soviel gelebtes, soviel Sattes und grämlich hypochondrisches in dieser Vernünftigkeit, daß es einen beinahe mehr reitzen könnte, nach der entgegengesetzten Weise ein Thor zu seyn. Es wurde mir als eine nothwendige Rücksicht anempfohlen, die Bekanntschaft dieses Menschen zu machen, theils weil er hier für einen der gescheidesten Köpfe gilt und zwar mit Recht, theils weil er nach Göthe den meisten Einfluss auf den Herzog hat.»[295]

Dem Naturell Schillers entsprach umgekehrt auch Knebels Charakter wenig; Charlotte von Stein und Herder waren es vorzüglich, denen seine Sympathien galten, und Herders philosophische Ideen machte er sich auch zu eigen. Mit dem widerstrebenden Generalsuperintendenten wie mit der Stein wußte sich Knebel zudem einig in seinem geheimen Groll gegen den Herzog. Unzufrieden mit den politischen Verhältnissen Deutschlands im großen, verargte es Knebel seinem Fürsten, daß der ihm ein Amt verweigerte, in dem er wenigstens im kleinen hätte Einfluß nehmen können. Es darf allerdings bezweifelt werden, daß dies gelungen wäre, und so waren Carl Augusts und Goethes Zweifel an der Eignung des Freundes wohl berechtigt. Knebel bekannte: «Ich habe selbst keine Freude an mir und dies nimmt täglich mehr hier zu als ab. Meine Verlangen sind zu hoch gespannt und mein Vermögen ist zu gering; kaum daß mich noch einige Träume erhalten.»[296]

Er verfolgte mit Euphorie die revolutionären Vorgänge in Frankreich. Sein entschiedenes Votum für die dortigen Veränderungen führte zu heftigen Zerwürfnissen mit den Freunden, namentlich mit der Stein, die seine rabiaten Ansichten nicht teilen mochten. Die Oberstallmeisterin, eine seiner engsten Vertrauten und Freundinnen, überwarf sich mehr als einmal mit ihm, weil sie eine entschiedene Gegnerin der Revolution und später Napoleons war: «Knebel ist ganz toll», entrüstete sie sich; «wir haben uns über die Franzosen so entzweit, daß er in acht Tagen nicht wieder zu mir kommen will.»[297]

Knebels literarische Leistung und Ehekapriolen

Zu öffentlichem Wirken nicht zugelassen, eigener poetischer oder naturwissenschaftlicher Arbeiten nicht fähig, entwickelte Knebel gegen Ende des Jahrhunderts, seine frühen und tiefen Lateinkenntnisse nutzend, das Talent, das seinen allerdings inzwischen verblaßten Ruf begründete: die Versübersetzung der Elegien des Properz und 1821 die Verdeutschung von Lukrez' «De rerum natura». Dazwischen folgten kleinere Arbeiten, Sinngedichte, Oden, Elegien, Epigramme, zusammengefaßt in kleinen, heute vergessenen Bändchen: «Sammlung kleiner Gedichte», 1815; «Lebensblüten», 1826.

Im Vergleich zu dieser sorgsam gebosselten, mit ängstlicher Bedenklichkeit gefertigten und zögernd zum Druck beförderten Literatur wirkt Knebels Lebensgang der neunziger Jahre geradezu wild und abenteuerlich. Seine politischen Überzeugungen, «mit einem starken Tropfen demokratischen und sozialkritischen Öls gesalbt», wie Hans Tümmler schrieb[298], verschärften sich durch seine zunehmend mißbilligende Sicht auf Herzog Carl August, dessen Tun als Mensch und Herrscher er scharf verurteilte. Der sexuell sehr agile Fürst hatte 1795 die hübsche Gesellschafterin seiner Mutter Anna Amalia, die Sängerin Louise Rudorf, verführt, die im Jahr darauf einem Sohn, Carl Wilhelm, das Leben schenkte.

Carl Ludwig von Knebel, inzwischen 54jähriger verschrobener Junggeselle, ließ seine Freunde erstarren, als er – ein demonstrativer Akt gegen seinen Herzog – 1798 die 21jährige Frau heiratete und den Jungen adoptierte. Selbst die geliebte Schwester Henriette, seit 1791 als Erzieherin der Prinzessin Caroline in Weimar tätig und ihm herzlichst zugetan, verurteilte diesen Schritt entschieden. Carl August reagierte kühl und gelassen.

Das Eheleben der beiden so unterschiedlichen Gatten ließ sich an, wie von den größten Pessimisten befürchtet: Da Knebel unter den gegebenen Umständen von Weimar fortwollte, erleichterte ihm Herder diesen Schritt, indem er ihm vorschlug, im abgelegenen Ilmenau Wohnung zu nehmen. Dort fand 1798 die Trauung nach echt Knebelscher Art statt. Louise, die Gattin, erinnerte sich:

«Und so trat Knebel und ich vor den Altar, wo der gute Superintendent seine schöne Rede anfing. Aber, o Gott, welch einen

Schrecken bekamen wir alle, als Knebel dem armen Manne mit folgenden Worten in seine Rede fiel: ‹Mein guter Superintendent, ich dank Ihnen herzlich für Ihre Mühe; ich weiß Alles, was Sie mir sagen wollen und können. Und nun gottlob ist Luise von Rudorf meine liebe Frau, die mir streitig gemacht wurde.›

Knebel nahm mich folglich in seinen Arm, bat meine Mutter um ihren Segen, wandte sich an die übrige Gesellschaft mit den Worten: ‹Sie sind nun alle meine Zeugen, daß das meine Frau von diesem Augenblick an ist.› Wir waren alle wie betäubt; der gute Superintendent wollte noch haben, daß wir die Ringe wechseln möchten. ‹Ach›, sagte Knebel, ‹warum nicht gar›, das wäre Alles dummes Zeug; es brauchte keine Ringe zum ehelichen Bande. Und so mußte der gute Mann seine Rede, die vortrefflich war, zu seinem großen Schrecken in die Tasche stecken.»²⁹⁹

Damit noch nicht genug: Als das frischgebackene Brautpaar abends die angemietete Wohnung betrat, empfand Knebel einen Raum als überheizt. Die Folge war ein solch gewalttätiger und lautstarker Tobsuchtsanfall, daß die junge Frau entsetzt das Weite suchte und bei der Mutter unterschlüpfte, wo sie die Hochzeitsnacht verbrachte. Es dauerte Jahre, bis sich das immer wieder von urplötzlich ausbrechenden Knebelschen Eruptionen erschütterte Zusammenleben der Ehegatten normalisierte. Immerhin wurde 1813 Sohn Bernhard geboren; da war der Vater schon 69 Jahre jung. Der Adoptivsohn Carl Wilhelm, glücklich aufgewachsen, durch eine späte Indiskretion aber über seine wahre Herkunft in Kenntnis gesetzt, konnte diese Tatsache nicht verarbeiten und geriet in seinem späteren Leben in die unglücklichsten Umstände.

Knebel, auch im Alter von athletischem Aussehen, rüstig bis an sein Lebensende, mäßig bis asketisch lebend, blieb der skurrile, aber liebenswerte Sonderling. Die geliebte Pfeife und ein Glas Wein waren die einzigen Genüsse, derer er bedurfte. Er beharrte auf seiner altmodischen äußeren Erscheinung, verkehrte mit Studenten und zahlreichen Freunden und hielt ein gastfreies Haus.

Anekdoten um den alten Knebel

Eine Reihe von Anekdoten, die seine Eigenarten scharf hervortreten lassen, sind denn auch überliefert worden. Amalie von Helvig, die Nichte der Charlotte von Stein, berichtete von folgendem Vorfall, der sich nach Knebels Rückkehr nach Jena zugetragen hatte: «Zu wiederholten Malen verbrachte ich Wochen bei Schillers, wo jedes Wort die Grenzen meiner Begriffe erweiterte. – Goethe kam oft nach Jena, und abends, zu vieren um einen kleinen runden Tisch versammelt, nährte ich mich weit mehr mit geistiger als leiblicher Speise, oft bis tief in die Nacht hinein, den bedeutendsten Gesprächen beider Männer im lebhaftesten Umtausch der Ideen horchend. Auch Herr von Knebel gehörte zu dem Freundeskreis, und als einst die Debatten sehr ausgedehnt worden waren, verabschiedete sich der erregte und oft zerstreute Freund, verfehlte aber die rechte der beiden nebeneinander liegenden Türen im Flur. Ein Stoß, ein Schrei und tolles Flaschengeklirr belehrte die arme Hausfrau, daß statt der Haustür der Vorratsschrank mit Konfitüren den genialen Faustschlägen Knebels gewichen war.

Einen anderen Abend demonstrierte der Freund in heftigster Weise seine Ansichten über verschiedenes dem still horchenden Goethe vor, und als er keine Gegenrede erhielt und betroffen darüber vor Goethe stehenblieb, erwiderte dieser ganz behaglich: ‹Ach sag doch noch mehr so was Dummes.› Diesmal deckte wohlweislich die Hausfrau den bewußten Schrank mit ihrem Rücken, um einer zweiten Erstürmung vorzubeugen.»[300]

Ein anderes Mal hatte er gerade einen neuen Anzug vom Schneider erhalten, als ein armer Handwerksbursche an seine Tür klopfte und um ein Kleidungsstück bat. Prompt reichte Knebel das neue Stück hin, was seiner Gattin zu lauten Ausdrücken der Verwunderung Anlaß gab. Kommentar des Gebers: «einen alten [Anzug] hat er ja schon!»[301]

«Knebel las einst in seinem am Paradiese gelegenen Gartenhause einem jungen Manne mehrere Stellen aus seinem damals noch ungedruckten ‹Lukrez› vor, zum Behuf etwaiger Verbesserungen. Er

ward indes durch das Eintreten mehrerer Personen aus seiner nächsten Umgebung oft unterbrochen. Bei einem abermaligen Pochen an
die Tür seines Zimmers stieg sein Unmut aufs höchste. ‹Herein!› rief
er, ‹herein! Ins Teufels Namen, wer du auch bist!› Die Tür öffnete
sich, und – Goethe trat herein. Knebel, sichtbar verlegen, entschul-
digte sich, daß er wohl zu laut gerufen. Goethe aber, wie es seine Gewohnheit war, die Hände kreuzweise auf dem Rücken, trat mit ruhiger Würde näher, und sagte lächelnd: ‹Ich kenne deine Art!›»[302]

Knebels Lebensabend im romantischen Garten am «Paradies»
wurde von den Mitlebenden dem in einer «horazischen Villa» verglichen. Der ehrwürdige Greis, seit Schillers Tod 1805 wieder in
stärkere, in beglückende Nähe zu Goethe gerückt, blieb dessen ältester Freund aus der ersten Weimarer Geniezeit. Aus dem Kreis um
Charlotte von Stein war er seit den neunziger Jahren eigentlich nie
herausgetreten.

Seine häuslichen Verhältnisse waren harmonisch, die Söhne, von
denen Bernhard zu Hause lebte, entwickelten sich bestens, Carl
Wilhelm war inzwischen verheiratet. Um zwei Jahre überlebte er
den Freund Goethe, um sieben Jahre die Freundin von Stein; am 23.
Februar 1834, fast neunzigjährig, schloß Carl Ludwig von Knebel
seine Augen. Louise von Knebel starb erst 1852.

Knebel zählte zu den geistvollsten, wiewohl kompliziertesten
Persönlichkeiten des «klassischen Weimar». Er trug wesentlich
dazu bei, Goethe nach Weimar zu holen, er hat jahrelang ausgeglichen und vermittelt, auch im Verhältnis Goethes zur Stein, fürwahr
ein folgenreiches Tun. Goethe hat ihm in dem großen Ilmenau-Ge-
dicht von 1783 ein bleibendes Denkmal gesetzt:

«Wie nennt ihr ihn? Wer ist's, der dort gebückt
Nachlässig stark die breiten Schultern drückt?
Er sitzt zunächst gelassen an der Flamme,
Die markige Gestalt aus altem Heldenstamme.
Er saugt begierig am geliebten Rohr,
Es steigt der Dampf an seiner Stirn empor.

Gutmüthig trocken weiß er Freud' und Lachen
Im ganzen Cirkel laut zu machen,
Wenn er mit ernstlichem Gesicht
Barbarisch bunt in fremder Mundart spricht.»³⁰³

Ein letzter Liebesdienst

Knebel war ein «kollektives» Wesen, um auf die eingangs von
Eckermann überlieferten Worte zurückzukommen. Sein Wollen
war groß, seine Beharrlichkeit, es auszuführen, eher gering. Aber er
war eine Persönlichkeit, und «in der Persönlichkeit liegt doch eigentlich der wahre Grund menschlicher Verhältnisse.»³⁰⁴ Dies er-

*Grabstein der
Charlotte von
Stein auf dem
historischen
Friedhof in
Weimar.*

klärt das tolerante Umgehen der Stein mit ihm. Nur vor diesem Hintergrund ist die lebenslange, von warmer Zuneigung gekennzeichnete Freundschaft zwischen beiden zu erklären. Trotz politischer Divergenzen verband sie beide ihre gemeinsame Liebe zu Goethe, ihre wachsende Distanz zum Weimarer Hof und speziell zu Herzog Carl August. Beide erlebten Enttäuschungen auf der Bühne des «klassischen Weimar», die existenzbedrohend waren. Knebel tat seiner Freundin Charlotte den letzten Liebesdienst, indem er einen gereimten Nachruf auf sie verfaßte, der als Separatdruck verteilt wurde:

«Beim Grabe
der
Frau von Stein.

Im Jahre 1827 den 6. Januar.

Schlafe sanft, du fromme Hülle
Eines Geist's, der Leben gab!
Treuer Freundschaft Segensfülle
Senkt mit dir sich in das Grab.

Könnten Seelen sich erwecken,
Seelen, die der deinen gleich,
Auf der Erde weiten Decken
Blühte schon ein Himmelreich.

Lebe wohl, du süsse Seele!
Deiner Freundschaft holdes Bild
Schläft nicht in des Grabes Höhle,
Lebt in uns, mit Dank erfüllt.»[305]

Nachruhm

«Goethe hatte seine Gelegenheit, und er versagte.»

PETER HACKS

SEIT der Veröffentlichung der Briefe Goethes an Charlotte von Stein ab 1848 durch Adolf Schöll wogt der Streit um die Frage, wie weit das Verhältnis tatsächlich gegangen sei. Wilhelm Carl Ludecus schrieb bereits 1849, Hofrat Schöll habe Briefe publiziert, «welche auch nicht das geringste Interesse darbieten können».

Darin eben irrte er; völlig zu recht vermutete er dagegen, daß ihre «Herausgabe noch unpassender jetzt» sei, «zumal die Briefe bei den meisten Lesern Vermutungen, die nicht gegründet sind, hervorrufen werden».[306] Genau das ist der Punkt, der die Nachfolgenden, ob mit moralischer Berechtigung oder nicht, nachdenklich und vorsichtig abwägend oder eifernd verurteilend, in Bewegung, in Rage versetzte. Nicht nur die Vorgänger der modernen Boulevard-Reporter, deren Schlagzeilen heute die Spalten der Regenbogenpresse füllen, gingen ungeniert-aufdringlich dieser Frage nach. Selbst die späteren Fürsten des Landes Sachsen-Weimar-Eisenach setzten sich, mußten sich mit dieser scheinbar hochnotpeinlichen Frage auseinandersetzen.

Obwohl kein einziger Orts- und Zeitgenosse Goethes und Charlotte von Steins den beiden formalen Ehebruch unterstellt hatte und nicht angenommen werden darf, daß die damaligen Weimarer Bürger oder Besucher der Stadt alle «Schönfärber» gewesen seien, verstummte das bösartige Gerücht, dessen Hintergrund für die Hofdame von Stein in ihrer Zeit ein schwerer Schimpf gewesen wäre, nicht wieder. Großherzog Carl Alexander schrieb dazu am 14. September 1874 an die Schriftstellerin Fanny Lewald, die Gattin des bereits zitierten Adolph Stahr: «Aus Gründen, die ich besser mündlich als schriftlich angeben kann, bleibt mir nämlich kein Zweifel dar-

über übrig, daß Frau v. Stein Goethen sich nie als Geliebte vollständig hingegeben hat. Weil eben sie dies nicht getan, glaubte sie
ein Recht zu haben, den Rückkehrenden so hart zu beurteilen, dem
man es endlich doch nicht übel nehmen konnte, daß er des platonischen Verhältnisses müde war…» Und weiter: «Wenn man aus Briefen einen Menschen beurteilen kann, so habe ich nie Frau von Stein
aus den zahlreichen ungedruckten Briefen, die ich von ihr gelesen
habe, als eine bedeutende Persönlichkeit zu erkennen vermocht, nie
aber habe ich von den vielen Menschen, welche mir von Frau von
Stein erzählen, je eine Bestätigung jenes Gerüchts gehört, demzufolge sie sich gänzlich ihrem berühmten Freunde hingegeben hätte;
im Gegenteil ist dies immer bestimmt geleugnet worden.»[307]

An dieser Frage kam fortan kein Goethe-Biograph mehr vorbei,
ob es gefiel oder nicht. Erich Schmidt formulierte bereits 1885 eine
Antwort, ebenso diplomatisch wie dunkel: «Ein volles, befriedigtes
Liebesglück vereinigte sie bis zur italienischen Reise. Was für Vorgänge diese Stimmung heraufführten und erhielten, wissen wir
nicht und wollen uns hüten, mit plumper Hand an dem Schleier des
Intimsten zu zerren.»[308]

Legendenbildung ab 1850

Er, der Philologe und Goetheforscher, war es auch, der drei auf-
schlußreiche Distichen, von Schillers Hand geschrieben, der Beziehung Goethes zur Stein zuordnete. Sie wurden unter den «Paralipomena» der «Xenien» erst relativ spät veröffentlicht, und zwar
unter Schillers Namen; 1797 waren sie von den Freunden noch als
zu persönlich aus dem Druckmanuskript entfernt worden.

«*Charlotte.*

Hunderte denken an dich bei diesem Namen, er gilt nur Einer,
auf diesem Papier findet sie, sucht sie ihn nicht.

An …

Ja, ich liebte dich einst, dich wie ich keine noch liebte,
Aber wir fanden uns nicht, finden uns ewig nicht mehr.

An meine Freunde.
Heilig wäre mir nichts? Ihr habt mein Leben begleitet,
Freunde, und wißt es, was mir ewig das heiligste ist.»[309]

Erich Schmidt vertrat die Auffassung, es seien dies «Paralipomena
der venetianischen Epigramme und von Schiller nach einem Goethe'schen Brouillon abgeschrieben»; demzufolge gehörten sie in-
haltlich zu dem bereits 1797 erschienenen Xenion:

«Eine Liebe hatt' ich, sie war mir lieber als alles,
Aber ich hab' sie nicht mehr, schweig' und ertrag den Verlust.»[310]

Somit war das heikle Thema auch an literarischen Texten zumindest festzumachen. Der Streit konnte also wie eine tropische Pflanze
weiterwuchern, und Generationen schnitten davon nach Belieben
für ihre Zwecke Zweige und Blüten ab.

Christoph Schrempf mutmaßte 1906, die Ehebruchstheorie ablehnend, «an Goethe ist doch das Außerordentliche wahrscheinlicher als das Gemeine».[311] Nun sind wir Heutigen in Fragen einer sexuellen Beziehung und ihrer Bewertung sicher weniger prüde; als etwas «Gemeines» würden wir die hier zur Debatte stehende Verbindung sicherlich nicht bezeichnen.

Adalbert Luntowski war sodann 1913 weniger vornehm als
Schmidt. Er verurteilte Charlotte von Stein in Bausch und Bogen:
«...ihre Liebe war nicht groß genug, dem Geliebten mit Aufopferung ihres eigenen Glücks zu helfen.» Ihre «selbstische Liebe»
machte, daß sie ihn 1788 für die italienische Reise «abstrafen» wollte; der Einsiedler im «Dido» habe «die geistigen Seiten des Menschen bis in Wahnhöhe gewaltsam, widernatürlich hinaufzüch-
tend», überdehnt; sie, die Stein, habe in Goethe «nur den gehor-
samwilligen Novizen der vorherigen Bildung» gesehen. So habe sogar die gekünstelt-übersteigerte Idealität ihres Wesens ihr Äußeres
geprägt: «Etwas Walkürenhaftes, Priesterliches, von der Sinnenwelt
Befreites, sich aufwärts ins Geistige und Ewige Schwingendes hat

ihr Antlitz für mich.»[312] Auf die gegensätzlichen Auslassungen der Ida Boy-Ed und der Lena Voß zur Problematik wurde bereits eingegangen.

Charlotte von Stein als literarische Gestalt...
Verständlicherweise ließen sich belletristische Autoren des 20. Jahrhunderts in ihrer schriftstellerischen Freiheit noch weniger einengen als die genannten wissenschaftlichen oder Sachbuchautoren. Es interessierte das Verhältnis der älteren Frau zum jüngeren Liebhaber, das seltsame Beziehungsgeflecht zwischen dem eher unbedeutenden Ehemann und seinem berühmten «Nebenbuhler» und natürlich die verwickelten Wendungen im Verhalten des Dreiergespanns Goethe – Charlotte – Josias.

Die Erzählerin Johanna Hoffmann trat 1988 ganz auf die Seite der Ehebruchspartei. In ihrer Erzählung unterbricht sie den chronologischen Gang der Dinge durch nächtliche Reflexionen der Charlotte über ihre Liebe zu Goethe. In einem solchen Kapitel «Nacht» läßt die Autorin ihre Heldin formulieren:

«Als du im Frühsommer (1782) nach Weimar hereinzogst, wurden wir Nachbarn. Ein Hinterausgang verband das Grundstück am Frauenplan mit der Ackerwand. Ohne die Gassen der Stadt benutzen zu müssen, gelangtest du zu mir. Über unseren Hof konntest du auch schneller dein Gartenhaus an der Ilm erreichen. Du gabst es nicht auf, und immer bot es dir Zuflucht, wenn du Schriftsteller sein wolltest. Am Frauenplan warst du der Herr Geheimrat.

Weiltest du in Weimar, kamst du fast täglich, oft sogar zwei- oder dreimal zu mir herüber. Manchmal hatte ich das Gefühl, wir seien ein unteilbares Wesen geworden; des einen Glück und Unglück sei auch Freud und Leid des anderen. Gelegentlich packte mich die Angst bei solcher Auflösung des eigenen Ichs in einem anderen Menschen. Gleichzeitig fühlte ich mich so froh und reich wie nie zuvor. Alles schien mir entgegenzukommen: der Sonnenschein, die Zuneigung der Menschen. Ich merkte, daß ich von dir geistig gefordert wurde, daß ich klarer urteilte, schärfer dachte, interessan-

278

tere und eigenwilligere Einfälle äußerte, vielseitiger wurde. Probleme, die ich früher schwierig, ja sogar für unbegreifbar gehalten hatte, erschlossen sich mir wie von selbst. Allerdings kommt mir alles das erst jetzt zum Bewußtsein. Damals dachte ich darüber nicht nach – ich lebte es. Wir spielten mit dem Erwerb neuer Kenntnisse, wie Knaben mit ihrem Wissen spielen: selbstvergessen und voller Stolz. Nicht alles glückte uns. Unsere Infusorien, die wir mit Leidenschaft züchteten und mikroskopierten, gediehen zwar herrlich, aber der Heißluftballon, mit dem wir am Ilmufer experimentierten, wollte und wollte nicht steigen.

Oft saßen wir auch still beieinander und zeichneten. Anschließend begutachtete eines des andern Werk. Oder wir lasen gemeinsam die Bücher, für die du dich interessiertest. Spinoza hatte uns in seinen Bann geschlagen. Ich blickte in eine neue Zeit, wir tauschten unsere Ansichten aus und fanden in den philosophischen Erkenntnissen des großen Denkers vieles von dem, was du über die Natur, über Gott und den Menschen gedacht, in einem klaren, sinnvoll errichteten Lehrgebäude wieder. Solche kühnen Thesen wie: ‹Gut heißt, das zu tun, wozu wir von der Natur gedrängt werden›, bereiteten uns geistigen Genuß. Wir diskutierten Lessings Schrift über Spinoza und waren froh, daß auch er diese umwälzenden Gedanken teilte. Wir entthronten den Gott der Bibel und schufen uns einen Natur-Gott, und es hätte nicht viel gefehlt, so hätten wir Spinoza und Lessing zu seinen Heiligen erklärt und sie angebetet. Ich entdeckte – zunächst mit Bestürzung und Befremden, dann mit Erstaunen und zum Schluß mit wachsendem Vergnügen –, daß diese neue Religion dem Leben weit besser entsprach als die strenge Glaubenslehre, in der man mich erzogen hatte. ‹Spinoza muß dem Leben besser entsprechen›, eifertest du dich, ‹denn die Natur ist das Leben selbst!›

Wir sprachen noch oft darüber, und du kamst auf den Gedanken, alles, was wir beide erörtert hatten, zu einer Schrift über den spinozistischen Gottesbegriff zusammenzufassen.

Du diktiertest, ich schrieb es nieder und erlebte so unsere Dispute noch einmal, oft genug haben wir uns gestritten. Hätte man mir erzählt, daß es dergleichen gibt, ich hätte es nicht geglaubt. Wir waren ein Geist, ein Herz, eine Seele. Warum sollten wir da nicht auch ein Blut sein und ein Leib? Wenn alle Welt behauptet, das letzte sei Ehebruch, halte ich dem entgegen, daß meine Untreue begann, als ich bei Josias blieb, weil ich nicht den Mut hatte, mich vor der Welt zu dir zu bekennen. Die Vereinigung mit dir war nur das Siegel auf einem Brief, der schon fertig geschrieben dalag und der mit eben diesem Siegel seine Gültigkeit erhielt…

Manchmal packt mich eine irrsinnige Sehnsucht nach dieser Vergangenheit.»[313]

…und auf der Bühne

Viel leichter, voller Humor und Witz handelten zwei Dramatiker das Thema ab. Peter Hacks verfaßte 1977 das erfolgreich auf vielen deutschen und europäischen Bühnen aufgeführte Ein-Personen-Stück «Ein Gespräch im Hause Stein über den abwesenden Herrn von Goethe». Hier sei die Stuttgarter Inszenierung aufgegriffen.

Die Handlung, oder richtiger: das meditierende Selbstgespräch führt in den Oktober 1786; Charlotte redet und redet, indes Josias Pfeife raucht und «ausgestopft» auf der Bühne sitzt.[314] Hacks spielt voller Ironie mit den Fakten und natürlich mit den Worten. Charlotte rekapituliert ihre Rolle als «Erzieherin», in die sie, «unausgesprochen», vom Hof gedrängt worden sei: «Ich erinnere mich aus jener Zeit eigentlich nur an zwei Tonfälle bei ihm: er fluchte, wenn er nicht flennte, und wenn er nicht flennte, fluchte er.»[315]

Über ihre sogenannten Erziehungserfolge bei diesem ungehobelten Genie resümierte sie: «Ich habe die äußerlichen, die gossenhaftesten Unarten mit unendlicher Beharrlichkeit beseitigt; er stampft nicht mehr mit den Füßen. Aber die ihnen zugrundeliegende Unart – jenes jedes menschliche und insonders jedes weibliche Herz so tief beleidigende Selbstgefühl – habe ich nicht beseitigen können. Goethe erinnert mich heute wie vor zehn Jahren an den geschwollenen Hals eines Truthahns. Er war ein Lump; ich erzog ihn; jetzt haben wir einen erzogenen Lumpen: ein Genie.»[316]

Dieses Genie, so erklärt sie ihrem notorisch schweigenden Manne, habe sie nie wirklich geliebt: «Er liebte mich nicht, sondern einen Plan von sich, dessen unvorhandenen Leib ich vertrete.»[317] Aber auch Josias findet Kritik:

«Der Vater war bereit, mich mit dem Stock ums Leben zu bringen. Sie, Josias, mit dem Wochenbett.

Sie haben in den neun Jahren, bevor Sie sich endgültig von mir ab und ihren Mastochsen zugewendet haben, sieben Mordversuche an mir begangen. Sie haben jeder Seuche in Ihrem Marstall mehr Aufmerksamkeit gewidmet als aller Krankheit und allem Leiden in Ihrem eigenen Haus; Sie hatten mehr Zartgefühl für Ihre Stutereien als für meine Wochenstube. Sie sind ein Mann, Josias. Der Mann ist der Mensch, der tötet.»[318]

Doch vor allem ist der gallig-kurzweilige Monolog der alternden, bereits etwas vergeßlichen Charlotte eine satirische Abrechnung mit dem für Weimar und seine Hofgesellschaft anscheinend so unentbehrlichen «Gott» Goethe: er sei nur er, sei selbstverliebt, halte seinen Schlaf und Schlummer, seine Unarten für Vorrechte, die er nur habe, weil er sie sich einfach nehme. Er habe sich nicht etwa in sie, Charlotte, verliebt, nein, er sei mit dem Vorsatz gekommen, sich in sie zu verlieben:

«Ich sah schnell, daß ich die falsche war, und daß das nicht an mir lag. Jede wäre die falsche gewesen. Diese glücklichste Befindlichkeit des Herzens haben ihm die Götter versagt. Er ist jeder aufrichtigen Zuneigung unfähig. Ihm ist kein Gefühl bekannt, weil ihm keins fremd ist; er glüht auf Beschluß, weil er niemals glüht.»[319]

Die sich fortsetzende Philippika auf die Schwächen des männlichen Geschlechts – bei Goethe eben in Reinkultur vorhanden – verknüpfte Hacks mit feiner Selbstironie mit der so oft berufenen Gewalt der Dichtkunst. Charlotte behauptet also, Goethes Werke nicht gelesen zu haben: «Dichter, so pflegt man ja zu sagen, sind Menschen, die aussprechen können, was andere Leute nur fühlen.

Die Bestimmung ist gut, aber zu kurz. Die vollständige Bestimmung lautet: Dichter sprechen aus, was alle Menschen fühlen, ausgenommen sie selbst.»[320]

Genüßlich eingestreut in dieses humoristisch-vernichtende Plädoyer wider Goethes Selbstherrlichkeit ist Charlottes ständiges weil gewohnheitsmäßiges Aufmerken, ob denn das Posthorn nicht schon ertöne; denn sie wartet auf Nachricht vom Abwesenden, dessen Aufenthaltsort sie nicht kennt.

Im vierten Aufzug hat sich der stumme, «ausgestopfte» Herr von Stein auf eine Veilleuse gelegt und wird von seiner eloquenten Gattin streng ermahnt, doch nicht ständig auf sie einzureden, sondern Geduld zu üben und ihr doch «drei oder vier Sätze lang» zuzuhören. Denn nun folgt die eigentliche Beichte, die Auflösung des großen Geheimnisses, und zwar mit köstlicher Hacks'scher Pointe:

«Es war die Nacht zum 10. Oktober achtzig, die mich in diese tiefste Erniedrigung führte und anschließend – durch das Wunder, von dem Sie schon die Andeutung haben – auf die Höhe des unwiderruflichen Triumphes. Goethe hatte seine Gelegenheit, und er versagte.»[321]

Mit diesem schriftstellerischen Schachzug konnte sich der Autor augenzwinkernd aus jeglicher verbindlichen Aussage zu dem Thema herausschleichen – und hatte die Lacher auf seiner Seite.

«Es war jetzt die Frage eines knappen halben Jahres, bis ich einen förmlichen Vertrag mit ihm hatte», läßt Hacks seine Charlotte reden, «worin ich die Zusage meiner immerwährenden Freundschaft gegen das Versprechen seines immerwährenden Wohlverhaltens eintauschte. Ich wußte, er konnte es nicht brechen. Und er wußte, daß ich es wußte.»[322]

So floh er letztlich ihretwegen nach Italien. Doch sie wolle ihn heiraten, endigt sich der Monolog, denn sie habe die Pflicht, ihn für Weimar zu erhalten. Einen ersten Brief Goethes öffnend, den dessen Diener Seidel, mit Beilagen, abgeliefert hatte, liest sie von des Abwesenden Zufriedenheit über beglückendes Wetter im sonnigen Süden. «(Sie läßt die Hand mit dem Brief sinken. Sagt): O mein Gott, warum ist nur alles für uns alle so sehr viel zu schwer?»[323]

Josias reflektiert

Dieses unterhaltsame und vielgespielte Stück sorgte zumindest genau so gründlich für Charlotte von Steins Nachruhm wie viele weitschweifige Texte der Goethe-Philologen Jahrzehnte vorher. Ein zweites amüsantes Bühnenwerk steht in dieser Reihe: Klaus Tudykas Stück «Mann von Stein». Dieser Autor drehte die Optik einfach um und ließ einmal nur Josias reflektieren, was sich aus dessen Sicht denn da abgespielt hatte. Das Ergebnis ist kaum weniger vergnüglich zu lesen oder zu hören, zumal dann, wenn das Liebhabertheater von Schloß Kochberg der Aufführungsort ist.

Tudykas «Monolog des Dritten im Bunde» führt ebenfalls in die Zeit der italienischen Reise Goethes, in eine Periode also, da Josias von Stein tatsächlich schon schwer von seiner Krankheit gezeichnet war. Im Stück tritt er auf als ein vitaler, selbstbewußter Gatte der Charlotte. Der Text entstand in der Endzeit der gewesenen DDR und lebte unter anderem auch von tagespolitischen Begriffen und Schlagworten, was den Bühnenerfolg beim Publikum natürlich auch beförderte.

«Herzogtumflüchtig» sei er geworden, der «Liebling der Götter», moniert Stein zum Beispiel, was sofort die Assoziation zum gängigen Begriff der «Republikflucht» erweckte; oder die herzogliche «Leibsicherheit» wird bemüht, was die Brücke zur Staatssicherheit schlug.[324] Noch weitere solcher Passagen ließen sich anführen, die dem Autor seine schadenfrohen Hörer sicherten; Theater stand damals sichtbar in der Lücke der fehlenden kritischen Presse.

Doch zu Josias und dessen Argumenten: «Primum», «Secundum», «Tertio» und «Quartum» werden alle Ebenen seiner ehelichen Verbindung mit Charlotte durchforscht, um die alles entscheidende Frage: Hat sie nun oder hat sie nicht? «ergo conclusio» mit einem eindeutigen «Nein» zu beantworten.

Seiner Charlotte Charakter, glasklar «wie ein Bergsee», und Goethes Ehescheu, so Stein, gäben des scheinbaren Rätsels Lösung: «Und so durchdrangen sich Ideal und Wirklichkeit, mischt sich Realität und Phantasie auf die wunderlichste Weise. Ich liebte eine ganz andere Charlotte, die er nicht kannte, und er kannte eine in Gänze verschiedene Charlotte, die ich nicht liebte. Das ist der Schlüssel zum ganzen und sonst war nichts.»[325]

«Die Liebe findet nicht nur im Kopfe statt!», konstatiert Josias, der Mann, Vater und Ehegatte. «Die Poesie meiner Liebe besteht darin, daß ich sie zwar nicht besungen, daß ich sie wohl aber lebe und verwirkliche.»[326] Dennoch freut er sich, verständlicherweise, «daß der Goethe nicht mehr da ist».

Aber auf seine Frau blickt er ganz nüchtern: die könne nicht nur besser zeichnen als dichten – in der «Dido» (die noch nicht geschrieben ist zu der Zeit!) «laufen allemal geschriebene Scherenschnitte herum» –, sie sei vor allem so weltklug, zeigt sich der «poetische» Oberstallmeister überzeugt, daß sie nie ernstlich an Scheidung gedacht haben kann. Und die Frage, halb ans Publikum gewendet, folgt:

«Möchten Sie mit einem feuerspeienden Vulkan verheiratet sein? Ja, mal ab und an in seiner Nähe weilen. Sich an dem Naturschauspiel mit geheimem Wonneschauer ergötzen, vor allem, wenn der Vulkan behauptet, es rumore nur ihretwegen in ihm so gar heftig. Aber bloß nicht mit dem verheiratet sein... Ewig das Donnergrollen. Der Ascheregen. Der Schwefelgeruch. Das Feuerspeien. Und der Lavastrom, der alles Leben am Fuße des Vulkans erstickt.

Und das Tag um Tag, Woche, Monat, Jahr... Nein, das ist nichts für eine Frau, die auch Kalkül des Herzens besitzt. Und so blieb alles, wie es ist.»[327]

Seine eigenen, zwar recht prosaischen Vorzüge rechnet sich dieser Herr von Stein nicht gering an: seine Erfindungen für die herzoglichen Equipagen, seine Großherzigkeit und Toleranz gegenüber Charlottes Eskapaden, seinen unbedingten Glauben an ihre Geradlinigkeit und lautere Treue.

«Und, Josias – dennoch nicht ein ganz kleiner, geheimer Sinnen-
kitzel? Das besessen zu haben, um das ein anderer nur herumge-
strichen ist?! Genossest du da nicht doppelt, wo es dem andern versagt war?

Wer so fragt, war nie verheiratet, und wenn, dann hat er nicht
geliebt. ‹Wer nicht kann, was er will, muß wollen, was er kann.› Ich
konnt' lieben und wollt's auch – Goethe konnt' nicht lieben, wie er
wollte, also wollte er, was er konnte: Wer nicht lieben kann, muß
dichten!»

Dieser feinen Logik des Ehemannes kann man sich lachend
anschließen. Völlig berechtigt legt Klaus Tudyka seinem Protagonisten zuletzt die Frage in den Mund:

«Wie, wenn wir nur dem Gedenken der Nachwelt erhalten blieben durch eben jenes Jahrzehnt, das der große Poet um Charlotte
herumtirilliert? Nicht Blut – Druckerschwärze ist ein besonderer
Saft. ‹Was bleibt, stiften die Dichter.› Unser lebend' und liebend'
Wollen eingesargt in die Grüfte teutscher Literarhistorie. Ich selbst
eine Spezies erotischer Statist, höchstens ein Freibauer auf dem
Schachbrett in dem Spiel Poet gegen Schloßherrin... Der Casus
macht mich lachen!»[328]

Da muß man dem Autor recht geben; die Familie von Stein ist den
Nachlebenden nur durch Goethe ein Begriff geworden und insofern
tatsächlich ein Relikt «teutscher Literarhistorie». Aber die Steins
waren lebendige Menschen – Glück und Sorgen, Freuden und Nöte
begleiteten sie in einem rechtschaffen verbrachten, arbeitsreichen
Leben: das fordert Achtung und Anerkennung. Charlotte und Josias von Stein und Goethe werden auch noch kommende Ge-
schlechter beschäftigen – ihre Konflikte waren allzumenschlich.

Anmerkungen

1 Kytzler, S. 174 f.

2 Friedell 2, S. 842.

3 Vgl. Biedrzynski.

4 Vgl. Kleßmann.

5 Vgl. Tudyka.

6 Roth, S. 137.

7 Vgl. Schöll.

8 Vgl. Günther, S. 332 u. 389.

9 Vgl. Hoefer.

10 Vgl. Lewes.

11 Hoefer, S. 15.

12 Vgl. Düntzer II.

13 Vgl. Bode II.

14 Vgl. Stahr.

15 Vgl. Keil.

16 Vgl. Schmidt.

17 Vgl. Luntowski.

18 Vgl. Boy-Ed.

19 Vgl. Voß.

20 Vgl. Redslob.

21 Vgl. Hoffmann.

22 Vgl. Hacks.

23 Vgl. Winter.

24 Vgl. Seidel.

25 Vgl. Maurer.

26 Luntowski, S. 5 f.

27 Vgl. Burkhardt, S. 234 ff.

28 Vgl. Sengle, S. 329.

29 Friedell 2, S. 844.

30 Vgl. Hoeck-Demarle, S. 96 ff.

31 Düntzer II, S. 6.

32 SNA 25, S. 68.

33 Zitiert nach: Vehse, S. 88 f.

34 Lyncker, S. 107.

35 Vgl. Bode II, S. 25–28.

36 Biedrzynski, S. 356.

37 Lyncker, S. 7.

38 Düntzer II, 1, S. 12.

39 Zitiert nach: Biedrzynski, S. 366.

40 Vgl. Feenschloß, S. 16 f.

41 Vgl. Genast, S. 9.

42 Heine, 5, S. 13.

43 Vgl. Boetzkes.

44 Vgl. Frede.

45 Vgl. Wahl.

46 Vgl. Neubert.

47 Vgl. u. a. Burkhardt, S. 72.

48 WA I 29, S. 105 f.

49 Zitiert nach: Bode II, S. 53.

50 WA IV 2, S. 279 f.

51 Vgl. Lavater, 3, S. 314 f.

52 Vgl. Femmel, 1, Nr. 291.

53 WA III 1, S. 35.

54 Vgl. mt.

55 WA I 28, S. 276.

56 Seckendorff, S. 15.

57 Zitiert nach: Voß, S. 6 ff.

58 SmG, VII, S. 301 f.

59 Luntowski, S. 5 f.

60 Zitiert nach: Bode II, S. 214 f.

61 GSA 122/100 – Brief v. 1. Juli
    1785.

62 GSA 122/100 – Brief v. 2. Sep-
    tember 1786.

63 SmG, II, S. 341 f.

64 Suphan, S. 177.

65 SNA, 25, S. 119.

66 SNA, 25, S. 141.

67 SNA, 25, S. 157.

68 SNA, 25, S. 173.

69 SNA, 33, S. 412.

70 SNA, 25, S. 333.

71 SNA, 25, S. 347.

72 SNA, 25, S. 351.

73 SNA, 25, S. 381.

74 SNA, 42, S. 132.

75 Tümmler, S. 113.

76 SmG, VII, S. 90.

77 Ebenda.

78 SmG, VIII, S. 23.

79 Ebenda, S. 24.

80 Ebenda, S. 25.

81 Ebenda, S. 284 u. 286.

82 Ebenda, S. 22.

83 Ebenda, S. 296.

84 Vgl. Klauß II, S. 71 f.

85 SmG, III, S. 60 ff.

86 SmG, VIII, S. 11 f.

87 Düntzer I, 1, S. 66.

88 SmG, VI, S. 172 f.

89 Ebenda, S. 190.

90 Ebenda, S. 246 f.

91 SmG, VII, S. 62 f.

92 SmG, IX, S. 293.

93 Ebenda, S. 299 f.

94 SmG, VII, S. 91.

95 Ebenda, S. 93.

96 SmG, IX, S. 304 u. 306.

97 SmG, VII, S. 92.

98 SmG, VIII, S. 295.

99 Meuer, S. 52–63.

100 SmG, IX, S. 296 u. 299.

101 SmG, VII, S. 83.

102 Düntzer I, 2, S. 211 f.

103 Lavater, II, S. 294 ff.

104 Vgl. Köhler.

105 Ebers, S. 135.

106 Biedrzynski, S. 430.

107 Lyncker, S. 39.

108 SNA, 25, S. 75 f.

109 SmG, IV, S. 219.

110 SmG, VI, S. 233.

111 Ebenda, S. 248.

112 Ebenda, S. 249.

113 Rohmann, S. 41 f.

114 Vgl. Stapf, S. 53, 56 u. 60.

115 WA IV 3, S. 88.

116 WA IV 6, S. 163.

117 WA I 46, S. 11 f.

118 JA 38, S. 264.

119 Biedrzynski, S. 433.

120 Stein, S. 6 ff.

121 Vgl. Eissler, I, S. 658.

122 SmG, VI, S. 186 f.

123 Rohmann, S. 11.

124 SmG, VI, S. 191.

125 Rohmann, S. 12 f.

126 Zitiert nach: ebenda, S. III.

127 Zitiert nach: ebenda, S. V,

128 WA I 4, S. 120.

129 Rohmann, S. 3 ff.

130 SmG VIII, S. 25.

131 Rohmann, S. XI.

132 Vgl. Bode II, S. 227.

133 Rohmann, S. 8.

134 Ebenda, S. 19.

135 Ebenda, S. 27 f.

136 Ebenda, S. 44 f.

137 Ebenda, S. 63 f. u. 64 f.

138 Ebenda, S. 67 f.

139 Ebenda, S. 77 f.

140 Ebenda, S. 91.

141 Ebenda, S. 95 f.

142 Ebenda, S. 110 f.

143 Ebenda, S. 116

144 Ebenda, S. 184 f.

145 WA II 1, S. IX.

146 WA IV 3, S. 13.

147 Schmidt, S. 258.

148 WA IV 3, S. 21.

149 WA IV 3, S. 37.

150 WA IV 3, S. 17 f. u. 24 f.

151 WA IV 3, S. 29.

152 WA IV 3, S. 33 ff.

153 Voß, S. 19–23.

154 WA IV 3, S. 43.

155 WA IV 3, S. 45 f.

156 Vgl. Ebersbach.

157 WA IV 3, S. 54 f.

158 WA IV 3, S. 51 f.

159 WA I 4, S. 97 f.

160 Vgl. HA 1, S. 538.

161 WA IV 3, S. 85.

162 WA I 4, S. 208.

163 WA IV 3, S. 107 f.

164 WA IV 3, S. 117.

165 Eissler 1, S. 64–70.

166 Eissler 2, S. 1185, 1197 f. u.
    1157.

167 WA IV 3, S. 140.

168 WA IV 3, S. 165.

169 WA IV 3, S. 183.

170 WA IV 3, S. 184.

171 WA II 1, S. 77.

172 WA IV 7, S. 260 f.

173 WA IV 4, S. 13.

174 WA IV 4, S. 58 f.

175 WA IV 4, S. 66 ff.

176 Ebenda.

177 WA IV 4, S. 206.

178 WA IV 4, S. 235.

179 WA IV 4, S. 237.

180 WA IV 4, S. 239 u. 257;
    vgl. auch: Wernekke, S. 96.

181 WA I 1, S. 98.

182 WA IV 4, S. 281.

183 Düntzer III, S. V.
184 Voß, S. 68 f.
185 Boy-Ed, S. 20.
186 WA IV 5, S. 79 ff.
187 WA IV 5, S. 92.
188 WA IV 5, S. 127.
189 WA IV 5, S. 201.
190 Schmidt, S. 259.
191 WA IV 5, S. 169.
192 WA IV 5, S. 218.
193 WA IV 5, S. 262.
194 WA IV 5, S. 309.
195 WA IV 6, S. 58.
196 WA IV 6, S. 105 u. 110.
197 WA IV 6, S. 217.
198 WA IV 6, S. 302.
199 WA IV 6, S. 311.
200 WA IV 6, S. 326.
201 WA IV 7, S. 51.
202 WA IV 7, S. 103, 107 u. 118.
203 WA IV 7, S. 241 f.
204 WA IV 7, S. 250.
205 Burkhardt, S. 123.
206 WA IV 8, S. 7.
207 WA IV 8, S. 22.
208 Vgl. Kleßmann, S. 9–12.
209 WA IV 9, S. 123–127.
210 WA IV 41, S. 134.
211 Vgl. Meßner.
212 Vgl. Klauß II, S. 19–25.
213 SmG, IX, S. 24.
214 WA IV 3, S. 84.
215 WA IV 3, S. 119.
216 SmG, VIII, S. 239.

217 WA IV 3, S. 132.
218 WA IV 3, S. 169.
219 WA IV 3, S. 185 f.
220 SmG VI, S. 120.
221 WA IV 3, S. 163.
222 Vgl. Klauß I, S. 6 ff.
223 Vgl. Ehrlich; Förster.
224 Vgl. Femmel 1,Nr. 167.
225 Vgl. Förster-Stahl.
226 Rohmann, S. 81.
227 Ebenda, S. 29.
228 Vgl. Vehse, S. 308–315,
229 Seckendorff, S. 19.
230 Ebenda, S. 15.
231 Düntzer I, 1, S. 116.
232 Maltzahn, S. 46 f.
233 Rohmann, S. 82 ff.
234 Seckendorff, S. 27.
235 Bode II, S. 323–326.
236 Rohmann, S. 108.
237 Göchhausen, S. 144 u. 154.
238 WA IV 3, S. 107.
239 WA IV 4, S. 159 f.
240 WA IV 4, S. 287.
241 WA IV 5, S. 127.
242 SmG, VI, S. 172 f.
243 SmG, VI, S. 181.
244 Lyncker, S. 16.
245 Ebers, S. 125.
246 WA IV 3, S. 183.
247 SmG, VI, S. 157.
248 Ebenda, S. 175.
249 Ebenda, S. 196.
250 WA IV 6, S. 319.

251 WA IV 5, S. 307.

252 WA IV 17, S. 170.

253 SmG, VII, S. 86

254 Ebenda, S. 92

255 SmG, VI, S. 237 u. 239

256 Ebenda, S. 250–254

257 SmG, VIII, S. 13f.

258 SmG, VI, S. 158.

259 Ebenda, S. 164.

260 SmG, VII, S. 61.

261 Ebenda, S. 84.

262 Ebenda, S. 92..

263 Ebers, S. 124f..

264 SmG, VI, S. 194.

265 Düntzer III, S. 38.

266 Zitiert nach: Bode I,
    S. 189–194.

267 ChvStein, S. 38–45.

268 SNA, 29, S. 33.

269 ChvStein, S. XV ff., LXIII u.
    LXVIII.

270 Voß, S. 172.

271 Zitiert nach: ebenda, S. 107 f.

272 Zitiert nach: ebenda, S. 107 f.

273 Vgl. Ruhl-Anglade, S. 28.

274 Vgl. ebenda, S. 25.

275 Zitiert nach: Voß, S. 105 f.

276 WA IV 7, S. 79.

277 WA IV 7, S. 106.

278 SmG, VI, S. 194.

279 Ebenda, S. 256.

280 Rohmann, S. 166 f.

281 WA IV 4, S. 55.

282 SmG, VIII, S. 288 f.

283 Ebenda, S. 10 f.

284 Ebenda, S. 292 f.

285 Ebenda, S. 293.

286 Rohmann, S. 238.

287 Vgl. Biedrzynski, S. 193 ff.

288 Suphan, S. 182.

289 WA I 28, S. 334–338.

290 Eckermann, S. 662 f.

291 WA II 1, S. 75.

292 Biedrzynski, S. 243.

293 Zitiert nach: Maltzahn, S. 104 f.

294 Zitiert nach: ebenda, S. 121.

295 SNA, 24, S. 129 f.

296 Zitiert nach: Maltzahn, S. 147.

297 Zitiert nach: ebenda, S. 149.

298 Tümmler, S. 113.

299 Zitiert nach: Maltzahn, S. 175.

300 Bissing, S. 18.

301 Zitiert nach: Maltzahn, S. 195

302 Döring, S. 153.

303 WA I 2, S. 143.

304 WA IV 20, S. 289.

305 SWK, HAAB, Sign. Dd, 3:5306
    (Separatdruck von 1826)

306 Ludecus, S. 65 f.

307 SmG, II, S. 69.

308 Schmidt, S. 260.

309 Zitiert nach: ebenda, S. 267.

310 Zitiert nach: ebenda, S. 267 f.

311 Schrempf, S. 29.

312 Luntowski, S. 13.

313 Hoffmann, S. 145 ff.

314 Vgl. Hacks, S. 5 u. 8.

315 Ebenda, S. 18.

316 Ebenda, S. 28.

317 Ebenda, S. 38.

318 Ebenda, S. 48.

319 Ebenda, S. 64.

320 Ebenda, S. 84.

321 Ebenda, S. 116.

322 Ebenda, S. 120.

323 Ebenda, S. 126.

324 Vgl. Tudyka, S. 9.

325 Ebenda, S. 19.

326 Ebenda, S. 23.

327 Ebenda, S. 28 ff.

328 Ebenda, S. 40 f.

Register

Düntzer, Heinrich 17, 27, 33, 35, 67 f., 157 f., 235, 239
Dupin, Lucile-Aurore, gen. George Sand 91

Ebersbach, Volker 139
Eckermann, Johann Peter 260 f., 270
Egloffstein, Henriette Sophie Franzisca Friederika Albertine von 217
Egloffstein, Julie von 12, 45
Egloffstein, Wolfgang Gottlob Christoph von 206
Einsiedel-Scharfenstein, Friedrich Hildebrand von 83, 207, 231, 246
Eissler, Kurt R. 144 ff.
Elisabeth, Landgräfin von Thüringen, gen. die heilige Elisabeth 11
Engelhardt, Johann Christian Daniel 262
Ernst August, Herzog von Sachsen-Weimar-Eisenach 28 f.
Ernst August II. Constantin, Herzog von Sachsen-Weimar-Eisenach 30, 34 f.
Eveillé, François l' 206

Facius, Angelika Bellonata 12, 46
Facius, Friedrich Wilhelm 46
Falk, Johannes Daniel 82, 180
Faustina, Geliebte Goethes 146
Femmel, Gerhard 53
Fleury, André de 23
Förster-Stahl, Heidemarie 196
Fortune, Domaine la 206
Franck, Salomo 180
Franke, Familie 180 f.
Franklin, Benjamin 24
Freiligrath, Ferdinand 17
Freud, Sigmund 158
Friedell, Egon 11, 25
Friedrich II., der Große, König von Preußen 23 f., 27, 162, 220
Friedrich II., Herzog von Mecklenburg-Schwerin 103, 204 f.
Friedrich Wilhelm I., König von Preußen 23
Friedrich Wilhelm III., König von Preußen 123 f.

Ron, Karl de 256

Roon, Albrecht Graf von 256

Roth, Eugen 9, 15

Rousseau, Jean Jacques 162, 232

Rudorf, Mutter der Louise von Knebel 267

Ruhl, Ludwig Sigismund 247

Ruhl-Anglade, Gabriele 244

Schach, Diener der Steins 74 f., 77 f., 95, 97, 106, 125

Schadow, Johann Gottfried 46

Schaller, Familie 180

Schardt, von, Familie 256

Schardt, Amalie von 36, 38 f.

Schardt, August von 28

Schardt, Concordia Elisabeth von, geb. von Irving 5, 25 ff., 29 ff., 33, 36, 63, 65, 97, 183

Schardt, Ernst Carl Constantin von 35, 38 f., 69, 122 f., 254 f.

Schardt, Friedrich Ernst Ludwig von 35, 38 f., 69, 254

Schardt, Johann Wilhelm Christian von 5, 25, 27–33, 35, 38, 65, 97, 120, 180 f., 183, 205, 209, 281

Schardt, Ludwig Ernst Wilhelm von, gen. Louis 30 f.,34 ff., 38 f., 69, 254 f.

Schardt, Sophie von, geb. Bernstorff, gen. die «kleine Tante» 65, 83, 114, 122 f., 166, 254 f.

Schardt, Sophie von, geb. Rheinbaben 65, 255

Schiller, Charlotte von, geb. von Lengefeld 8, 13, 67–71, 81, 92, 239 ff., 256, 259 f., 268

Schiller, Friedrich von 6, 13, 21, 30 f., 59, 68–71, 89, 94 f., 98, 154, 206, 228, 232 f., 235, 239 ff., 256, 260, 264 f., 268 f., 276 f.

Schlegel, Friedrich 256

Schlitz, Johann Eustachius Graf von, gen. Graf Görtz 210, 262

Schlosser, Johann Georg 137

Schlosser, Cornelia, geb. Goethe 53, 137, 146 f., 162

Schlotheim, Frau von 205

Schmeller, Johann Joseph 116, 234

I. Die Familie v. Schardt

August v. Schardt
gest. 1744,
verm. mit Sibylla Eleonore v. Thüna.

Johann Wilhelm Christian v. Sch.
(um 1711–1790)
verm. 1740 oder 41 mit Konkordia v. Irving (um 1722–1802).
Elf Kinder,*) davon erwuchsen:

Ernst Wilhelm v. Sch.
geb. 1710.
Weiteres nicht bekannt.

Luise
(1750–1803),
verm. 1775 mit Frei-
herrn Karl v. Imhoff,
gest. 1788.

Amalie v. Sch.
(1756–1817),
unvermählt.

Luise v. I.
(?),
verm. 1817 mit Freih. v. Kloch.
Weiteres uns unbekannt.

Charlotte
(1742–1827),
verm. 1764 mit Josias
Freih. v. Stein.
S. Stammtafel II.

Karl v. Sch.
(1744–1833),
verm. 1778 mit Sophie
v. Bernstorff, gest. 1819,
Die Kinder nicht lebensfähig.

Ludwig v. Sch.
(1748–1826),
verm. 1798 mit Sophie
v. Rheinbaben,
gest. 1804. Keine Kinder.

Ernst v. I.
(?–1803)

Amalie v. I.
(1776–1831),
verm. 1803 mit Karl v. Helvig
gest. 1845.

Katharina v. I.
(?),
verm. 1810 mit Deron.
Weiteres uns unbekannt.

Bernhard v. H.
Weiteres uns unbekannt.

Bror v. H.
Weiteres uns unbekannt.

Charlotte v. H.
(1804–1811).

*) Die elf Geschwister v. Schardt:
1. Sophia Ernestina Wilhelmina 24.12.1741–16.6.1745.
2. Charlotte Ernestina Bernardina 25.12.1742–6.11.1827.
3. Ernst Karl Konstantin 2.4.1744–5.4.1833.
4. Augusta Friederika Konkordia 26.5.1745–11.11.1747.
5. Wilhelmina Ernestina Christiana Johanetta 27.10.1746–11.4.1824.
6. Ludwig Ernst Wilhelm 11.1.1748–3.9.1826.
7. Luise Franziska Sophia 28.6.1750–17.12.1803.
8. Wilhelm Albertus Friedrich 20.7.1752–28.7.1762.
9. Konstantina Friederika Konkordia 6.11.1754–?
10. Amalie Augusta Wilhelmina 21.9.1756–4.8.1819.
11. Karolina Konstantina Magdalena 27.1.1758–30.3.1766.

II. *Josias und Charlotte v. Stein*

Johann Friedrich Freiherr v. Stein

|

Fr. Chr. Ludwig Freih. v. Stein
gest. 1739,
verm. mit Charlotte v. Rothenhan, gest. 1778.
Fünf Kinder, davon erwuchsen:

Gottl. Dor. Soph. Elis. Magd.
gest. 1788,
verm. 1781 mit Rittm. v. Röder.
Keine Kinder.

Josias Freih. v. St.
(1735–1794)
1764 verm. m. Charlotte v. Schardt
(s. Tafel I).
Sieben Kinder,*) vier Töchter starben früh, es blieben drei Söhne.

Charlotte Freiin v. St.
unverm. gest. 1784.

Karl Freih. v. St.
(1765–1837),
verm. 1798 mit Amelie v. Seebach
(s. Tafel III).

Ernst Freih. v. St.
(1767–1787).

Friedrich Freih. v. St.
(1771–1844),
verm. 1807 mit Helene Freiin v. Stosch, gest. 1808, und
1810 mit Amalie Gräfin Schlabrendorff, geschied. 1815
(s. Tafel IV).

*) Die sieben Kinder von Josias und Charlotte v. Stein:
1. Gottlob Karl Wilhelm Friedrich 8.3.1765–4.5.1837.
2. Gottlob Konstantina Luise Friederika 11.3.1766–7.8.1766.
3. Gottlob Ernst 30.9.1767–14.6.1787.
4. Gottlob Friederika Johanna Augusta 5.3.1769–?
5. Gottlob Friederika Sophia 15.4.1770–1.7.1770.
6. Gottlob Friedrich Konstantin 26.10.1772–3.7.1844.
7. Gottlob Henrietta Sophia Luise Konkordia
13.4.1774–7.5.1774.

Zwischen Geburts- und Tauftagen ist kein Unterschied gemacht, z.T. auch nicht zwischen Todes- und Begräbnistagen.

III. *Karl v. Steins Nachkommen*

Freih. Karl v. Stein
verm. mit Amelie v. Seebach
(s. Tafel II).

Friedrich v. St.
(1799–1830),
verm. 1830 mit Elisa Coventry.
Keine Kinder.

Karl v. St.
(1800–1871)
verm. 1827 mit Luise v. Stein-Altenstein.
Fünf Kinder, davon erwuchsen drei:

Eduard v. St.
(1801–1801)

Luise
(1804–?),
verm. 1827 mit
James Patrick Parry.

Felix v. St.
(1828–1891),
verm. mit Anna v. Holtzendorff,
lebt auf Kochberg.

Anna
(1830–1860),
verm. 1856 mit
Emil v. Lindenau.

Karl v. St.
(?–1896),
verm. 1863 mit
Ina v. Gundlach.

Karl v. P.
(1828–1882).

Emma Luise
verm. mit Graf Leo Amad.
Henckel v. Donnersmarck (†).

**Wolf
v. St.**
geb. 1860,
verm.
mit Helena
Eberlein

Anna
geb. 1862,
verm.
mit Graf
Schwerin.

**Felix
v. St.**
geb. 1869,
unver-
mählt.

Karl v. L.
geb. 1857,
unvermählt.

Marie
geb. 1858,
verm. mit
Freih. v.
Bachoff

Hedwig
geb. 1859,
verm. mit
Graf
Bassewitz.
Keine Kinder.

**Hans
v. St.**
geb. 1865,
verm.
mit Frl.
v. Forster.

**Graf
Viktor
H. v. D.**
Gesandter
in Kopenhagen.

**Graf
Leo
H. v. D.**
(†)

**Gräfin
Therese**
verm. mit
Graf Hahn-
Basedow.

**Graf
Valentin.**

Ilse
geb. 1858,
verm.
mit Freiherrn
Botho
v. Bolneburg.

Charlotte
geb. 1885,
verm. mit Peter
Freih. v. Richt-
hofen.

Burkard
geb. 1890.

Botho
geb. 1902.

**Felix
Graf Sch.**
geb. 1892.

**Woldemar
Graf Sch.**
geb. 1896.

**Hans
Jürgen
Graf Sch.**
geb. 1901.

Erika
geb. 1878,
verm. mit
Kurt v. Watzdorf.

**eine
Tochter.**

**Tochter
verm. mit
Graf Wels-
burg.**

Pauline
geb. 1885,
verm. mit
Erich v.
Wallenberg.

Ilse Erika v. R.
geb. 1909.

Maria Rose
geb. 1898.

Jutta
geb. 1900.

IV. Friedrich v. Steins Nachkommen

Freiherr Friedrich v. Stein
vermählt mit Freiin Helene v. Stosch
(s. Tafel II).

- Marie (1804–1876), verm. 1823 mit Karl v. Zobeltitz
- Lothar v. St. (1806–1827).
- Guido v. St. (1808–1827).

Kinder:

- Otto v. Z. (1825–1882), verm. mit Elis. v. Sommerfeld
- Anna v. Z. starb unverm.
- Elisabeth (1832–1908) war verm. mit Friedr. v. Rappard
- Klara v. Z. starb unverm.
- Toska (1829–1905) verm. mit Eduard v. Kamptz
- Mathilde v. Z. starb unverm. 1909.

Kinder von Otto v. Z.:

- Walter v. Z. geb. 1877.
- Otto v. Z. geb. 1879.
- Fritz v. Z. geb. 1880.

Kinder von Elisabeth (v. Rappard):

- Helene v. R. gest. 1874.
- Erich v. R. gest. 1903, verm. mit Marie Hüpeden, keine Kinder.
- Erika v. R. gest. 1857.
- Frieda v. R.
- Bertram v. R. gest. 1859.
- Erwin v. R. verm. mit Marie v. Scheel
- Elisabeth v. R.
- Johannes v. R. gest. 1900.
- Gerhard v. R. gest. 1894.
- Karola v. R.

Kinder von Toska (v. Kamptz):

- Anton v. K. (1860 bis 1904).
- Paul v. K. geb. 1864 verm. mit Hedwig Schmeckel.

Weitere Nachkommen:

- Fritz v. R.
- Elisabeth v. R.
- Margarethe v. R.
- Nora v. R.
- Charlotte v. R.
- Roland v. K.
- Vera v. K.
- Hertha v. K.

Siglen und Literatur

Biedrzynski = Effi Biedrzynski, Goethes Weimar. Das Lexikon der Personen und Schauplätze. Zürich: Artemis & Winkler Verlag 1994³.

Bissing = Henriette von Bissing, Das Leben der Dichterin Amalia von Helvig, geb. Freiin von Imhoff. Berlin: Hertz 1889.

Bode I = Wilhelm Bode, Der Musenhof der Herzogin Anna Amalie. Berlin: E. S. Mittler 1908.

Bode II = Wilhelm Bode, Charlotte von Stein. Berlin: E. S. Mittler und Sohn 1912.

Böhlau = Therese Böhlau, Alma von Goethe, in: SmG, VI, S. 114–127.

Boetzkes = Goethes glückliche Zeichnerin? Das unvollendete Künstlerleben der Julie von Egloffstein (1792–1869), bearb. v. Wilhelm Lühning in Zusammenarbeit mit Ilona Macht. Ausstellungskatalog zum 200. Geburtstag der Künstlerin, hrsg. v. Manfred Boetzkes. Hildesheim: Hagemann-Druck 1992.

Boy-Ed = Ida Boy-Ed, Das Martyrium der Charlotte von Stein. Versuch ihrer Rechtfertigung. Stuttgart u. Berlin: J. G. Cotta'sche Buchhandlung Nachf. 1916.

Burkhardt = Joachim Burkhardt, Ein Film für Goethe. Eine Erinnerung. Münster: Daedalus Verlag 1993.

Döring = Schiller und Goethe. Reliquien, Charakterzüge und Anecdoten. Supplement zu ihren Werken. Gesammelt u. hrsg. v. Hein(rich) Döring. Leipzig: Falk 1852.

Düntzer I = Zur deutschen Literatur und Geschichte. Ungedruckte Briefe aus Knebels Nachlaß. Hrsg. v. Heinrich Düntzer. Bd. 1. 2. Nürnberg: Bauer und Raspe 1858.

Düntzer II = Heinrich Düntzer, Charlotte von Stein, Goethe's Freundin. Ein Lebensbild, mit Benutzung der Familienpapiere entworfen. Bd. 1. 2. Stuttgart: Cotta'sche Buchhandlung 1874.

Düntzer III = Charlotte von Stein und Corona Schröter. Eine Verteidigung. Stuttgart: J. G. Cotta'sche Buchhandlung 1876.

Ebers = Briefe von Goethe und dessen Mutter an Friedrich Freiherrn von Stein. Mit Beilagen. Hrsg. v. J(ohann) J(akob) H(einrich) Ebers und August Kahlert. Leipzig: Weidmann 1846.

Ebersbach = Volker Ebersbach, Fünf Etüden über eine Eseley. Goethe und Lenz. Winsen/Luhe u. Weimar: H. Boldt Literatur Verlag 1994.

Eckermann = Johann Peter Eckermann, Gespräche mit Goethe in den letzten Jahren seines Lebens. Berlin u. Weimar: Aufbau Verlag 1982.

Ehrlich = Willi Ehrlich, Schloß Kochberg. Goethe-Gedenkstätte. Weimar: NFG 1980[8].

Eissler = Kurt R. Eissler, Goethe. Eine psychoanalytische Studie. 1775–1786. Bd. 1. 2. Basel/Frankfurt a. M.: dtv 1983.

Feenschloß = «…und ein kleines Feenschloß hineinzusetzen» – Pavillons in und um Weimar. Förderkreis Pavillon Scherfgasse Weimar 1991.

Femmel = Corpus der Goethezeichnungen. Bd. 1: Von den Anfängen bis zur italienischen Reise. Bearbeiter der Ausgabe: Gerhard Femmel. Leipzig: E. A. Seemann 1958.

Förster = Jürgen Förster, Schloß Kochberg. Goethe-Gedenkstätte. Weimar: NFG 1990[5].

Förster-Stahl = Heidemarie Förster-Stahl, Geschichte des Liebhabertheaters von Schloß Kochberg. Hrsg. Vereinigung der Freunde des Liebhabertheaters von Schloß Kochberg e. V. Ilmenau: «Henne» Druckerei 1994.

Friedell = Egon Friedell, Kulturgeschichte der Neuzeit. Die Krise der europäischen Seele von der schwarzen Pest bis zum ersten Weltkrieg. Bd. 1. 2. Nördlingen: dtv 1987[7].

Genast = Eduard Genast, Aus dem Tagebuche eines alten Schauspielers. Theil 1. Leipzig: Voigt & Günther 1862.

Göchhausen = Die Göchhausen. Briefe einer Hofdame aus dem klassischen Weimar. Zum 1. Male gesammelt u. hrsg. v. Werner Deetjen. Berlin: E. S. Mittler 1923.

GSA = Stiftung Weimarer Klassik, Goethe- und Schiller-Archiv, Regest, Blatt.

Günther = Weimar. Lexikon zur Stadtgeschichte. Hrsg. v. Gitta Günther, Wolfram Huschke u. Walter Steiner. Weimar: H. Böhlau Nachf. 1993.

HA = Goethes Werke. Hamburger Ausgabe in 14 Bänden. Hrsg. v. Erich Trunz. München: C. H. Beck 1989[14].

HAAB = Stiftung Weimarer Klassik, Herzogin Anna Amalia Bibliothek.

Hacks = Peter Hacks, Gespräch im Hause Stein über den abwesenden Herrn von Goethe. Württembergische Staatstheater Stuttgart. Schauspiel. Programmbuch Nr. 29 v. 16. 9. 1977. Nachdruck mit Genehmigung des Claassen Verlages Düsseldorf.

Heine = Heinrich Heine, Werke und Briefe in zehn Bänden. Hrsg. v. Hans Kaufmann. Bd. 5. Berlin u. Weimar: Aufbau Verlag 1972.

Hoefer = Edmund Hoefer, Goethe und Charlotte von Stein. Stuttgart: C. Krabbe 1919[4].

Hoffmann = Johanna Hoffmann, Charlotte von Stein. Goethe und ich werden niemals Freunde. Berlin: Verlag der Nation 1988.

Hook-Demarle = Marie-Claire Hook-Demarle, Die Frauen der Goethezeit. Aus dem Französischen von Renate Hörisch-Hellingrath. München: W. Fink 1990.

JA = Goethes Werke. Jubiläumsausgabe. Bd. 1. Stuttgart u. Berlin: Cotta 1902/12.

Keil = Robert Keil, Corona Schröter. Eine Lebensskizze mit Beiträgen zur Geschichte der Genie-Periode. Leipzig: Veit 1883.

Klauß I = Jochen Klauß, Goethe unterwegs. Eine kulturgeschichtliche Betrachtung. Weimar: NFG 1989.

Klauß II = Jochen Klauß, Alltag im «klassischen» Weimar. Weimar: NFG 1990.

Kleßmann = Eckart Kleßmann, Christiane. Goethes Geliebte und Gefährtin. Zürich: Artemis & Winkler Verlag 1995[4].

Köhler = Mathilde Köhler, Amalie von Gallitzin. Ein Leben zwischen Skandal und Legende. Paderborn: Schöningh 1993.

Kytzler = Bernhard Kytzler, Frauen der Antike. Von Aspasia bis Zenobia. Zürich: Artemis & Winkler Verlag 1994.

Lavater = Physiognomische Fragmente zu Beförderung der Menschenkenntnis und Menschenliebe. Bd. 1–4. Leipzig u. Winterthur: Weidmanns Erben u. Reich, Steiner u. Compagnie 1775/78.

Lewes = George Henry Lewes, Goethe's Leben und Schriften. Bd. 1. 2. Berlin: Duncker 1858².

Ludecus = (Wilhelm Carl Ludecus), Aus Goethe's Leben. Wahrheit und keine Dichtung. Von einem Zeitgenossen. Leipzig: Hartung 1849.

Luntowski = Adalbert Luntowski, Charlotte von Stein. Leipzig: Xenien-Verlag 1913 (Xenienbücher 15).

Lyncker = Am Weimarischen Hofe unter Amalien und Carl August. Erinnerungen von Karl Frh. von Lyncker. Hrsg. v. seiner Großnichte Marie Scheller. Berlin: E. S. Mittler u. Sohn 1912.

Maltzahn = Hellmuth Frh. v. Maltzahn, Karl Ludwig von Knebel. Goethes Freund. Jena: Verlag der Frommannschen Buchhandlung 1929.

Maurer = Doris Maurer, Ich kann nicht instinktmäßig lieben – Charlotte von Stein. Würdigung anläßlich ihres 250. Geburtstages im Rahmen der 3. Weimarer Spätlese. Weimar: Pavillon Presse 1992.

Meßner = Paul Meßner, Bauten und Denkmale in Weimar. Ihre Geschichte und Bedeutung. Weimar: Rat der Stadt 1984 (= Tradition und Gegenwart. Weimarer Schriften. Heft 5).

Meuer = Abschied und Übergang. Goethes Gedanken über Tod und Unsterblichkeit. Auswahl von Peter Meuer. Erläuterungen und Nachwort v. Werner Keller. Zürich: Artemis & Winkler Verlag 1995².

mt = money-trend. Internationales Münzenmagazin. 25. Jg. Heft 9/1993, S. 25 u. Anmerkung 3 sowie 26. Jg. Heft 3/1994, S. 38.

Neubert = Goethe und sein Kreis. Erläutert und dargestellt in 651 Abbildungen. Mit einer Einführung in das Verständnis von Goethes Persönlichkeit von Franz Neubert. Leipzig: J. J. Weber 1919².

NFG = Nationale Forschungs- und Gedenkstätten der klassischen deutschen Literatur in Weimar, heute: Stiftung Weimarer Klassik (SWK).

Redslob = Edwin Redslob, Charlotte von Stein. Ein Lebensbild aus der Goethezeit. Leipzig: Reclam 1943 (= Reclams Universal Bibliothek Nr. 7595/7596).

Rohmann = Briefe an Fritz von Stein. Hrsg. u. eingel. v. Ludwig Rohmann. Leipzig: Insel-Verlag 1907.

Roth = Eugen Roth, Die Frau in der Weltgeschichte. Ein heiteres Buch mit 60 Bildern von Ernst Penzoldt. München: Hanser Verlag 1990.

Ruhl-Anglade = Gabriele Ruhl-Anglade, Goethes «An den Mond» – nach Charlotte von Steins Manier, in: Goethe-Jahrbuch. Im Auftrag des Vorstandes der Goethe-Gesellschaft hrsg. v. Werner Keller. 109. Bd. Weimar: H. Böhlaus Nachf. 1992, S. 23–30.

Schmidt = Erich Schmidt, Goethe und Frau von Stein, in: Deutsche Rundschau, Bd. 44, 1885, S. 256–268.

Schöll = Göthes Briefe an Frau von Stein aus den Jahren 1776 bis 1782. Zum erstenmal hrsg. v. A(dolf) Schöll. Bd. 1. 2. Weimar: Landes-Industrie-Comptoir 1848/51.

Schrempf = Christoph Schrempf, Goethe und Frau von Stein. Ein Beitrag zur Psychologie der Liebe, in: SmG, II, S. 7–49.

Seckendorff = Karl Siegmund Freiherr von Seckendorff am Weimar'schen Hofe in den Jahren 1776–1785. Nach zum Teil ungedruckten Briefen. Von Curt Graf von Seckendorff. Leipzig: F. A. Brockhaus o. J.

Sengle = Friedrich Sengle, Das Genie und sein Fürst. Die Geschichte der Lebensgemeinschaft Goethes mit dem Herzog Carl August von Sachsen-Weimar-Eisenach. Ein Beitrag zum Spätfeudalismus und zu einem vernachlässigten Thema der Goetheforschung. Stuttgart, Weimar: J. B. Metzler 1993.

Seydel = Renate Seydel (Hrsg.), Charlotte von Stein und Johann Wolfgang von Goethe. Die Geschichte einer großen Liebe. München: Nymphenburger 1993.

SK = Briefe der Frau von Stein an Knebel. Mitgeteilt von Wilhelm Bode, in: SmG, Bd. VI 1910, S. 153–199; 233–259 (1776–1792)
– Bd. VII 1911, S. 57–63; 81–97 (1802–1811)
– Bd. VIII 1912, S. 9–30; 280–301 (1811–1816)
– Bd. IX 1913, S. 291–308 (1816).
Zitiert nach: SmG.

SmG = Stunden mit Goethe. Für die Freunde seiner Kunst und Weisheit. Hrsg. v. Wilhelm Bode. Bd. I–X. Berlin: E. S. Mittler u. Sohn 1905/21.

SNA = Schillers Werke. Nationalausgabe. Hrsg. v. Eberhard Haufe. Bd. 24: Briefwechsel. Schillers Briefe 17. 4. 1785 – 31. 12. 1787. In Verb. mit Walter Müller-Seidel hrsg. v. Karl Jürgen Skrodzki. Weimar: H. Böhlaus Nachf. 1989; Bd. 25: Briefwechsel. Schillers Briefe 1. 1. 1788–28. 2. 1790. Weimar: H. Böhlaus Nachf. 1979; Bd. 29: Briefwechsel. Schillers Briefe 1. 11. 1796–31. 10. 1798. Hrsg. v. Norbert Oellers u. Frithjof Stock. Weimar:

Böhlaus Nachf. 1977; Bd. 33: Briefwechsel. Briefe an Schiller 1781–28. 2. 1790. Hrsg. v. Siegfried Seidel. Weimar: H. Böhlaus Nachf. 1986.

Stahr = Adolf Stahr, Goethes Frauengestalten. Berlin, Leipzig: Guttentag 1882[7].

Stapf = Ilse-Sibylle Stapf, Die Begräbnisstätten in der Jakobskirche und auf dem Jakobskirchhof in Weimar, in: Tausend Jahre Kirche in Weimar. Beiträge zur Geschichte des kirchlichen Lebens anläßlich der 1000-Jahr-Feier der Stadt Weimar. Berlin 1975, S. 50–68.

ChvSt = Dido. Ein Trauerspiel in fünf Aufzügen. Von Charlotte Albertine Ernestine von Stein-Kochberg, geb. von Schardt (1794). Im Auftrage des Freien Deutschen Hochstifts hrsg. v. Heinrich Düntzer. Frankfurt a. M.

Stein = Carl von Stein, Goethe. Aufzeichnungen des Freiherrn Carl von Stein-Kochberg. Leipzig 1924.

Suphan = Bernhard Suphan (Hrsg.), Briefe von Goethe und Frau von Stein an Joh(ann) Georg Zimmermann, in: Wartburgstimmen. Halbmonatsschrift für deutsche Kultur. II. Jg. No. 3. Mai 1904, Erstes Heft, S. 171–184.

SWK = Stiftung Weimarer Klassik.

Tudyka = Klaus Tudyka, Mann von Stein. Monolog des Dritten im Bunde. München, Würzburg: W. Ludewig 1990.

Tümmler = Hans Tümmler, Knebel und Carl August, in: Viermonatsschrift der Goethe-Gesellschaft, 9, 1944, S. 109–139.

Vehse = Ed(uard) Vehse, Der Hof zu Weimar von Herzog Wilhelm (1640) bis auf Carl Alexander. Mit besonderer Berücksichtigung und eingehender Darstellung der Glanzperiode zur Zeit Goethes und Schillers. Aktenmäßige Mitteilungen. Leipzig : V. Dietz Verlag (1854).

Voß = Lena Voß, Goethes unsterbliche Freundin (Charlotte von Stein). Eine psychologische Studie an der Hand der Quellen. Leipzig: Klinkhard & Biermann 1921.

WA = Goethes Werke. Hrsg. im Auftrage der Großherzogin Sophie von Sachsen. Weimar: Böhlau 1887–1919 (Weimarer Ausgabe). Abteilung I: Poetische Werke und Schriften; Abteilung II: Naturwissenschaftliche Schriften; Abteilung III: Tagebücher; Abteilung IV: Briefe.

Wahl = Die Bildnisse Carl Augusts von Weimar. Hrsg. v. Hans Wahl. Weimar: Verlag der Goethe-Gesellschaft 1925 (= Schriften der Goethe-Gesellschaft. Bd. 38).

Wernekke = Hugo Wernekke, Goethe und die königliche Kunst. Leipzig: Insel-Verlag 1906.

Winter = Ingelore M. Winter, Goethes Charlotte von Stein. Die Geschichte einer Liebe erzählt nach seinen Briefen und Tagebüchern. Düsseldorf: Droste 1992.

Bildquellen

Stammtafeln nach: Wilhelm Bode, Charlotte von Stein. Berlin 1912

Die Bildvorlagen aus dem Besitz der Stiftung Weimarer Klassik erstellte Frau Sigrid Geske.